L'ABBÉ HENRI MONACHON

Chanoine de Chambéry, de Tarentaise et de Nancy
Membre Correspondant de l'Académie des Sciences, Belles-Lettres et Arts de Savoie

L'ORPHELINAT

ET

LA PROVIDENCE

DE CHAMBÉRY

OUVRAGE ILLUSTRÉ ET HONORÉ DE LETTRES ÉPISCOPALES

Se vend au profit de La Providence

CHAMBÉRY
IMPRIMERIE SAVOISIENNE
5, Rue du Château, 5

1899

MARQUISE DE FAVERGES
Fondatrice de l'Orphelinat

L'ABBÉ HENRI MONACHON

Chanoine de Chambéry, de Tarentaise et de Nancy
Correspondant de l'Académie des Sciences, Belles-Lettres et Arts de Savoie

ORPHELINAT

ET

PROVIDENCE

DE CHAMBÉRY

OUVRAGE ILLUSTRÉ ET HONORÉ DE LETTRES ÉPISCOPALES

Se vend au profit de La Providence

CHAMBÉRY
IMPRIMERIE SAVOISIENNE

1899

L'ABBÉ HENRI MONACHON

Chanoine de Chambéry, de Tarentaise et de Nancy
Membre Correspondant de l'Académie des Sciences, Belles-Lettres et Arts de Savoie

L'ORPHELINAT

ET

LA PROVIDENCE DE CHAMBÉRY

OUVRAGE ILLUSTRÉ ET HONORÉ DE LETTRES ÉPISCOPALES

Se vend au profit de La Providence

CHAMBÉRY

IMPRIMERIE SAVOISIENNE

5, Rue du Château, 5

1899

Cher Monsieur le Chanoine,

La monographie de la Maison des Orphelines et de la Providence de Chambéry, que vous venez d'écrire, est une des pages les plus attachantes de l'histoire religieuse de notre Ville. En la livrant au public, vous avez eu le double dessein d'édifier les âmes et de provoquer leurs largesses en faveur de deux Œuvres, qui, quoique prospères, ont besoin de grandir encore.

Édifier les âmes ! N'est-ce pas le rêve de tout écrivain qui estime à sa juste valeur le don que Dieu lui a fait ?

Ce rêve, vous l'avez réalisé en retraçant le portrait des grandes chrétiennes auxquelles nous devons les deux Institutions qui absorbent votre zèle sacerdotal.

Les noms de la Marquise de Faverges et de la Comtesse Métral de Châtillon, l'une fondatrice, l'autre directrice, durant un demi-siècle, de l'Orphelinat, puis de la Baronne Noëmi de Châtillon, qui donna à la Providence sa forme définitive, ces noms, avec les hauts exemples qu'ils rappellent, méritaient d'échapper à l'oubli. Votre livre gardera leur mémoire et en répandra au loin le parfum.

Mais l'admiration, quand elle est sincère, ne reste pas stérile : elle produit l'émulation. Aussi est-ce de grand cœur qu'en vous félicitant de votre beau travail et en le bénissant, j'émets avec vous le vœu qu'il ait pour principal effet de développer au sein des générations nouvelles ce que vous appelez si bien « la sainte contagion de la charité. »

Dans cet espoir, je vous prie d'agréer, cher Monsieur le Chanoine, l'assurance de mes sentiments les plus dévoués.

† FRANÇOIS,
Archevêque de Chambéry.

Le 6 Février 1899.

Mon cher Ami,

Vous avez donné un complément intéressant et précieux à la VIE DE MADAME DE CHATILLON *en publiant la monographie de l'Orphelinat des jeunes filles et de la Providence. C'est une page de l'histoire religieuse de la Ville de Chambéry et non des moins glorieuses.*

Nul n'avait autant que vous le droit de faire ce récit, puisqu'il s'agit des deux Etablissements auxquels vous consacrez depuis trente ans votre ministère sacerdotal, votre zèle et votre dévouement.

En appréciant chaque jour les fruits bénis du présent, vous avez eu la pensée de remonter vers le passé de ces deux belles et grandes Œuvres, de raconter leur fondation, leurs épreuves, leur progrès, de rappeler la mémoire de leurs plus généreux bienfaiteurs et de leurs plus insignes bienfaitrices.

Vous avez rencontré dans ces Chemins de Charité, et au premier rang parmi bien d'autres, les figures gracieuses, douces et vénérables de Madame la marquise de Faverges, de Madame la comtesse Métral de Châtillon, de Madame Rey, de Madame la baronne Noëmi de Châtillon, de ces femmes à la piété élevée, au cœur vaillant, au dévouement infatigable. Vous les avez fait revivre devant les généra-

tions nouvelles qui ne les ont pas connues, comme des modèles dont les vertus et les grandes œuvres doivent exciter l'émulation de tous les cœurs vraiment chrétiens. C'est ce qui donne à votre livre un intérêt non seulement local, mais universel, comme les vertus dont il retrace le touchant tableau.

Vous démontrez aussi, à la lumière des résultats et des faits, ce que peuvent l'activité personnelle et la charité privée ; vous le démontrez à cette heure où la charité légale nous menace plus que jamais de ses exigences, de ses entraves et de l'impôt exorbitant de ses administrations multipliées.

Quels que soient les droits de la vraie charité, ici comme sur tout autre terrain, la justice et la liberté nous suffiraient. Avec elles nous pourrions accomplir des prodiges et secourir, dans les conditions les plus favorables et avec le minimum possible de dépenses, les enfants abandonnés, les pauvres et les malades.

Votre démonstration s'ajoute à bien d'autres.

Dieu veuille qu'elles éclairent ceux qui ont ou qui pourraient avoir entre leurs mains l'avenir de notre pays.

Je demande à Dieu de bénir et le livre et l'auteur.

Recevez l'assurance de mon fidèle et affectueux dévouement en Notre Seigneur.

† CHARLES-FRANÇOIS,
Évêque de Nancy.

Nancy, le 16 janvier 1899.

Mon bien cher Confrère,

Vous venez d'écrire l'histoire édifiante des deux Etablissements charitables, auxquels vous avez consacré plus de trente ans de votre vie sacerdotale. Il ne m'appartient pas de vous féliciter de la manière dont vous avez accompli votre œuvre. D'autres plus autorisés que moi vous le diront, et d'ailleurs la bonne et vieille amitié qui nous unit depuis si longtemps pourrait faire paraître mon appréciation suspecte.

Mais je crois être en droit de vous remercier de votre livre, et il me semble que je puis le faire à plus d'un titre.

Je suis sûr d'abord de n'être désavoué par personne en vous disant merci au nom de notre Savoie et de notre Ville de Chambéry, si charitable et si dévouée aux bonnes œuvres. Vous avez écrit une belle page de notre histoire; vous avez ajouté un chapitre aux annales qui racontent notre glorieux passé.

Merci encore de la part des familles si nombreuses dont vous avez inscrit le nom dans votre Livre d'Or. Il est doux de voir revivre ces précieux souvenirs, et d'entendre parler ainsi de ceux qui nous ont précédés dans la vie et qui nous ont laissé le magnifique héritage de leur dévouement et de leur vertu.

Je voudrais enfin vous remercier à un autre titre. Vous avez rendu un véritable service à la Sainte Eglise Catholique, en donnant un argument de premier ordre à ceux qui veulent défendre ses droits, son indépendance et sa liberté.

Notre époque, vous le savez comme moi, a vu émettre et formuler une théorie vraiment singulière. La bienfaisance ne devrait plus être une vertu personnelle : elle doit être exercée toujours administrativement par l'Etat, ou tout au moins sous son rigoureux contrôle. Donc, plus d'initiative et d'action individuelle : tout par l'Etat, et rien sans lui.

On a démontré déjà pratiquement et théoriquement combien cette doctrine est malfaisante, combien elle est contraire à tout ce que l'Eglise a enseigné par sa parole et par son exemple, combien elle est nuisible aux vrais intérêts des pauvres et des indigents. On l'a prouvé, on peut le dire, mathématiquement : La charité est une plante qui ne peut germer que dans une terre chrétienne, et qui ne peut se développer et donner ses fruits si ce n'est dans une atmosphère de liberté.

Cela, vous l'avez prouvé jusqu'à l'évidence par le meilleur de tous les arguments, celui des faits.

C'est par l'action personnelle de ces grandes chrétiennes dont vous redites les noms, que se sont fondées successivement les deux Maisons des Orphelines et de la Providence. C'est la charité privée qui les a fait se développer et grandir. Vous l'avez admirablement fait voir en nous montrant surtout l'âme de Madame de Châtillon, âme que vous connaissiez mieux que tout autre ; et qui, du haut du Ciel, vous bénit, vous encourage et vous remercie de ce que vous avez fait pour ses enfants de prédilection. Dans le courant de votre livre, on voit toujours, page par page, combien cette œuvre individuelle est féconde, lorsqu'elle est accomplie par des femmes selon le Cœur de Dieu, comme Madame de Faverges, Madame Rey, Madame de Châtillon et tant d'autres, tandis qu'au contraire la vie de ces belles œuvres serait plus ou moins rendue stérile par les entraves que voudrait apporter à la bienfaisance chrétienne la théorie centralisatrice renouvelée de la Convention, et naguère formulée à nouveau.

Merci donc, bien cher Confrère, de l'œuvre que vous avez accomplie et menée à bonne fin. Je suis persuadé que Dieu la bénira.

Votre très affectueusement dévoué en Notre Seigneur.

L'Abbé A. PILLET,
Chanoine honoraire de Chambéry,
Doyen de la Faculté de Théologie de Lille.

Lille, le 8 Décembre 1898.

Les Deux Sœurs

L'ORPHELINAT ET LA PROVIDENCE

LIVRE Ier

Etude sur le sort de l'Orphelin.

CHAPITRE PREMIER

L'Orphelin dans le paganisme.

L'ENFANT est digne de respect, de protection et de tendresse. Qu'il est beau le petit être singulièrement, obstinément aimé avec son front candide et pur, son regard limpide, son innocence et son sourire. Il est charmant, comme l'espérance de son père et de sa mère. Aussi n'est-il rien au monde de sacré comme l'enfant : il porte imprimé sur son front je ne sais quoi *qui commande le respect et l'amour; et le bien que l'on fait en le respectant et en l'aimant est un de ceux qui touchent le plus le cœur de Dieu.* Car Notre-Seigneur eut l'affection la plus maternelle pour les enfants, il les a aimés d'un amour de prédilection : il les a pris par la main, les a attirés à lui,

les a caressés et bénis ; puis il les rendait à leurs mères
heureuses et fières. Pour exhorter les témoins étonnés des
scènes touchantes à partager ses sentiments ineffables, il
déclarait prendre pour lui-même les bontés et les tendres-
ses prodiguées à l'enfance. « Malheur, ajoutait-il, à celui
qui viendrait à la scandaliser, son crime serait plus grand
que si on le jetait lui-même au fond de la mer, avec une
meule de moulin attachée au cou [1]. »

Aussi le nouveau-né est-il accueilli dans la famille chrétienne avec foi, reconnaissance et amour, comme la vie,
l'espoir, le trésor et la gloire du foyer.

Et l'Eglise, sans distinction de naissance et de rang,
l'honore et le bénit; c'est un envoyé et un héritier du Ciel,
un compagnon d'exil, un frère d'armes pour combattre
sous le drapeau du Roi des rois.

Elle salue dans l'enfance les espérances, les grandeurs,
les gloires de la vie militante et de la vie triomphante.

Elle admire en lui un chef-d'œuvre de la création visible,
l'image vivante de l'enfant-Dieu, l'amabilité même.

Oh ! oui, je te salue, avec bonheur, petit enfant, ange
de la terre. La religion me révèle tout ce qu'il y a de grand
dans ta petitesse, d'immortel dans ta mortalité, de gloire
dans ton abaissement, de richesse dans ta pauvreté ! Non, je
ne puis te considérer sans être ému de respect, de tendresse, et sans redire avec le poète savoyard Ducis :

> « Eh ! qui n'a pas senti l'irrésistible empire
> « Qu'exerce la bonté sur tout ce qui respire ! »

Tout enfant n'inspire-t-il pas la sympathie, la tendresse,
le respect et la pitié ?

[1] Saint Luc, xv, 11, v. 2.

Mais, hélas ! la pitié que Dieu avait mise dans le cœur de l'homme ne fut pas connue du paganisme. Si l'histoire n'était là avec ses pages sanglantes, on croirait entendre calomnier l'humanité.

Dans l'élégante Athènes le meurtre, l'abandon ou la vente de l'enfant dépendaient absolument du caprice du père ou de la mère.

A Sparte, dont l'éclat des lettres et des arts égalait la puissance politique, dès que l'enfant était né, on le portait dans un lieu appelé le *Lesché*, où s'assemblaient les anciens de chaque tribu. Si le nouveau-né paraissait faible de complexion, on le jetait impitoyablement dans les *Apothètes*, gouffre voisin du mont Taygète, où l'attendait une horrible mort.

Les Pélages, adorateurs de la nature, déshonoraient, dit A. Maury[1], leur culte simple, naïf à l'origine, en sacrifiant aux dieux de tendres victimes humaines.

Les lois et les traditions religieuses ordonnaient quelquefois de faire périr l'enfant avant sa naissance.

Quand le meurtre répugnait, les Grecs trouvaient une solution facile, légale et favorable à leur égoïsme dans la pratique de l'exposition.

Ce mode d'abandon était général, continuel. Il en est fait mention dans les histoires, et les auteurs tragiques, dont les œuvres sont le reflet des usages en vigueur à leur époque. Parmi ces auteurs, on peut compter Plaute et Térence, véritables traducteurs des pièces grecques.

La race hellénique, même celle d'Athènes, de Lacédé-

---

[1] MAURY, *Histoire des religions de la Grèce antique*, t. I, p. 182-84.

[2] PLUTARQUE, *Vie de Lycurgue*.

mone, aux mœurs plutôt douces, se débarrassait, en général, sans regret d'un enfant comme d'une bête inutile.

On connaît, à ce sujet, cette réponse, conservée par Aristippe : Une femme au cœur sensible reprochait à son mari de rejeter son fils : « *Il est de toi,* » disait-elle ; celui-ci crachant à terre, répondit : « *Ceci aussi est de moi, je n'en ai que faire.* »

Plutarque, dans la *Vie de Lycurgue et de Solon,* raconte, sans aucune protestation indignée, le meurtre juridique, les abandons et la vente des enfants qu'on élevait pour le libertinage, à l'instar d'un vil bétail.

« Platon, rapporte Nourrisson, n'a pas seulement placé au premier rang de ses prescriptions la limitation du nombre des enfants en vue d'éviter les soucis et les embarras domestiques ; mais il a célébré une promiscuité monstrueuse, où la propriété serait supprimée, la pudeur proscrite, le meurtre des enfants infirmes érigé en loi, la vie conjugale odieusement réglementée dans ses détails les plus secrets [1]. »

Faut-il ajouter qu'on ne trouve pas, dans les œuvres de Platon et d'Aristote, au moment le plus glorieux de la Grèce, alors que le sol était couvert de ces monuments, de ces statues d'or, de bronze et de marbre précieux qui font l'admiration du monde, on ne rencontre pas, dis-je, *une institution* pour protéger l'enfance malheureuse contre la passion, le caprice, la cruauté de ces siècles soi-disant civilisés.

A Athènes, l'État faisait bien élever des enfants dans le *Prytanée,* mais ce n'était que les fils vigoureux des citoyens morts sur le champ de bataille.

---

[1] *Tableau des progrès de la pensée, depuis Thalès jusqu'à Hégée,* p. 71-73.

A Rome, et sous ce nom fameux il faut comprendre tout le monde païen dont la ville de Romulus était la tête et le cœur, les lois reconnaissaient au père le droit de vie et de mort sur ses enfants.

« La *potestas patria*, dit Duruy[1], saisissait l'enfant au sortir du sein maternel. Le nouveau-né était étendu aux pieds de son juge ; s'il est relevé, il vivra. » De là l'expression : *tollere, suscipere liberos* ; s'il est laissé à terre, c'est le signe de l'abandon ou de la mort sanglante.

La loi des XII Tables apportée de la Grèce, enjoignait de faire disparaitre au plus vite le nouveau-né de complexion faible ou difforme. Elle ordonnait même, dans certains cas, de le faire périr dans le sein de la mère.

Viscellinus fit mourir son fils après l'avoir battu de verges ; Scaurus force le sien à se donner la mort ; Aulus Fulvius et beaucoup d'autres infligent la même peine à leurs enfants ; Arrius condamne le sien à l'exil[2].

Cette puissance paternelle, qui s'étendait sur la vie entière des enfants, fut limitée à l'égard des fils en carrière sous les règnes de Trajan, d'Adrien et d'Antonin, surnommé le *pieux*.

L'exposition sanctionnée par la loi, la coutume ou les mœurs, s'appliquait aux enfants, qu'ils fussent ou non issus de légitimes noces. On les déposait en quelque carrefour, où ils ne tardaient à expirer, à moins qu'un marchand d'esclaves ne les ramassât pour les élever et les vendre un jour.

Les nouveaux-nés étaient exposés principalement autour du *Vélabre,* près du Palatin, ou à la colonne Lactaria, dans le marché aux herbes[3].

---

[1] *Histoire romaine,* t. V, p. 7.
[2] Valère Maxime, liv. V, n° 8 ; Quintilien, *Déclamation,* 5.
[3] Ovid. Fest. V, i ; V, 395. — *De verborum significatione.*

Le plus souvent, ces pauvres petits êtres, garçons et les filles surtout, étaient destinés par ceux qui les élevaient pour les écoles de gladiateurs.

S'il faut en croire Horace, ces enfants devenaient quelquefois les victimes des enchantements de prétendus sorciers (Horat., v, *in Canidiam*).

Sénèque dit, quelque part, que des hommes cruels torturaient les membres débiles de ces abandonnés pour en tirer des présages, leur taillaient les jambes, leur coupaient les bras, façonnaient à leur guise ces êtres vivants, comme s'ils travaillaient une statue de pierre, pour les exploiter par la mendicité.

Hommes altérés de sang, s'écriera bientôt Tertulien, tous les jours vous exposez dans les rues, pour être dévorés par les chiens, des milliers d'enfants ; vous vous débarrassez des uns en les noyant, des autres en les laissant mourir de froid et de faim. Serait-ce pour ces tendres victimes une mort trop *douce que celle du glaive* ?

Ces expositions fréquentes, jointes aux infanticides, aux morts violentes, arrêtaient tellement les progrès de la population que l'on se crut obligé de recourir à des mesures législatives, en vue de favoriser l'accroissement du nombre des citoyens. Mais ces lois, écrites partout, excepté dans les cœurs, encourageaient la prostitution, remarque Duruy, loin de réformer la morale[1].

Chose étonnante, avant le second siècle de l'ère chrétienne, il n'y avait pas, dans cet immense empire, un seul asile pour les enfants de cent dix millions d'esclaves.

On attribue à Trajan, à qui sa bonté naturelle valut le titre glorieux de père de la patrie, l'institution des *tables*

[1] *Histoire romaine*, t. IV, p. 273.

alimentaires (tabulæ alimentariæ), pour aider les parents infortunés de la *classe libre* (composée seulement de dix millions de citoyens) à nourrir leurs enfants.

Pline nous apprend que, dans cette capitale du monde, il y avait 5.000 enfants *libres*, adoptés par la munificence de ce prince et élevés aux frais de l'État « pour en être l'appui dans la guerre et l'ornement dans la paix. »

Mais la somme allouée annuellement à chaque garçon ne dépassait pas 192 sesterces (48 francs environ), et 144 sesterces, c'est-à-dire 36 francs, pour les filles, secourues dans la proportion d'un dixième.

Adrien étendit ces secours pour les garçons jusqu'à 18 ans et pour les filles jusqu'à 14.

A première vue, on serait tenté de croire que cette institution était née du sentiment de charité que les premières lueurs du christianisme infiltraient au cœur de la société païenne ; mais il n'en est rien. La loi *alimentaire* était simplement un encouragement donné à la classe libre inspiré par les calculs de l'intérêt public.

« En résumé, conclut M. Léon Lallemand, la *patria potestas*, adoucie avec le temps, il est vrai, pesa cruellement sur le sort des nouveaux-nés, livrés par la loi à la volonté de leurs pères légitimes et par la coutume à l'arbitraire des parents naturels[1]. »

Tel est encore, à cette heure, le sort de l'enfance dans les contrées qui n'ont pas encore entendu la *parole de vie*.

Aux témoignages authentiques des Annales de l'Église, nous pourrions ajouter un document fourni récemment par une publication qui n'a rien de clérical, les *Archives d'an-*

---

[1] *Les Enfants abandonnés*, p. 66, par Léon LALLEMAND, ouvrage couronné par l'Académie Française.

thropologie criminelle. C'est un rapport de M. Matignon à la délégation française en Chine.

« L'infanticide, dit-il, est passé dans les mœurs au même titre que l'avortement. »

« L'acte de l'infanticide est souvent décidé en conseil de famille. La tendre victime est jetée dans un coin de la chambre, dans la caisse aux ordures ; on la couvre d'un chiffon et l'on s'assied dessus comme par hasard. »

« Certaines superstitions chinoises portent à voler les yeux et les cerveaux des enfants que l'on vient de tuer[1]. »

✤
✤ ✤

Le traitement de l'enfance faible et pauvre fut moins inhumain parmi les barbares occidentaux que chez les Grecs et les Romains. On peut s'en convaincre par les récits de César et de Tacite, de Strabon et de Pline. Avant eux, les plus épaisses ténèbres environnent l'histoire des peuplades primitives de la Gaule dont l'Allobrogie[2] fut sans contredit une des plus célèbres.

Il est à noter que les druides interdisaient d'écrire l'histoire.

---

[1] Voir les *Institutions des peuples de l'Inde*, par M. DUBOIS. — *Les Relations des Voyageurs.* — *Les Annales de la Propagation de la Foi.*

[2] Les Allobroges, vaincus enfin par Fabius-Maximus furent associés aux conquêtes des Romains pendant 555 ans. Sous la domination romaine, relativement douce, l'Allobrogie participa à tous les embellissements, à toutes les grandes choses qui signalèrent le règne de cette ancienne reine du monde. Elle eut alors des écoles, des Académies, des poètes connus sous le nom de *Bardes*, aux suffrages desquels Horace et Martial attachaient un grand prix, ainsi que Cicéron dont l'allobroge *Trogue-Pompée* avait été le professeur.

Les villes d'Aix, Rumilly, Annecy, Albens, Aime... durent leur existence à cette époque la plus florissante des Allobroges.

Dans l'ancienne Gaule, la puissance paternelle était absolue. Les maris avaient droit de vie et de mort sur les mères et les enfants. *Viri in uxores, sicut in liberos vitæ necisque habent potestatem*, écrit César au lendemain de la conquête. Mais le chef de famille, rapporte Geoffroy, ne pouvait user de ce droit qu'à l'égard de la femme adultère, et avec l'assentiment de ses proches parents.

« Le meurtre des nouveaux-nés, dit-il, est un acte que l'esprit public flétrit et réprouve, et les bonnes mœurs ont *là plus d'empire* que n'ont ailleurs les bonnes lois. »

Des auteurs pensent, cependant, que le père avait le droit de tuer ou d'exposer son enfant, tant qu'il n'avait pris aucune nourriture.

Quoi qu'il en soit, Tacite loue les Germains de ne pas *limiter le nombre de leurs enfants, et félicite les mères de les nourrir* [1].

Les enfants restaient généralement sous la garde de leurs mères, dont Strabon loue aussi la singulière supériorité, jusqu'au moment où ils pouvaient prendre part à la vie active de la tribu ; ce fait constituait pour eux une garantie d'existence [2].

---

[1] TACITE, Germ. XIX.

[2] STRABON dit que, par leur caractère et par leurs institutions politiques, les nations gauloises et germaniques se ressemblent : « L'organisation sociale a beaucoup d'analogie chez ces deux races, ajoute Henri Martin. » On peut donc dire des Gaulois ce qu'on a dit des Germains et en particulier des Allobroges, qu'ils étaient relativement *humains, bons, hospitaliers*. Ce qui le confirme, c'est l'accueil qu'ils ont fait à Annibal, vers 217 avant Jésus-Christ, en allant à sa rencontre. Ils approvisionnèrent son armée, composée de 32.000 hommes, de denrées de toutes sortes, vêtements, armes, munitions, chaussures. Tite-Live nous apprend qu'alors ce peuple avait un Sénat, des princes et de grands personnages.

« De plus, remarque Léon Lallemand, l'autorité du père était un *mundium*, c'est-à-dire une protection et non un pouvoir absolu, comme à Rome. »

« A côté de ces coutumes favorables à l'enfance, on trouve cependant l'usage des sacrifices humains. En vue d'apaiser la divinité et de sauver un être cher, on immolait une ou plusieurs victimes, devant tenir la place de la personne menacée par les dieux. »

César, il est vrai, ne le dit nulle part, mais on peut admettre que les enfants étaient compris au nombre des victimes offertes à la divinité.

On ignore la situation de l'enfance chez les peuples étrangers à toute civilisation. A la chute de l'empire romain, ces hordes barbares, rapides comme une vengeance céleste, inondèrent l'Italie et la Gaule.

Heureusement alors, le monde païen portait déjà dans son sein depuis près de trois siècles, avec le christianisme naissant, les gages de la civilisation future. La religion chrétienne allait saisir ces farouches vainqueurs pour les transformer et en faire les soldats de l'Eglise de Dieu, en même temps qu'elle apprendrait la charité au vieux monde croulant sous le poids de ses vices.

Cette étude nous a paru utile pour faire apprécier l'insigne bienfait de la venue du Sauveur, particulièrement envers l'enfance, et partant, l'excellence de la création des orphelinats.

CHAPITRE II

L'Orphelin dans le christianisme

PRÈS quatre mille ans, brilla l'aurore de la délivrance. Un messager céleste l'annonça aux ber-
gers de Bethléem en disant : « *Un sauveur vous
est né ; c'est un petit enfant. Vous le trouverez enveloppé de
pauvres langes, couché sur la paille d'une crèche : Gloire
à Dieu, paix aux hommes de bonne volonté*[1]. »

C'en est fait. Le monde païen est attaqué en face, dans
son esprit et dans sa chair, par les exemples et la doctrine
du *Nouveau-Né*.

L'enfance est réhabilitée dans sa dignité et dans ses droits
à l'existence, à la vie sociale. Sa protection devient naturellement un des premiers soins des chrétiens, auxquels
l'Évangile montre le Sauveur entouré d'enfants, glorifiant
ces pauvres petits, si méprisés par les sages de l'antiquité.

Avant de se disperser, les Apôtres créent à Jérusalem le
Xénodochium, hospice ; et les premiers disciples se disput-
tent, au nom du divin Maître, l'honneur de nourrir et
d'élever les orphelins.

[1] MARC, x, 14. — LUC, xviii, 16 ; ix, 47 ; xvii, 2.
[2] Jean, lui-même, établit un Xénodochium à Jérusalem.

Ces créations apostoliques se multiplièrent sur les pas de l'Évangile.

Les chrétiens ne se contentaient pas de protester, de reprocher aux païens leurs crimes envers les enfants, ils agissaient et jetaient ainsi les bases de ces asiles de bienfaisance destinés, plus tard, à couvrir le monde.

Les *Actes des Apôtres* racontent, en termes émus, cet élan des premiers fidèles à n'avoir qu'un cœur et qu'une âme pour se secourir mutuellement. « Et quand un enfant chrétien, garçon ou fille, est orphelin, c'est une bonne œuvre, disent les *Constitutions apostoliques*, si un frère, privé de descendants, l'adopte et le traite comme son enfant. Si un riche repousse l'orphelin, qui est un membre de l'Église, le *Père* des orphelins veillera sur ce délaissé et il enverra au riche la punition de son crime. »

« Alors que l'adoption des orphelins baptisés était recommandée en termes si pressants, écrivait Paul Allard, dans son bel ouvrage sur l'*Esclavage*, les chrétiens durent-ils se sentir poussés à recueillir les enfants exposés à la barbarie païenne.

« Il s'agissait, en effet, d'arracher ces derniers non seulement à la misère, mais aux chiens, aux oiseaux de proie, à quelque chose de pire encore, à ces êtres immondes qui s'emparent d'eux pour les dresser, avec un art infernal, à d'infâmes emplois, et trafiquer plus tard de leur force ou de leur beauté. »

Paul Allard nous cite, à l'appui de cette opinion, de nombreuses inscriptions des catacombes portant ce mot : *Alumnus,* mot qui sans doute laissait de côté le sens d'esclave pour ne rappeler que l'idée d'adoption charitable. Si un grand nombre de chrétiens des premiers siècles portaient le nom de *Projectus, projecta* [1], pour la plupart ce n'était qu'un souvenir, humblement conservé, de leur origine.

Cette peinture du zèle des disciples du Christ allant, au milieu des persécutions, rechercher les abandonnés est séduisante. Que de fois le pallium du prêtre, le voile de la diaconesse, la tunique d'un humble fidèle dut rapporter dans ses plis un pauvre être arraché à la dent d'une bête cruelle. Cet abandonné, recueilli à la faveur des ténèbres, à la porte d'un palais, parfois était l'héritier d'un grand nom.

Relativement à la création d'asile pour l'enfance, l'Eglise primitive était tenue à la plus grande prudence, pour ne pas donner prétexte à une recrudescence de persécution ; car le peuple toujours prêt à crier : « *Les chrétiens aux lions !* » accusait les fidèles d'immoler un enfant au milieu de leurs mystères et de se repaître de sa chair palpitante.

Tertullien déclare que les disciples du Christ dépensaient plus en aumônes dans les rues, que les persécuteurs en offrandes dans leurs temples. Quoiqu'il ne soit dit nulle part : *Ces enfants que vous exposez, nous les recueillons nous les élevons*, il est à croire que les chrétiens les retiraient dans leurs foyers domestiques. C'est ainsi qu'il faut entendre les paroles du grand docteur apologiste. Il n'est pas douteux que la situation faite aux prêtres et aux chrétiens entravait forcément le dévouement envers ces tendres créatures si dignes de compassion.

---

[1] Les mots *projectus, projecta* n'indiquent pas une condition particulière des individus ; presque toujours ils expriment un sentiment d'humilité, de mépris de soi-même, en opposition avec les titres pompeux des épitaphes païennes ; quant aux *Alumni* ils pouvaient être des orphelins chrétiens recueillis ou des enfants d'esclaves.

La protection de l'enfance suivait l'ascendant progressif du christianisme à travers tous les obstacles humains : « Cet ascendant alors n'est encore qu'indirect, détourné, remarque Troplong, il ne plane pas encore comme le soleil du midi qui réchauffe la terre de ses rayons ; il est plutôt semblable à l'aube matinale qui s'élève à l'horizon, où n'étant plus déjà nuit, il n'est pas tout à fait jour ; mais enfin son influence *réelle* est palpable ; elle s'insinue par toutes les fissures d'un édifice chancelant ; elle prend graduellement la place du vieil esprit, quand il s'en va ; et le modifie quand il reste[1]. »

Les lois des empereurs, dès les premiers siècles, pour protéger l'enfant, les protestations indignées des apologistes contre le meurtre et l'abandon, se trouvaient paralysées soit par les mœurs et les usages du paganisme encore tout puissant sous Constantin et ses successeurs, soit par la corruption continuant à exercer ses ravages dans tous les rangs de la société, soit par les exigences du fisc, qui forçait les pères peu fortunés à vendre leurs enfants pour payer le tribut de la quatrième année.

Enfin, comme au temps même de Justinien les barbares étendaient chaque jour leurs conquêtes, les chrétiens avaient à lutter en Italie, en Afrique, en Asie, avec des succès incertains contre les envahisseurs qui, quelques années plus tard (393), allaient assiéger Constantinople.

Sunt lacrymæ rerum ! Il y a des larmes en toutes choses ! Cet adage du poète latin restera toujours vrai.

La transformation sociale de ces temps troublés et l'application de lois excellentes au fond, mais rendues impuissantes par les vieilles mœurs, expliquent les efforts incons-

[1] *De l'influence du christianisme sur le droit civil des Romains.*

tants tentés par Constantin, Valentinien, Théodose, Arca-
dius, pour assurer aux enfants un sort meilleur, et ces
retours à des dispositions moins favorables.

De son côté l'Eglise travaillait énergiquement à améliorer
le sort de ces chers délaissés. Elle créait des institutions
pour réaliser les intentions généreuses, mais souvent sté-
riles, des empereurs chrétiens. Comme remarque judicieu-
sement Etienne Chastel : « En fait d'institutions charitables,
le rôle des premiers princes catholiques fut bien moins de
fonder eux-mêmes que de reconnaître, de régulariser, de
garantir, quelquefois aussi d'enrichir de leurs dons particuliers ce que l'Eglise avait fondé. Partout, en effet, c'était
la charité religieuse qui en avait l'initiative, et elle remplissait glorieusement sa mission [1]. »

Les premiers fondateurs d'asiles furent, probablement,
les apôtres, puis saint Ephrem, saint Basile, saint Jean-
Chrysostôme.

L'histoire fait mention d'hospices : à Constantinople
(335) ; à Sébaste, dans le Pont, vers 355 ; — saint Ephi-
phane affirme qu'ils étaient communs de son temps ;
le plus célèbre fut celui que saint Basile fonda à Césarée
vers 372 ; — saint Grégoire décrit avec admiration cet
établissement ouvert à tous les miséreux.

Ces asiles prennent alors des noms indiquant leur
destination : *Nosocomia* pour les malades, *Brephotrophia*
pour les petits enfants pauvres, *Orphanotrophia* pour les
orphelins, etc.

Mais le démembrement de l'empire romain d'Orient,
sous les coups des barbares et des sectateurs de Mahomet,
ralentit bientôt l'essor des pieuses fondations, qui allaient

[1] Cité par Léon LALLEMAND.

2.

se développer en Occident avec une richesse et une abondance dont nous sommes les heureux témoins.

A dater du III° siècle, les envahisseurs se trouvent en présence d'une force morale qui, unissant les éléments pleins de sève et de vigueur des peuples du Nord à la savante organisation des peuples latins, fonde les nations dont les descendants occupent l'Europe.

« L'Eglise sut alors ménager à la fois l'esprit des deux législations, romaine et germanique, en ôtant à l'une ce qu'elle avait de formaliste et d'égoïste, et à l'autre ce qu'elle avait de dur et de sauvage, et introduisait ainsi, comme règle de la vie commune, comme précepte de la vie sociale, les graves principes de la vie morale que le Christ avait proclamés [1]. »

L'Evangile devint la grande loi, l'idéal législatif admis par tous les peuples romano-germaniques.

A côté de la législation de ces peuples, qui protégeait l'enfant même simplement conçu, se trouvait le droit canonique qui atteignait les coupables par ses excommunications et ses pénitences sévères.

« Quelle époque terrible, cependant, que celle qui s'écoula du III° au IX° siècle !... Les barbares sont soumis, il est vrai, à des lois en partie chrétiennes ; mais quel sang païen coule encore dans leurs veines ! — La soif de la vengeance remplit bien des cœurs. Aussi bien, Grégoire de Tours ne redit dans son histoire que meurtres, que violences. Joignez à cela tant de guerres civiles qui écrasent l'empire des Francs, tant de pestes, tant de famines pendant lesquelles les pauvres se mettent

[1] LABOULAYE, *Recherche sur les conditions de la femme ;* préface

en servitude, afin de recevoir, du moins, une faible portion d'aliments[1]. »

On voyait, dans ces temps lamentables, des évêques vendre jusqu'aux vases sacrés pour sauver la vie de ces multitudes d'affamés, que chaque incursion multipliait effroyablement. « *C'est la meilleure charité*, s'écriait saint Ambroise, *de les arracher à ces barbares dont l'inhumanité n'est tempérée que par l'avarice.* »

On les a vus, ces grands pontifes, résister aux rois, leur arracher des exemptions d'impôts, s'opposer à maintes mesures iniques, et faire revivre, par leur intrépide courage, la tradition des saints martyrs qui protégeaient encore, par le seul souvenir de leurs vertus et de leur puissance miraculeuse, les villes *gardiennes de leur tombeau.*

L'Eglise, par ses conciles, favorise le mouvement charitable commencé à Jérusalem. Selon le premier concile d'Orléans (511), les revenus des héritages faits par l'Eglise devaient être employés d'abord à l'entretien des pauvres et au rachat des captifs. Ce concile mentionne la création d'un hôpital à Lyon, en 549, mais il n'est pas dit qu'il fût ouvert aux enfants trouvés. Le synode de Tours (566) invite chaque communauté d'habitants à nourrir ses indigents. Les évêques réunis à Tolède en 589, canon 17, enjoignent aux juges mêmes de s'employer avec les ecclésiastiques pour empêcher les pères et les mères de faire mourir les enfants dont ils se trouvent surchargés.

Dès l'année 794, le concile de Francfort-sur-le-Mein ordonnait aux évêques de faire *élever les filles orphelines par des femmes chrétiennes.*

---

[1] GRÉGOIRE DE TOURS, *Histoire de France*, liv. IV, 28.

On lit dans la vie de saint *Magnebodus*, évêque d'Angers (606 à 654), qu'il fonda des Xenodochia, des Brephotrophia et divers autres asiles.

Ce fait, entre mille autres, comme les injonctions de l'Eglise, montre ce qui se pratiquait dans toute la chrétienté pour la protection de l'enfance.

Cependant, affirme L. Lallemand, « on ne trouve, en Occident, avant le ix⁰ siècle, qu'un asile ayant date certaine, affecté uniquement à l'enfance abandonnée. Il est dû à l'archiprêtre *Datheus* de Milan, en 787. »

Il n'est pas douteux cependant qu'il en existait alors une multitude d'autres, principalement à l'ombre des presbytères et des cloitres[1].

Charlemagne (742-814) seconda cet essor de la charité, inauguré par l'Eglise. Couronné roi par le pape Etienne II, « dès 754, il prescrit aux évêques, aux abbés, aux comtes, de rendre pleine justice aux églises, aux veuves, aux orphelins; car l'empereur, après Dieu et les saints, est leur *défenseur*[2]. »

Louis le Débonnaire maintint ces dispositions favorables à l'infortune. Lorsque l'Empire se sépara en plusieurs nations, la féodalité remplaça la législation uniforme des capitulaires par des coutumes qui, sur plusieurs points, n'étaient que la continuation de ces dispositions protectrices. Au milieu des divisions territoriales, l'Eglise sut faire régner partout un même esprit, et favorisa la

[1] Il est dit dans la vie de saint Téliaus qu'un homme de race noble, mais fort pauvre, désespéré de ne pouvoir suffire à la nourriture de ses 14 enfants, et voyant toujours le nombre augmenter, résolut de les noyer. Saint Téliaus, apparaissant soudain, recueillit les pauvres petits et les fit élever. Saint Téliaus vivait vers la moitié du vi⁰ siècle.

[2] *Capitulare mautuanum*, p. 781.

protection des faibles et des opprimés en adoucissant les mœurs et en développant de plus en plus les institutions de bienfaisance.

L'unité dans la diversité, telle fut la devise de la charité au moyen-âge

Le régime féodal avait fait un pas en avant sur la période précédente, où l'enfant était souvent encore vendu comme esclave ; mais un système d'assistance qui repose uniquement sur le bon ou le mauvais vouloir des individus déterminés est défectueux. Heureusement que l'Eglise était là pour lui faire subir des modifications importantes en faveur des pauvres délaissés.

Dans les ixe, x^e et xie siècles, remplis par des invasions, des guerres interminables, des famines incessantes, la protection de l'enfance fut encore souvent paralysée.

A cette époque, chacun devait se mettre sous la protection d'un plus puissant que soi. Les hauts justiciers et les seigneurs de moyenne et de basse justice, en compensation des services de protection qu'ils rendaient, s'attribuaient les droits d'*épave*, de *confiscation*, de *déshérence* et de *bâtardise*, droits qui représentaient l'équivalent de charges réelles.

Mais l'intérêt, qui prévaut presque toujours sur les sentiments de pure humanité, fit trop souvent négliger aux seigneurs de pourvoir à l'entretien de ces victimes du malheur, délaissées dans leurs fiefs. La plupart de ces pupilles auraient péri, si la religion n'était venue à leur secours.

L'évêque et le chapitre de Paris donnèrent des premiers l'exemple de la charité à cet égard. Ils destinèrent une maison, près de la cathédrale, pour recevoir les enfants, qui furent nommés les *pauvres enfants trouvés* de Notre-Dame.

Charles VI, le Bien-Aimé, rendit témoignage à cette œuvre excellente en la dotant d'un legs considérable par son testament de 1536.

L'arrêt du Parlement (13 août 1552) condamna les seigneurs à contribuer, proportionnellement à leur fortune, pour l'entretien de ces enfants.

Cet arrêt n'était point une innovation, mais bien la consécration et l'application d'une règle générale.

Les chers *trouvés* de Notre-Dame, après plusieurs translations, ont été placés vis-à-vis de l'Hôtel-Dieu.

Jaillot, dans ses *Recherches* sur Paris, dit que l'on conserve dans l'église de Notre-Dame l'espèce de *couche* sur laquelle ils imploraient les aumônes des fidèles [1].

Il n'entre pas dans notre cadre de faire l'histoire de la *couche*, de l'admission, de la mise en nourrissage et en apprentissage des enfants trouvés. Généralement ils étaient exposés à la porte de l'église. Aussi, voyait-on jadis, au portail de l'édifice sacré, une *coquille* de marbre ou de pierre. Ce n'était pas un bénitier, mais une sorte de berceau dans lequel la honte ou la misère déposait le nouveau-né, qu'elle confiait à la maternité de la religion ; plus tard, on le portait au plus *haut degré de la porte*, dans le *trou*, ou la fenêtre, ou le *tour* de l'hospice [2].

---

[1] Dedans la grande église de Notre-Dame, à main gauche, il y a un bois de lit qui tient au pavé, sur lequel, pendant les jours solennels, on met les enfants trouvés afin d'exciter le peuple à leur faire charité, auprès duquel sont deux ou trois nourrices pour recevoir les aumônes des gens de bien. (BOUCHEL, en son *Trésor du droit français*, tome I", p. 114.)

[2] Le tour ou fenêtre consistait en une ouverture munie de grilles disposées de manière de n'y glisser à la fois qu'un nouveau-né.

Dans la première partie du moyen âge, les maisons de Dieu, sauf celles fondées par l'ordre du Saint-Esprit, ne recevaient pas les enfants trouvés. Avec le temps, ces dispositions *exclusives* cédèrent peu à peu. Ainsi, les pauvres petits étaient admis, au XIV° siècle, à l'hôpital de Malestrait, dans celui de l'Annonciade, à Marseille. Le premier soin était de les faire baptiser.

En 1520, l'Hôtel-Dieu de Saint-Julien de la Ferté-Saint-Bernard et l'hôpital de Saint-James, de Bordeaux, élevaient dans la crainte de Dieu les enfants de père et mère inconnus.

A Issoudun, dès la fin du XIV° siècle, on les recevait également à l'hospice, puis on les confiait ensuite à des nourrices; suivant les circonstances, ils restaient à la campagne ou revenaient dans l'asile pour être mis en métier[1].

A Douai, l'hôpital des enfants trouvés, devant Saint-Pierre, passe pour avoir été fondé au XIII° siècle par Mr du Magistrat. Charles-Quint accorda à cette maison (1526) des lettres d'octroi et d'amortissement ; on y accueillait les exposés des deux sexes, pour leur apprendre à connaître, à aimer Dieu, à lire, écrire et travailler.

A la même époque, l'*Aumône* générale de Lyon était tenue de faire entrer les *trouvés* à l'Hôtel-Dieu, aussitôt qu'ils avaient assez de force pour s'habiller seuls.

Heureusement, il y eut des exceptions de plus en plus nombreuses à la règle primitive qui ne permettait pas aux Maisons-Dieu de recevoir les enfants trouvés. — A dater du XII° siècle, les hôpitaux fondés par les disciples de Guy de Montpellier généralisèrent cette assistance.

[1] Voir *Etudes sur la protection de l'enfance*, par Léon LALLEMAND, pages 122-23.

Le fondateur de l'Ordre hospitalier du Saint-Esprit fut Guy, né à Montpellier, peut-être de la noble famille des Guillems. Innocent III appela à Rome le grand fondateur de cet Ordre, et lui confia l'établissement du Saint-Esprit *in Sassia* [1] édifié sur les bords du Tibre. La bulle d'institution *(Inter opera pietatis)* est du 19 juin 1204. Elle fut suivie de plusieurs autres favorables à cette œuvre, des plus agréables à Jésus-Christ.

Après avoir parlé de cet ordre illustre, Pétrus Saulnier s'écrie : « Tels sont les bienfaits accordés par Innocent III à l'Ordre du Saint-Esprit : c'est lui qui l'a recueilli à sa naissance, qui l'a réchauffé alors qu'il était encore faible, qui l'a entouré de ses bras pour le fortifier, qui l'a honoré de sa bienveillance ; c'est ainsi qu'il s'est plu à l'enrichir de ses dons, à le doter de privilèges, à l'honorer par ses louanges, à l'aider partout de sa puissante recommandation [2]. »

Le but de cette milice hospitalière était le soulagement des pauvres et l'assistance des enfants *délaissés*. Les vœux prononcés par les Frères comprenaient notamment l'engagement suivant : *Negotia curabo, ad honorem Dei, ad victum, vestitum, substentationem pauperum, infirmorum, peregrinorum, et* INFANTIUM EXPOSITORUM [3] : *Pour la gloire de Dieu, je m'engage à nourrir, à vêtir, entretenir les pauvres, les infirmes, les pèlerins et les enfants exposés.*

[1] Tire son nom d'une ancienne fondation attribuée au roi Ina, dont il occupait l'emplacement.

[2] *Hist. de la fondation des hôpitaux du Saint-Esprit de Rome et de Dijon,* par PEIGNOT.

[3] *De capite sacri ordinis Spiritus sancti.* Lugduni, 1649. — Auteurs cités par L. LALLEMAND dans son excellent ouvrage souvent mentionné.

L'hospitalité accordée aux *trouvés* est un des caractères distinctifs des disciples de Guy ; caractère que sa famille religieuse conserva jusqu'à la fin du XVIIe siècle [1].

Le mouvement, parti de Montpellier, s'étendit rapidement à la faveur des bulles des Souverains Pontifes, des édits et déclarations des rois de France.

Les seigneurs, les municipalités appellent ou favorisent aussi ces admirables hospitaliers. Il se fonde successivement, sous leur direction, des hospices à Marseille (1188), à Besançon (1203), à Dijon (1504), à Gray (1230).

Une bulle de Grégoire XI (12 août 1372) énumère plus de cent de ces maisons établies sur le sol de France.

Trois ans après cette bulle (1375), nous sommes fier de le noter ici, *Chambéry possédait déjà l'hospice* DOMUS DEI, *destiné à recevoir les femmes enceintes*, MULIERES PRÆGNANTES, *et les enfants exposés*, PUERPERI QUI VULGO DICUNTUR GETA (terme qui, suivant l'idiome, signifie : *jetés, délaissés, exposés*).

Cette fondation est due à Amédée de Benin, bourgeois de Chambéry.

Quarante ans plus tard (1415), Jehan Durhone crée, sur la place Maché, un hôpital similaire, sous le vocable de Notre-Dame de la Consolation. Peu à peu, la charité de nos ancêtres constitua à ces tendres victimes de l'infortune un patrimoine de *vingt-un mille* francs de rente.

L'histoire constate que partout où brillait le flambeau de la foi, régnait une sollicitude effective pour l'enfance malheureuse [2].

---

[1] L'union momentanée du Saint-Esprit à l'Ordre de Saint-Lazare, en 1672, commença sa ruine.

[2] Nous en reparlerons dans l'*Histoire de la Charité à Chambéry*, qui suivra ce travail.

Les comptes de la municipalité de Lille fournissent un curieux état des dépenses faites, au xvᵉ siècle, par les échevins pour l'entretien des *trouvés*.

« Les enfants sont confiés à des nourrices fort bien rétribuées. La garde d'un enfant est fixée à cent livres par an. Le chirurgien reçoit trente-six livres pour avoir *sané*, *guari* certain petit flameng. Quand le chirurgien est impuissant, les échevins font porter le malade à un sanctuaire ; les pèlerinages sont payés chacun *soixante sols*. »

Mais il n'est pas de mention plus touchante que celle du *bouquet de violettes* placé sur le cercueil du petit défunt.

« Les échevins ont un crédit pour *plyer*, parer ledit enfant : cinq sols pour le luminaire ; quatre sols, la messe ; deux sols pour le bouquet de violettes. »

O barbare moyen âge ! comme on reconnaît dans ce simple détail la prétendue inhumanité de nos aïeux !

* *

La charité n'avait pas attendu l'immortel saint Vincent de Paul pour s'occuper des orphelins. Dire cela, ce n'est point diminuer sa grandeur ; sa gloire est assez belle pour ne pas avoir besoin de rayons empruntés.

Déjà, dans l'ancienne loi, Dieu s'était déclaré le protecteur et le Père des orphelins. Il avait ordonné aux juifs de ne point les abandonner, de pourvoir à leur *subsistance*, de leur *réserver une partie des fruits de la terre*, de les *admettre au repas des fêtes et des sacrifices*[1].

Les prophètes ont souvent rappelé à Israël ce précepte. Le trésor des aumônes gardées dans le temple était principalement destiné à leur entretien[2].

[1] DEUT., ch. XXIV, v. 17 et suivants.
[2] *Hist. des Mach.*, ch. III, v. 11.

L'apôtre saint Jacques dit aux fidèles « que l'acte de religion le meilleur, le plus agréable à Dieu, est de visiter, de consoler les veuves et les orphelins dans leurs peines [1].

L'esprit de charité, caractère distinctif du christianisme, a créé cette multitude d'asiles et inspiré à tant de vaillants disciples du Christ le courage, le dévouement de servir de pères et de mères aux délaissés.

En un mot, toujours et partout, où la religion avait droit de cité, l'enfance pauvre était efficacement protégée par les prêtres, les religieux et les familles chrétiennes.

Mais, hélas ! les désastres, causés par les guerres de religion qui désolèrent le XVIe siècle, furent spécialement fatales au premier âge.

Pas d'époque plus agitée, plus bouleversée, plus attaquée par l'enfer que les XVIe, XVIIe et XVIIIe siècles ; mais aussi pas de temps plus glorieux, plus illustre, plus fécond en *saints* et en œuvres de bienfaisance. Dieu qui dispose de tout, proportionne toujours la défense à l'attaque et le remède au mal.

La confiance en la divine Providence n'est jamais confondue. Ainsi, Vincent de Paul parut providentiellement à Paris au moment où les exposés étaient dans un état de réel abandon. Devant ce génie de la charité, toute louange languit, toute parole est inutile. L'homme qui ne tressaillerait pas au nom de Vincent, symbole de l'amour et de l'héroïsme pour ses frères, serait un homme sans entrailles. L'incrédule même s'incline à ce nom béni, l'enfant le redit avec amour, l'infortuné avec espoir, le vieillard avec attendrissement. Les siècles passeront, mais il est une gloire qui ne passera pas : c'est la gloire de saint Vincent de Paul.

[1] Saint Jacques, ch. I, v. 27.

Vincent soulagea toutes les infortunes, ranima dans les âmes la foi, la charité presque éteinte, au milieu des guerres et des hérésies.

Le chiffre de ses aumônes, d'après les calculs les plus exacts, ne s'élève pas à moins de *vingt-cinq millions*, somme prodigieuse pour l'époque, ce qui lui mérita le titre mémorable de *Père de la Patrie*.

Le grand apôtre de la charité consacra d'abord son zèle aux plus nécessiteux : les abandonnés de Paris. La capitale de la France ne possède pas le monopole de toutes les généreuses initiatives. Quant aux soins des délaissés, elle ne suivit que tardivement l'exemple des provinces.

Les historiens s'accordent pour peindre la situation de ces enfants abandonnés dans la capitale comme des plus tristes. Le nombre en était très grand. Les ressources de la *Couche* étaient si restreintes qu'on tirait au sort les admissions et les admis mouraient presque tous, faute de soins. Les deux servantes qui en étaient chargées leur faisaient souvent avaler, au lieu de lait, une potion de narcotique pour les endormir. Elles allaient même jusqu'à les vendre, moyennant 20 sols, à des gens qui les faisaient servir à des opérations magiques[1].

Un pareil abandon émeut l'âme sacerdotale de Vincent. Il envoie les dames, qu'il formait à l'exercice des bonnes œuvres, visiter les maisons du Port-Saint-Landry, que le chapitre de Notre-Dame avait affectées à recueillir ces pauvres petits enfants du bon Dieu. Le spectacle qu'elles eurent sous les yeux les épouvanta ; elles résolurent sur le champ de se charger de quelques-uns. Une maison fut

---

[1] *Vie de saint Vincent de Paul*, par COLLET, t. I, p. 460 et suivantes.

louée à la Porte-Saint-Victor, en 1638, et le saint en confia la direction à Mademoiselle Legras.

D'un autre côté, Vincent intéressa la Cour à l'œuvre. Louis XIII, quoiqu'il n'eût que la moindre de toutes les justices de la ville, consentit à donner quatre mille livres prises sur le domaine de *Gonesse*. Louis XIV alloua plus tard huit mille livres de revenu, provenant de cinq fermes importantes.

Mais les dépenses augmentaient toujours et les dames, effrayées de leur tâche, étaient presque décidées à renoncer à cette œuvre. C'est alors qu'eut lieu cet épisode, si connu de la vie de Saint Vincent de Paul.

La délibération est ouverte ; le père des orphelins expose à l'assemblée qu'elle n'a pris aucun engagement, montre le bien réalisé, les résultats plus consolants à obtenir encore, et, dans l'ardeur de son zèle, il s'écrie :

« Or sus, Mesdames, la compassion et la charité vous
« ont fait adopter ces petites créatures pour vos enfants ;
« vous avez été leurs mères selon la grâce, depuis que
« leurs mères selon la nature les ont abandonnés ; voyez
« maintenant si vous voulez aussi les abandonner.

« Cessez d'être leurs mères pour devenir à présent leurs
« juges ; leur vie et leur mort sont entre vos mains ; je
« m'en vais prendre les voix et les suffrages ; il est temps
« de prononcer leur arrêt et de savoir si vous ne voulez
« plus avoir miséricorde pour eux. Ils vivront, si vous
« continuez d'en prendre un charitable soin ; et au con-
« traire ils mourront et périront infailliblement, si vous
« les abandonnez. L'expérience ne vous permet pas d'en
« douter [1]. »

---

[1] P. Collet, *Vie de saint Vincent de Paul*, p. 160-63.

La pieuse assemblée, bouleversée, saintement attendrie,
est vaincue par cette puissante et irrésistible parole, qui
gagna à jamais la grande cause des orphelins, portion
chérie du bercail de l'*Ami divin*, modèle et consécrateur
de la pauvreté.

« Le siècle a pardonné le christianisme à Vincent de
Paul ; on a vu la philosophie pleurer à son histoire. On
sait que, gardien de troupeau, puis esclave à Tunis, il
devint un prêtre illustre par sa science et ses œuvres ; on
sait qu'il est le fondateur de l'hôpital des *Enfants trouvés*,
de celui des *Pauvres Vieillards*, de l'hôpital des *Galériens*
de Marseille, du collège des *Prêtres de la Mission*, des
Confréries de Charité dans les paroisses, des *Compagnies
de Dames* pour le service de l'Hôtel-Dieu, des *Filles de la
Charité*, servantes des malades, et enfin des *Retraites*,
pour ceux qui désirent choisir un état de vie. »

Où la charité, faite de prévoyance, puisa-t-elle tant de
ressources ?

Saint Vincent de Paul et Mlle Legras, fondateurs des
Sœurs de Charité, resteront à jamais les deux plus pures
gloires de l'Eglise de France.

« Nous avouons notre incapacité, disait Chateaubriand,
à trouver des louanges dignes d'eux et de leurs œuvres :
des pleurs et de l'admiration sont tout ce qui nous restera.
Qu'ils sont à plaindre ceux qui veulent détruire la religion,
et qui ne goûtent pas les douceurs des fruits de l'Evangile ![1] »

« Le stoïcisme ne nous a donné qu'un *Epictète*, dit
Voltaire ; et la philosophie chrétienne forme des milliers

---

[1] *Le Génie du Christianisme*, page 235, tome II des œuvres
complètes.

d'*Epictètes* qui ne savent pas qu'ils le sont, et dont la vertu est poussée jusqu'à ignorer leur vertu même [1].

L'exemple est donné *(exempla trahunt)*. La charité a pris un nouvel essor qui ne se ralentira pas. Les eaux de pestilence n'éteindront point ses ardeurs, qui renouvelleront la face du monde. Les dévouements, les donations, les asiles se multiplieront à l'envi dans le champ de l'Eglise catholique. L'assistance de ses enfants malheureux est assurée.

Ces asiles, ouverts à toutes les misères de l'homme, de la naissance à la tombe, sur laquelle la sainte espérance arbore le signe radieux de l'immortalité, sont plus glorieux à la charité chrétienne que ne le sont à la mémoire des savants et des conquérants les statues de bronze, les palais de marbre sur lesquels le patriotisme a fastueusement gravé leurs noms.

La tempête révolutionnaire, déchaînée, passe comme un torrent qui emporte dans ses flots de sang le patrimoine des pauvres. Son premier acte est la confiscation. D'emphatiques décrets promettent, il est vrai, l'assistance aux orphelins. La Convention déclare qu'ils seront les *enfants de la patrie;* mais le projet ne sortira pas de la théorie.

L'Orphelinat de Chambéry est privé de la totalité de ses revenus pendant les années néfastes 1793 — 1794 — 1795 — 1796, jusqu'en mars 1797. Durant ce temps qu'il faut oublier, la maison est chargée de l'entretien d'un plus grand nombre d'orphelins sur la promesse fallacieuse d'une compensation qui reste à faire.

Les assemblées qui ont gouverné la France de 1790 à

[1] *Corresp. gén.*, tom. III, p. 222.

1800 par l'arrêt du 10 septembre 1700, ont supprimé les secours qu'accordait le Trésor public aux communes, hôpitaux, orphelinats, asiles pour *enfants trouvés*.

On tenta une série d'essais d'assistance, mais ces utopies sont restées infructueuses.

Alors une industrie nouvelle fut inaugurée ; l'industrie des courtiers *en abandon d'enfants*. Ces honnêtes courtiers s'en allaient recueillir dans les villes et les villages les petits êtres dont les mères dénaturées refusaient de se charger. Ils les emballaient, c'est le mot, dans des hottes que les paysans désignaient du nom significatif de *purgatoire*.

Les nouveau-nés y sont entassés debout. Quel temps qu'il fasse, l'homme, ainsi chargé, se met en marche, s'arrêtant seulement pour prendre ses repas et donner de loin en loin un peu de lait à ces faibles créatures.

L'enfant meurt-il en route ? Le philanthrope industriel n'ayant pas le temps, ni le cœur de faire ensevelir le petit cadavre, le jette dans le premier fossé qu'il rencontre et continue son chemin. Voilà les merveilles accomplies par les ennemis de l'Eglise.

A peine l'ordre public est-il rétabli, la charité du Christ reprend son essor et ses œuvres renaissent de leurs cendres avec une vigoureuse vitalité.

Il y a aujourd'hui, à Paris, cent vingt-six maisons, recueillant plus de dix mille enfants pauvres. Une statistique publiée par la *Société anonyme des Orphelinats agricoles*, présidée par le marquis de Gouvello, établit qu'en 1886 il y avait en France 622 orphelinats, dont 82 seulement de garçons.

La Savoie en possède à elle seule 23 : 19 de filles et 4 de garçons [1].

[1] DIOCÈSE DE CHAMBÉRY.

Orphelinats de filles. — 1° Celui de Chambéry, fondé en 1724 par le marquis Sigismond de Faverges, 56 places gratuites.

2° La Providence, commencée en 1846 par Sœur Thérèse et Madame Rey, fondée par la baronne de Chatillon, 1854.

3° L'orphelinat d'Aix-les-Bains, fondé par l'industrie des Sœurs de Saint-Joseph.

4° Celui de Montmélian, dû au zèle de son Curé, l'abbé Pajean en 1844, et doté par le comte Pillet-Will.

5° L'orphelinat agricole de filles, fondé en 1885 par Madame Costa de Beauregard, *Sœur de la Charité,* dans le château des Marches.

Orphelinat de garçons. — Orphelinat horticole, fondé par le chanoine Camille Costa de Beauregard, 1868, 150 enfants environ.

DIOCÈSE D'ANNECY.

Pour les garçons. — 1° Orphelinat d'Annecy, fondé par le marquis de Gouvello, dirigé par des Sœurs franciscaines, 30 enfants environ.

2° De Douvaine, fondé en 1875 par le R. P. Joseph ; enfants de 6 à 13 ans. Pension, 180 fr. et 50 fr. d'entrée.

3° Orphelinat de Saint-Joseph-du-Lac, également fondé par le P. Joseph.

On conduit dans cet Orphelinat les enfants du premier qui ont atteint l'âge de 13 ans, pour les garder jusqu'à 18 ans. Là, on les forme à des travaux agricoles ou artistiques (métiers). Chacun de ces orphelinats renferme plus de cent enfants.

Pour les filles. — 1° Orphelinat du Sacré-Cœur, fondé en 1853 par Mgr Rendu, mais installé dans le local actuel en 1879, sur un terrain cédé par Mgr Magnin ; enfants de 12 à 20-21 ans ; pension, 180 fr., 85 places ; dirigé par les Sœurs de la Roche.

2° De Bonneville, fondé en 1874, dirigé par les Sœurs grises ; enfants de 4, 8 à 18 ans ; 35 places ; couture, cuisine, travaux agricoles,

3° De Saint-Julien, fondé en 1835, tenu par les religieuses de la *Présentation.*

4° De la Roche, dirigé par les Sœurs grises.

5° De Gaillard, 1875, 30 places ; Sœurs de Saint-Vincent de Paul.

6° De Collonge, 1832, 40 places ;   id.

7° De Ville-la-Grand, 1875, 50 places ;   id.

Cette disproportion entre le nombre respectif des orphelinats pour les deux sexes est considérable. Elle repose sans doute sur des fondements sérieux. Les petites filles ont un plus grand besoin d'assistance, de protection que les garçons du même âge. D'ailleurs, malgré les défauts communs et inhérents aux deux sexes, la petite fille est plus intéressante et plus facile à élever, mais aussi plus facilement circonvenue. On la trouve plus flexible à manier, plus précoce à être dressée à un état. L'aiguille à la main, elle peut de bonne heure apporter quelques ressources à la communauté. Le garçon, jusqu'à 15 ans, n'est guère bon qu'à manger et à déchirer, au dire du P. Joseph[1]. Mais cet écart de chiffre ne prouverait-il pas que la femme, en général, est plus dévouée et plus généreuse à donner et à se donner que l'homme?

8° De Thonon, 50 places ; Sœurs grises.

9° L'hôpital d'Annecy, dirigé par les Sœurs grises ; on élève 15 orphelins de 8 à 18 ans.

10° Celui de Thônes, 12 orphelins ; Sœurs de Saint-Joseph.

(Note due à l'obligeance de M. l'abbé Gonthier,
aumônier de l'hôpital d'Annecy).

DIOCÈSE DE TARENTAISE.

1° Orphelinat de Moûtiers, fondé en 1854 par la charité de la *Maison-Mère* des Sœurs de Saint-Joseph, aidée de quelques dames de la ville.

2° D'Albertville, commencé en juin 1875 par le zèle des Sœurs de Saint-Joseph.

3° De Conflans, fondé en 1872 par la générosité de M. Gadin, curé de la paroisse.

(L'abbé Borrel, président de l'Académie du Val-d'Isère).

DIOCÈSE DE MAURIENNE.

Providence, commencée par la brûlante charité de Sœur Anastasie, 20 octobre 1855, installée aujourd'hui à l'extrémité du quartier dit de Jérusalem ; enfants, 40-45, admis dès l'âge de 10 ans.

[1] Fondateur des Orphelinats agricoles de Douvaine.

« Il semble, disait l'abbé Gerbet, que son cœur a recueilli une plus grande abondance de compassion avec les larmes des saintes femmes du Calvaire, tandis que les hommes n'auraient hérité que des larmes de saint Jean. »

Châteaubriand, blessé, ulcéré par la petite vérole, agonisant, abandonné, par le capitaine du navire qui devait le transporter hors de France, fut recueilli, soigné et sauvé par la femme d'un pilote anglais. Il lui dut la vie et ne l'a pas oublié. En rappelant, dans ses *Mémoires,* cet épisode de sa jeunesse, il s'écrie : « *Les femmes ont un instinct céleste pour le malheur.* » C'est vrai, elles sont naturellement plus tendres, plus compatissantes, plus industrieuses, plus délicates et plus persévérantes dans le dévouement.

Maxime du Camp dit à son tour : « Que rien ne prévaut contre la loi morale qui est assignée à la femme ; « elle est née mère et elle reste mère ; petite fille, elle « l'est avec sa poupée ; vieille femme ou Sœur Augustine, « Sœur de Sainte-Marthe, elle l'est avec les malades ; « Sœur de Saint-Joseph, elle l'est avec les pestiférés de « Saint-Lazare ; Sœur de Saint-Thomas de Villeneuve, elle « l'est pour les repenties du Bon-Pasteur ; Sœur de la « Présentation de Tours, elle l'est pour les vagabonds de « Villers-Cotterets. »

« La religieuse, continue-t-il, est d'autant plus mère dans ses fonctions d'hospitalité que la vraie maternité lui fait défaut. » Nous ajoutons : *Elle est d'autant plus mère qu'elle n'a dans le cœur que l'amour de Dieu et du prochain.*

« C'est ce que n'ont pas compris ces libre-penseurs qui veulent infliger aux hôpitaux ce qu'ils appellent la *laïcisation.* Quel mot et quel acte barbare ! Ah ! je les connais les infirmières laïques, je les ai vues à l'œuvre et je sais ce quo leurs poches peuvent recéler de flacons d'absinthe et de cervelas[1]. »

Après une longue étude sur l'histoire de son pays, un archiviste résumait ses impressions dans ce cri d'enthousiasme : « Les villes ne doivent pas s'enorgueillir seulement des édifices qu'elles possèdent, des souvenirs glorieux qu'elles ont à évoquer ; il faut encore qu'elles soient le centre d'institutions où se développent l'esprit et le cœur ; et d'où la civilisation jaillit autour d'elles, comme les rayons d'un foyer lumineux. »

Sous ce rapport, l'ancienne capitale de la Savoie n'a rien à envier aux plus importantes cités ; *Chambéry est le pays de l'aumône.*

[1] *La Charité privée à Paris.*

CHAPITRE III

L'art de se survivre. La Marquise de Faverges.

ENTRETENIR le culte des traditions, c'est alimenter le foyer où s'échauffent le patriotisme et le dévouement à la chose publique.

Mathathias mourant disait à ses fils : « Soyez les zélateurs de la loi et donnez votre vie pour l'alliance de vos pères ; souvenez-vous de leurs œuvres, et vous laisserez une grande gloire et un nom éternel. »

A l'ordre d'Antiochus de sacrifier aux idoles, Mathathias répondit à haute voix : « Quand même toutes les nations obéiraient au roi Antiochus, moi, mes cinq fils et mes frères, nous resterons fidèles à la tradition de nos pères. »

Forts de ces puissants souvenirs, les sept frères Macchabées, plutôt que de violer les lois de Dieu et celles de la patrie, versèrent leur sang, l'un après l'autre, dans les plus affreux tourments sous les yeux de leur héroïque mère.

Combien de fois le souvenir des grands exemples, que le passé nous a légués, n'a-t-il pas enfanté des actes d'héroïsme et des œuvres immortelles !

L'exemple, en effet, est plus puissant que la parole ; il révèle une conviction plus profonde, il répand une

lumière plus intense et produit une impression plus vive
et plus entraînante. Ainsi qu'on démontre le mouvement
en marchant, c'est en faisant le bien qu'on en prouve
la possibilité.

Si donc il est louable de graver en lettres d'or, sur le
bronze ou le marbre, le nom des héros de la patrie, il n'est
pas moins patriotique de rappeler à la postérité les fondateurs des établissements de bienfaisance.

Il est incontestable, dit Dalloz, que la création d'asiles
destinés aux membres de la société que l'impuissance de
l'âge, l'abandon, la pauvreté, la privation de famille réduisent à l'impossibilité de pourvoir à leurs besoins physiques
et moraux, donne la mesure de l'estime que le temps passé
a mérité aux yeux de Dieu et aux yeux des hommes.

La vue d'un asile inspire au cœur bien né plus de
patriotisme et laisse de plus profondes racines dans la vie
d'un peuple que le récit d'une victoire remportée sur le
champ de bataille.

Esquisser la monographie d'un orphelinat nous paraît,
en définitive, l'œuvre d'un citoyen aimant sa patrie tout
autant que celle d'un historien intègre.

*
* *

La marquise Sigismond de Faverges descendait de
l'ancienne famille de Bally[1].

---

[1] La maison Bally, éteinte aujourd'hui, alliée aux principales
familles du pays, jouissait dans la haute société d'une considération méritée.
Le père de notre héroïne occupa avec distinction un siège
sénatorial.
Mgr Albert Bally, évêque de la cité d'Aoste en 1677, était membre
de l'Académie de Turin et correspondant de diverses Sociétés
savantes.

Née à Chambéry le 4 septembre 1776, Jeanne-Françoise a été engendrée à la vie divine dans les eaux saintes du baptême le jour même de sa naissance à la vie naturelle. Grande fut alors la joie des nobles époux, Philippe Bally, alors avocat au Sénat, et Anne de Tresserve.

Aussitôt que cette enfant d'espérance parut à leurs yeux ravis, l'un et l'autre, dans un tressaillement de reconnaissance, résolurent de l'élever, avant tout, pour Dieu qui venait d'exaucer leurs vœux.

Envisageant la grandeur de la mission divine qui est de former l'âme déchue à la ressemblance de Dieu son Créateur et à l'image du Fils son Rédempteur, la pieuse mère, tout en entourant la frêle existence de sa fille des soins corporels les plus tendres et les plus vigilants, évitait avec sagesse de développer en elle la sensibilité organique par de trop vives et fréquentes caresses. Elle épiait ses tendances natives pour les redresser ou les diriger vers le vrai, le bien ou le beau, lui faire aimer d'abord la piété, à mesure que son âme s'épanouissait à la lumière. Aussi les vertus de son âge semblaient fleurir à l'envi sous les pas de Françoise. Elle aimait, détestait sans peine ce que sa mère aimait et détestait.

A la vigueur de la moisson, on reconnaît la nature du sol

Gaspard Bally, né à Chambéry, avocat au Sénat, renommé par son savoir, publia :

1° *Recueil des édits et règlements de Savoie depuis le Duc Emmanuel-Philibert jusqu'à Mme Rle Jeanne-Baptiste de Savoie-Nemours*, vol. in-folio. Chambéry, 1679 ;

2° *Traité des Subhastations*, 1689 ;

3° *Traité des émoluments*, dédié à S. Ex. Monseigneur de Tencin, premier président du Sénat de Savoie sous Louis XIV. Chambéry, 1699 ;

4° *Questions matrimoniales*. Annecy, 1699 ;

5° *Traité du serment, litis décisif*, 1699. — (GRILLET.)

et la bonté de la semence. La vie de la fondatrice du vieil
Orphelinat de Chambéry laisse préjuger, non sans raison,
que sa première formation fut profondément chrétienne et
virile, sans faiblesse pour les défauts inhérents à l'enfance.

Le milieu tout imprégné de christianisme et d'esprit de
foi, où elle avait grandi, était éminemment favorable au
perfectionnement de ses précieuses qualités naturelles.

Sous l'empire de l'esprit de vie et des pieuses traditions domestiques, Françoise devint femme à faire *la
gloire de l'homme, le charme de sa vie, l'ornement et la
joie de sa maison, à doubler le nombre de ses années, à
remplir ses jours de paix et de sanctification.* Voilà ce que
dit le Saint-Esprit de la femme forte. Sans doute, notre
héroïne avait ses défauts, comme la médaille a son revers.
Si nous n'admirons que ses vertus, la raison en est
simple : c'est que, selon le dessein de la Providence, la
tradition ne conserva que le souvenir salutaire de ses beaux
exemples.

Le portrait de la marquise de Faverges la représente
jeune encore dans la riche et brillante parure de l'époque;
cela ne veut pas dire qu'elle ait été mondaine : il est
permis d'accorder aux convenances sociales ce qu'elles ont
droit d'exiger.

Quand Jeanne-Françoise eut 22 ans, l'heure vint pour
elle de choisir son chemin dans la vie. Si elle n'avait
consulté que son cœur, son choix eût été vite fait. Le vrai
bonheur de la fille innocente et vertueuse ne se trouve-t-il
pas dans la maison paternelle ? Mais la fin de cette vie est
de suivre sa vocation, de chercher d'abord le royaume de
Dieu, et non point le bonheur éphémère. Après avoir donc
longtemps prié et consulté le guide de son âme, Françoise
accepta de la main de ses parents celle de Messire Sigismond

comte de Faverges, fils de Charles-Maurice Millet, marquis
de Faverges, et de Marie de Duingt de Val-d'Isère. Quelle
belle alliance[1] !

[1] Si l'ancienneté est un titre d'honneur, ce lustre appartient
aux Millet de Faverges. Leur origine se perd dans la nuit des
âges.

Comme l'affirme Besson, notre historien généalogiste, les documents qui nous auraient fait connaître les premiers ancêtres du
marquis Sigismond de Faverges périrent à Genève, berceau de
cette famille, à l'époque de la Réforme de 1535.

Les plus anciens de cette illustre maison dont l'histoire ait
conservé les noms sont :

I. — Etienne Millet, gouverneur du château-fort de Martigny
pour le comte Pierre de Savoie, l'an 1260.

II. — Etienne, son fils, maître-d'hôtel de Jean-Louis de Savoie,
prince et évêque de Genève.

Etienne et Antoine sont mentionnés dans les *Preuves* de
Chevaliers de Malte, de Prosper MILLET.

III. — Pierre Millet, préférant sacrifier tout ce qu'il possédait
à Genève plutôt que de s'exposer lui et les siens à manquer de
fidélité à la religion de ses pères, vint s'établir à Bonneville vers
1535, où il fit bâtir une maison à l'endroit même où a été construit, en 1883, le bel édifice de la sous-préfecture actuelle.

Ce vaillant chrétien fut juge-mage du Faucigny, conseiller des
ducs Philibert II et Charles III.

IV. — Claude Millet, recteur de l'Université de Turin, ensuite
juge-mage du Faucigny, ambassadeur de Charles III auprès des
cantons suisses, conseiller au Parlement de Savoie, est venu se
fixer à Chambéry à la fin du xve siècle.

V. — C'est dans cette ville qu'est né, le 26 juin 1527, son fils
Louis, grand-chancelier de Savoie, souche des maisons de
Faverges, de Challes et d'Arvillard.

Le duc Emmanuel-Philibert lui céda les seigneuries de
Faverges et de Challes, le 10 octobre 1569, pour lui témoigner
combien il faisait cas de ses services éminents et de son zèle pour
sa personne.

Louis Millet, après avoir occupé brillamment la plus haute
charge de sa patrie, mourut à Montcalier le 12 février 1599. Son
corps fut transporté à Chambéry et déposé dans le tombeau de
la chapelle qu'il possédait en l'église de Ste-Marie Egyptienne.

La postérité du grand-chancelier maintint dans tout son éclat
la gloire et le lustre qu'il avait donnés à sa maison. Ses illustres
fils formèrent les trois branches de Faverges, de Challes et d'Ar-

Si la famille de Millet de Faverges était une des plus nobles de notre pays de Savoie, celle de Duingt n'était pas moins honorable.

Richard de Duingt-la Val-d'Isère écrivit la vie de saint Bernard de Menthon, son compatriote et son prédécesseur dans l'archidiaconat d'Aoste, en 1008.

Marguerite de Duingt, Chartreusine, est morte (1282) en odeur de sainteté.

villard qui n'ont cessé de bien mériter de la patrie par les personnages qu'elles ont produits.

La branche de Faverges fleurit encore pleine d'avenir.

VI. — Millet de Faverges Philibert-François, né à Chambéry le 15 novembre 1561, fils du grand-chancelier, fut diplômé docteur de la Sapience le 5 avril 1585. Pourvu du prieuré de Lémenc, du doyenné de Viry et de l'abbaye d'Aulps, il devint coadjuteur de son oncle Pierre de Lambert, évêque de Maurienne. Il lui succéda le 6 mai 1591. Charles-Emmanuel Ier l'ayant nommé conseiller d'Etat, chevalier de l'Annonciade, l'envoya en qualité d'ambassadeur extraordinaire auprès de Philippe II, roi d'Espagne, et du Pape Paul V.

En 1618, il fut transféré à l'archevêché de Turin où il mourut en 1625, laissant l'exemple de toutes les vertus pastorales et d'une éloquence onctueuse.

VII. — Paul de Faverges, né le 7 décembre 1599, fils de François-Amédée comte de Faverges, chevalier, grand-croix et chancelier de l'Ordre des Saints Maurice et Lazare, était un profond théologien, un jurisconsulte habile et un littérateur d'une vaste érudition. Le Pape Urbain VIII le nomma son camérier d'honneur, et évêque de Maurienne en 1639. C'est lui qui obtint, en 1650, le bel habit de chœur qui est devenu celui de tous les Chapitres de la Savoie. S'étant rendu à Turin pour y soutenir, avec son éloquence mâle et son zèle ordinaire, les immunités de l'Eglise, il mourut dans cette ville en odeur de sainteté le 31 octobre 1656. Il avait fait héritiers les pauvres de sa ville épiscopale.

VIII. — François-Amédée de Challes d'Arvillard mérita par son génie et ses rares qualités la bienveillance de la Cour de France, où son père avait été ambassadeur. A son retour, il fut nommé sénateur au Sénat de Savoie, ensuite archevêque de Tarentaise (1658), premier président de la Chambre des comptes et commandant général de la Savoie le 29 novembre 1675.

Le manoir de cette très ancienne maison, appelé Château-Vieux, est situé dans le lac même d'Annecy. On y aborde par une chaussée. C'est un site pittoresque, ravissant, délicieux, d'où l'on a un coup d'œil féerique sur Talloires et sur les coteaux ravissants qui encadrent merveilleusement le lac d'Annecy. Ce séjour a été successivement possédé et embelli par les maisons de Val-d'Isère, de Luxembourg, de Menthon et de Sales.

Pendant quarante-cinq ans, ce prélat, qui passait pour l'un des plus illustres évêques de son siècle, illustra l'archidiocèse de Tarentaise par ses talents, sa charité et son zèle apostolique. Il mourut le 25 mai 1763, pleuré de tout le duché de Savoie.

C'est lui qui fit bâtir la maison de Buisson-Rond.

IX. — Claude-François de Faverges de Challes, né à Chambéry en 1620 est encore une illustration de cette Maison. Il fit l'honneur de la Compagnie de Jésus par ses talents et par son génie étonnant pour les mathématiques. Il est le premier et le seul auteur, dit le Père de Colonia, qui ait donné un cours complet de mathématiques dans un ouvrage immense, capable d'occuper et d'illustrer la vie de plusieurs savants.

X. — Jacques, son frère, jésuite aussi, recteur du collège de Chambéry, se distingua par ses rares talents et ses vastes connaissances, mourut chancelier de l'université de Glatz en Bohême.

XI. — François-Amédée de Faverges d'Arvillard, né le 4 mai 1664, mort en 1744, d'abord vicaire général de Tarentaise, évêque d'Aoste en 1699, transféré au siège métropolitain de Tarentaise, imita la conduite de son oncle dans l'administration de son nouveau diocèse. Il y maintint la vigueur de la discipline ecclésiastique avec une sagesse et une prudence admirable jusqu'au 28 août 1744. Il rendit son âme à Dieu, au grand regret de ses ouailles. Ce prélat, dont la mémoire restera en vénération, a laissé toute sa fortune aux pauvres de sa ville archiépiscopale.

Les fils du chancelier de Savoie, Louis Millet de Faverges, honorèrent donc grandement l'Eglise, la magistrature, la diplomatie, les sciences exactes et l'armée.

XII. — Joseph de Faverges, lieutenant-colonel du régiment de Savoie, s'opposa avec une bravoure étonnante à la descente des Espagnols en Sicile, où il mourut de ses blessures en 1718.

XIV. — François-Amédée, marquis de Faverges, colonel, s'illustra dans toutes les guerres d'Italie, sous les règnes glorieux de Victor-Amé II et de Charles-Emmanuel III.

Le 5 juin 1700, Révérend François Philippe, chanoine official, bénit l'heureuse alliance dans l'antique église du prieuré de Lémenc, en présence d'une brillante assistance, où la noblesse et la haute bourgeoisie confondaient leurs rangs.

Les deux familles étaient dignes l'une de l'autre : communauté parfaite de principes et de pratiques religieuses, d'idées élevées et de nobles sentiments.

Cette union, irrévocablement consacrée par l'Eglise, enrichie des grâces du *grand Sacrement*, fut *une* de celles qu'on appelle heureuses. Oui, elle est d'abord heureuse ; car, avec les dons de la foi et de la piété, la divine Providence avait départi une large part des faveurs temporelles ; mais elle ne dispensa pas ces privilégiés époux des conséquences de la déchéance originelle. On vit tout d'abord se réaliser les espérances de ce foyer chrétien.

XV. — Millet Sylvestre, marquis d'Arvillard, se distingua également dans la carrière militaire, et devint maréchal des camps et armées en 1680.

XVI. — Jean-Louis, 1600-1670, 1ᵉʳ marquis de Challes, colonel au service du duc de Savoie, mourut, en 1670, gouverneur de Turin.

XVII. — Henri, son fils, mérita par sa bravoure le titre de baron du Saint-Empire.

XVIII. — Le marquis Henri de Faverges, esprit d'élite, était lieutenant-colonel, gouverneur de Coni. — Clément, son digne fils, succomba aux blessures reçues dans les guerres de 1793, comme tombait à Beaumont (Ardennes), en 1870, son neveu, Henri de Faverges, fils du suivant.

XIX. — Le marquis Edouard de Faverges, type du gentilhomme savoisien, noble de nom autant que de race, décédé le 14 janvier 1890, laissa à sa famille, dans leur pureté, les glorieuses et chrétiennes traditions de ses ancêtres. Le marquis Amédée de Faverges les transmettra fidèlement à sa descendance.

(Voir *Hist. de la maison Millet de Faverges*, par M. BESSON, curé de Chapeiry, en un vol. in-4°. — Le P. MENESTRIER. — Georges Possa et Augustin Chieza, de Salmes.)

L'aimable et vertueuse compagne de Sigismond connut les joies austères de la maternité. Mais à ces émotions indicibles qui ne feront plus tressaillir son cœur, succèdent trop vite, hélas ! des larmes brûlantes et des déchirements profonds.

Après avoir souri quelques années à la terre, Anne, la seule enfant que Dieu voulut lui donner, prit son essor vers les cieux. A son départ du lieu de l'exil, des combats, des ténèbres et des douleurs, pour la *terre des vivants*, des visions toujours nouvelles, du repos et du bonheur parfait, le deuil vint s'asseoir au foyer désolé. Pauvre mère ! la tristesse a pris la place de la joie qui rendait votre vie rayonnante d'espérance. Désormais, restera endolorie votre âme jusqu'à votre réunion à l'ange que le Seigneur vous a ravi. De telles blessures ne se cicatrisent pas ici-bas.

Hélas ! le fleuve, image de la vie, ne roule pas ses ondes calmes, limpides, entre des rives toujours fleuries, avant de confondre ses eaux troublées avec celles de l'océan. Par suite du péché, toute vie n'est-elle pas l'initiation tourmentée au repos béatifique, la condition à laquelle s'obtient la *couronne de justice ?* l'exil dans la vallée de larmes ? Nul ne peut échapper, pendant la traversée, aux coups de l'inexorable douleur.

La tribulation frappe à son heure ceux qui habitent les oasis fortunées, comme ceux dont les tentes sont dressées sur les sables arides du désert. Le prophète de l'Idumée s'écriait : « L'homme vit peu de temps et il est rassasié de misères ; comme la fleur, il s'élève et il est foulé aux pieds, il fuit comme l'ombre et ne s'arrête jamais. » Dieu marque du sceau de l'épreuve ses amis privilégiés. La voie seule de la Croix conduit aux splendeurs du Thabor. *Bienheureux*, a dit Jésus, *ceux qui pleurent et souffrent*.

Une douleur appelle une autre douleur; le calice des larmes est immense; dans le cœur de notre héroïne toujours meurtri du premier brisement vinrent s'ajouter bien vite les désolations inconsolables de la viduité. La mort atteignit messire Sigismond à la fleur de son âge. Rien ne manquait de ce qui pouvait rendre déchirante cette nouvelle tristesse, car la marquise avait pour son mari cette tendresse des épouses chrétiennes, d'autant plus intense qu'elle est plus pure. Quel vide! Sigismond la laissait jeune et seule! Les archives de la famille mentionnent qu'elle vécut longtemps après lui.

La vaillante chrétienne porta le fardeau du veuvage avec la triple consécration *de la douleur, de la vertu* et *de la fidélité*. Elle garda l'intégrité de son serment à celui qu'elle avait aimé et perdu; se faisant de son cher souvenir un culte fidèle, son âme, en se fermant du côté de la terre, de plus en plus s'orientait pleinement du côté du Ciel. Ainsi, tandis que les plus grandes douleurs ne font parfois qu'obscurcir certaines âmes et les couvrir de ténèbres, elles avaient dévoilé à cette nature d'élite la fragilité des choses de ce monde et lui avaient ouvert plus large et plus radieux l'horizon des visions béatifiques. A la lumière de telles révélations, Madame de Faverges, ayant mieux compris la loi générale de la vie chrétienne, se voua à porter plus généreusement encore le joug *honorable du veuvage*. La primitive église honorait la vraie veuve d'une consécration particulière; l'évêque bénissait son habit spécial, lui assignait un rang dans l'assemblée des fidèles, lui réservait un siège d'honneur pour enseigner les catéchumènes. Ce ministère de la doctrine fut ensuite remplacé par l'exercice des œuvres de charité en dehors du lieu saint.

Madame de Faverges s'appliqua à transfigurer sa vie en la conformant aux enseignements que donnait saint Paul à son disciple Timothée : « Si une veuve, écrit-il[1], a des fils ou des petits-fils, qu'elle leur apprenne à gouverner leur famille, à rendre à leur père et mère ce qu'ils ont reçu d'eux, car cette conduite sera agréable à Dieu.... Et celle qui est *vraiment veuve* et désolée, qu'elle espère en Dieu, qu'elle persévère jour et nuit dans la prière et l'oraison ; qu'elle exerce *l'hospitalité, console les affligés* et *s'adonne à toutes sortes de bonnes œuvres...* Faites leur entendre cela afin qu'elles soient irréprochables. » Céleste doctrine ! Elle est seule capable de combler de consolations divines le vide creusé par la mort dans le cœur de la veuve.

Selon l'enseignement de cette lumineuse et forte doctrine de l'apôtre, Madame de Faverges consacra désormais ses jours aux pratiques de la piété et de la bienfaisance sous toutes les formes. Mais la visite des pauvres, des malades et des prisonniers, ne suffisait pas à satisfaire la soif du bien qui tourmentait notre héroïne. Elue prieure de la Congrégation laïque de Sainte-Elisabeth, chargée de la direction de la Madeleine[2], elle se voua avec un zèle infatigable et persévérant à cette œuvre de moralisation et de préservation. Elle ne se laissa déconcerter ni par les difficultés de tous genres et des conflits nombreux avec les autorités locales, chose aussi ancienne que le monde, ni par les déboires et l'ingratitude, ni par les insultes et les brocards.

« Les femmes seules, dit Maxime du Camp, sont capables de ces dévouements prolongés, qui ne reculent ni devant la fatigue ni devant le dégoût, ni devant l'ingrati-

---

[1] S. P. à Timothée, ch. V.
[2] Hospice fondé par Mᵐᵉ et M. Romanet, en 1673, pour retirer les repenties et les jeunes filles en danger de se perdre.

tude ; et parmi les femmes, *celles* qui gardent au cœur le deuil permanent du veuvage, qui se sont données à Dieu pour être non pas consolées, mais rassérénées, qui ont demandé à l'amour divin de calmer la douleur de l'amour terrestre ; *les veuves en un mot, convaincues des vérités supérieures et chauffées par la foi, sont plus que toutes les autres aptes aux labeurs de la charité.*

La marquise de Faverges fut une de ces veuves au cœur largement ouvert pour soulager toutes les misères.

Pendant sa laborieuse et féconde administration, l'intelligente prieure avait vu les inconvénients et les dangers de la fondation Romanet ; elle fut une des premières à concevoir et à réaliser le projet de créer un établissement spécial pour les orphelines *préservées*. Tout en caressant cet idéal sublime, elle ne diminuait point ses largesses pour l'entretien de ces deux petites communautés. A l'exemple de son père qui leur avait constitué une rente de 150 florins pendant vingt ans, elle céda, à l'hospice de la Madeleine, la propriété et la jouissance immédiate des prairies qu'elle possédait dans la commune de Bissy. Son zèle pour le bien des âmes n'avait pas de limites et rayonnait au loin ; ainsi elle fonda pour la paroisse d'Aix-les-Bains une mission qui devait avoir lieu tous les sept ans.

La mort, qui moissonne indistinctement tous les âges, vint la frapper sur la brèche : elle avait 46 ans[1].

[1] Le 30 janvier 1724, a été enterrée à Sainte-Claire en ville, Madame Françoise Boll, veuve du seigneur marquis de Faverges. Signé : BRUNET, chanoine. — Copie conforme à l'original.

L'éloge que saint Jérôme faisait d'une patricienne de Rome, on pourrait en toute vérité le graver sur la tombe de la grande chrétienne : *Consumée en peu de temps, ell' a rempli une longue carrière*[1].

Si elle ne laissa pas de postérité, selon le sang, ni de fortune aux siens, la marquise de Faverges voit du séjour de la gloire les œuvres de sa charité se perpétuer à travers les âges. Ce que Salomon promettait à la femme forte, se réalise pour elle déjà depuis tantôt deux siècles : *Ses enfants se sont levés et la proclameront bien heureuse à jamais.*

[1] Un jour de fête,
Un jour de deuil :
La vie est faite
En un clin d'œil.

CHAPITRE IV

La Charité et la Philanthropie.
La Marquise de Faverges.

NOTRE Orphelinat doit son existence, son développement à la charité fraternelle et non pas à la philanthropie. Fille du Ciel, la charité, s'inspirant au foyer de l'éternel amour, se dévoue aux besoins du corps et de l'âme du malheureux pour le relever, le grandir, le transformer en la personne de Jésus-Christ et en faire un autre Christ.

La philanthropie, fille de la terre, qui puise toutes ses inspirations au-dedans d'elle-même, borne ses vues à faire du nécessiteux un citoyen utile à la patrie. Dans le pauvre, elle n'envisage que ses membres à réchauffer, à vêtir, à abriter, sa faim, sa soif à satisfaire, son existence à sauvegarder ; elle ne pense pas l'élever jusqu'à Dieu, faire resplendir sur sa face l'âme, miroir des perfections de la divinité.

La charité atteint les deux termes. Tour à tour, elle considère Dieu et le pauvre. C'est en Dieu qu'elle puise l'amour qui l'incline vers l'indigent ; et dans celui-ci ce qu'elle estime le plus, c'est l'âme, l'esprit et le cœur :

en un mot, tout ce qui unit le pauvre à Jésus-Christ.
Magnifique mouvement de la charité ! Elle ne fait que
monter et descendre la mystérieuse échelle de Jacob ; elle
va de Dieu au pauvre et du pauvre à Dieu ; elle incline
le cœur. de Dieu vers le pauvre et l'élève jusqu'à
Dieu par la reconnaissance et l'amour. La charité, vertu
surnaturelle, donne et se donne avec humilité et dilection par amour pour Jésus, qui s'est fait le dernier des
pauvres.

Le Sauveur nous a révélé la notion et les caractères de
la reine des vertus sous les plus touchantes images. Ici,
c'est un pasteur qui a perdu une de ses brebis ; il va à sa
rencontre plein de sollicitude et de tendresse ; il la poursuit
dans les lieux les plus arides, il parcourt les plaines désolées, gravit les rochers escarpés ; à tous les passants il
demande des nouvelles de la chère égarée ; à peine l'a-t-il
aperçue qu'il accourt empressé, tout heureux ; *il lui
prodigue les plus douces caresses, la prend sur ses épaules
et la porte au bercail dans les transports de sa joie*[1].

Ailleurs, c'est un Samaritain qui passe et qui rencontre
un homme couvert de meurtrissures, gisant sur la voie
publique. Le bon Samaritain, ému, s'approche du criblé
de coups, verse de l'huile sur ses blessures, et, le recueillant dans ses bras avec bonheur, comme un trésor précieux, il va le déposer dans un asile sûr, et le confie à la
sollicitude affectueuse d'un cœur dévoué.

Ces allégories, pleines de charme dans leur simplicité,
enseignent que la plénitude de la loi, la charité parfaite, ne
se borne point au précepte de l'aumône ; car la fin sublime
de cette vertu, c'est de se vouer à la recherche des âmes

[1]. Saint JEAN, X. — Saint LUC, X.

pour les amener dans le divin bercail du Pasteur qui donne sa vie pour le salut de ses brebis.

La philanthropie a beau ériger des monuments superbes pour les déshérités du monde, des palais somptueux d'enseignement laïc, obligatoire, *gratuit,* moyennant les deniers du public, « écoles que Henri Maret lui-même appelle une *tartuferie,* imposées par la franc-maçonnerie sous le voile hypocrite de neutralité[1], » elle n'arrivera jamais, par ses établissements *en dehors de Dieu,* à élever les âmes, à civiliser la société et à maintenir la grandeur de la *fille aînée* de l'Eglise.

Une telle prétention, inconnue de l'antiquité païenne, qui s'affirme en France comme nulle part, ne peut produire que des fruits de mort. « Il est plus facile, disait Plutarque, de construire une *ville en l'air* que de constituer une société civilisée *sans la croyance aux dieux.* »

Cette conviction de l'auteur païen n'est-elle pas un écho de l'oracle divin : « Si le Seigneur ne bâtit la maison, c'est *en vain* que travaillent ceux qui la construisent ; si le Seigneur ne garde la ville, c'est *en vain* que veille celui qui la garde.` » (Psaume CXXVII.)

La charité qui émane du Cœur sacré de Jésus-Christ, roi éternel des siècles, est la seule éducatrice des peuples dans l'ordre intellectuel, moral et social.

C'est elle qui est la mère féconde de l'apostolat catholique et de ses sublimes immolations en vue de civiliser les barbares tout en régénérant les âmes.

Tel est le but surnaturel de toutes ces innombrables et

---

[1] « On devrait traîner devant les tribunaux les parents qui envoient leurs enfants dans les écoles sur la porte desquelles il est écrit : *Ici, on n'enseigne pas la religion.* »   Victor Hugo.

merveilleuses institutions, sous toutes les formes et sous tous les noms, qui sont la grandeur de la patrie, la gloire et la puissance du christianisme, destinées à secourir l'enfance, l'âge mûr, la vieillesse, à soulager tous les genres possibles d'infirmités physiques et morales, à préserver de l'ignorance, du péril et du vice, et à ramener de la voie des égarements dans les sentiers de la vérité, de la vie et de la liberté, les enfants de Dieu.

Oui, la charité fraternelle soulage toutes les misères de l'humanité rachetée par l'Homme-Dieu.

Elle prend l'homme à sa naissance, l'accompagne avec amour jusqu'à la mort et au-delà ; elle ne le quitte qu'après lui avoir ouvert le Ciel et planté sur sa tombe le signe radieux de l'immortelle et souveraine béatitude.

Quel contraste avec la philanthropique assistance publique ! L'assistance publique est une bienfaisance de commande et d'étiquette. Elle distribue arbitrairement ses dons, comptés au poids et à la mesure, à tel jour et à telle heure ; après quoi, il n'y a plus rien pour le pauvre. Voici entre mille un fait récent. L'ouvrier Painchaud, âgé de cinquante ans, père d'un enfant de sept ans et d'un autre de cinq, est entré, le 30 juillet 1896, en convalescence dans l'asile de Vincennes ; après avoir passé dix-huit mois dans divers autres hospices, sa femme, fort souffrante par suite de privations inénarrables, fut mise avec ses deux petits, amaigris, sur le pavé de la rue Saintonge. C'était le 8 octobre 1897. Dans son dénûment absolu, elle s'est présentée au bureau de l'Assistance publique, avenue Victoria, pour demander aide.

Fait odieux ! *Quand on est aussi jeune que vous,* lui fut-il répondu, *on ne vient pas demander secours.*

La charité de Madame de Faverges n'était ni étiquetée, ni mesurée. Sa main, comme son cœur, était ouverte à toutes les infortunes, surtout à la pauvreté honteuse qui tremble et rougit de se découvrir.

La solution de la question sociale est dans l'exercice de la charité évangélique, telle qu'elle la pratiquait et la pratique encore par son immortelle fondation. L'assistance bureaucratique, en agissant sans amour en dehors de l'inspiration vivifiante et régénératrice de la religion, éteint la foi, et par suite l'humilité s'en est allée. L'orgueil seul est resté maître du cœur de l'homme. De là, il est arrivé que le pauvre est devenu plus hideux encore au moral, sans autre loi que l'instinct ; il reçoit l'aumône qu'on lui compte, avec humeur et malédiction ; il la regarde comme une faible portion de son propre héritage qu'on lui restitue, ou tout au moins comme une dette dont on s'acquitte forcément à son égard. N'est-il pas vrai que trop souvent c'est un sentiment de crainte, de nécessité et d'ostentation, qui ouvre la main du donateur ? Du moins, le pauvre le pense.

Cette bienfaisance, ne procédant pas d'un principe de miséricorde et de bienveillance surnaturelle, mais d'un calcul purement humain, est maudite du malheureux, et, partant, ses résultats sont regrettables.

On peut comparer cette assistance sans foi à ces eaux trop abondantes qui inondent les guérets, ou à ce soleil caniculaire qui dévore les plantes au lieu de leur donner la vie.

Secourons les malheureux, en les aimant pour Dieu ; ils aimeront Dieu et nous-mêmes ; soyons leur père et mère et ils seront nos enfants.

En dehors du principe catholique et sans lui, aucun
gouvernement ne pourra ordonner l'abnégation, le renoncement à soi, les sacrifices que réclame la pauvreté, ni faire
vaincre les répugnances de la nature, ni donner un ami à
l'abandonné, un consolateur au désespéré, ni une mère à
l'orphelin, ni un père à cette jeunesse que des crimes
précoces ont séquestrée d'avec la société.

CHAPITRE V

La Direction. Les Dames de l'Humilité.

LA direction est l'âme d'une œuvre, sa vie et sa fécondité. « Attache-toi à la discipline, disait Salomon à son fils, conserve-la, car elle est un flambeau qui éclaire la voie du bien. Par elle tu échapperas aux séductions du mal. Aime la discipline ; elle ornera ta tête d'une guirlande d'honneur ; elle remplira ta maison de ses trésors. » Ces paroles du Livre inspiré des Proverbes montrent l'excellence et la nécessité d'une direction intelligente, ferme et dévouée pour toute Communauté.

De même que le jardinier varie la culture selon la nature du sol, des plantes et du climat, la direction doit adapter sa stratégie aux caractères divers des enfants de la même condition sociale. L'artiste ne façonne-t-il pas chaque moule sur son idéal particulier ?

La marquise Sigismond de Faverges savait par son expérience même qu'une direction faite de bonté, de fermeté et de vigilance, est nécessaire à toute maison, pour qu'elle ne sombre pas, comme l'est un pilote habile et expérimenté voguant sur une mer fertile en écueils. Aussi voulut-elle confier la direction de son œuvre à une Société qui comprit son dessein. C'est pourquoi elle institua sa chère Congrégation de Sainte-Elisabeth pour l'établir et la diriger.

La création à Chambéry de cette pieuse et inoubliable Fraternité est due à Madame Marguerite Romanet, de Chambéry, née Pignère ou Pigner [1]. Marguerite, de bonne heure, avait donné les marques d'une rare piété. A quinze ans, 1627, elle épousa l'avocat au Sénat Aynard Romanet, qui partageait sa dévotion et sa charité. Bientôt, d'un commun accord, ils s'engagèrent à vivre ensemble comme frère et sœur. Dès lors, Madame Romanet se livra avec un nouvel élan à la mortification, à la vie pieuse et aux œuvres de miséricorde. La conversion des filles égarées et la préservation de celles en danger de se perdre était l'œuvre qu'elle avait le plus à cœur. — Déjà en 1650, de concert avec son digne époux, elle avait tenté de créer un hospice pour les recueillir. Les entraves suscitées par le Sénat ne lui permirent pas la réalisation de son évangélique projet. Mais en prévision des surprises de la mort qui vint la frapper soudain, le 5 mars 1663, elle avait légué à son fidèle époux sa belle fortune, avec son vœu le plus cher.

L'avocat Romanet s'empressa de réaliser l'œuvre de prédilection de celle qu'il pleura le reste de sa vie. L'année même de son décès, 5 juin, dans l'assemblée des Directeurs de la Charité dont il était membre, il proposa de faire construire dans le bâtiment, qui s'édifiait alors, une salle destinée à réaliser la volonté de son épouse.

---

[1] Marguerite Pignière édifia Chambéry par des vertus qui lui méritèrent la vénération publique. Le religieux Paul DE LA CROIX fit imprimer sa vie sous ce titre : *Idée de la véritable piété en la vie, vertus, écrits de Demoiselle Marguerite Pignière, femme de noble Claude-Aynard Romanet, avocat au Sénat de Savoie ; Lyon, 1669.* Cet ouvrage se trouve dans la bibliothèque de M. Faga.

Le 18 mars 1664, M. Romanet s'engagea, par acte authentique, de faire construire à ses frais « en la maison neuve de la Charité et tout joignant, les escaliers au nord dans le plan, la salle qui suit ces escaliers et dont les fondations étaient déjà faites ; laquelle salle qui allait aboutir aux murailles de la Leysse devait être affectée aux Repenties. Le petit placéage qui est derrière cette pièce et qu'il prétend clore par un mur, servira de lieu de récréation pour les filles qui n'auront ainsi aucune communication avec le reste de l'établissement. »

L'avocat Romanet stipula que ce local devra servir à perpétuité aux *Dames de la Congrégation de Sainte-Elisabeth*, dites Dames de l'Humilité ou du Sac, pour y loger les pauvres filles en danger de se perdre, et les autres déjà désignées, et qu'il sera divisé en deux par une cloison, de manière à séparer ces deux catégories. Il promet de payer, à cet effet, la somme de 100 *ducatons effectifs*, tant pour la construction du bâtiment et de ses dépendances que pour l'ameublement, *le tout suivant charge qu'il a eu de feue Madame Romanet*. Les Directeurs de la Charité, aux personnes de Jean-Dominique Excoffon, seigneur de Bellair, conseiller d'Etat de S. A. R. et doyen des sénateurs, de R^d messire Claude de Regnaud, de sieur Chalon, chantre de la Sainte-Chapelle et prieur de Bissy, de noble François de Coysia, de sieur Guillaume Charrot, quatrième syndic et conservateur, et de M. Jean-François Rosseaud, accordent pleins pouvoirs à l'avocat Romanet pour la construction projetée, et aux Dames de l'Humilité[1] la permission de

---

[1] Représentées par Dames Catherine de Seyturier, veuve du président de Blancheville, prieure; Françoise de Lucinge, femme du sénateur Du Noyer, sous-prieure ; Claude-Andréanne de

se servir du bâtiment et de la cour pour lesdites filles, sans préjudice néanmoins des droits et autorité que les Directeurs ont sur ledit lieu comme dépendant de la maison de la Charité.

L'hôpital de la Madeleine était fondé ; il s'agissait de le doter, de le mettre à l'abri des vicissitudes de l'avenir C'était l'intention du pieux Romanet ; mais il a été prévenu dans cette bonne œuvre par son ami René Duport, maître-auditeur en la Chambre des comptes. Ce dernier, par procuration en date du 11 août 1663, passée en faveur de MM. de la Grande-Congrégation, avait donné la moitié de l'or et de l'argent, renfermés dans un coffre déposé chez le Président Millet de Challes, pour être appliqué à l'entretien des filles égarées qui *se réduiraient à une meilleure vie et à un bon emploi de temps*, dans une maison qui leur serait assignée.

René Duport mourut peu de temps après ; mais la délivrance de son legs, qui s'élevait à 16.500 florins (11.773 livres), souffrait des difficultés. Aynard Romanet, dans la crainte de voir compromettre la bonne marche de l'œuvre, s'empressa, par codicille du 18 décembre 1665, d'en assurer le fonctionnement, en léguant aux Dames de l'Humilité une rente annuelle et perpétuelle de 60 *ducatons*, que les Directeurs de la Charité devaient leur

Mouxy, marquise de Saint-Maurice ; Marguerite Fourrier, femme du premier président et commandant de la Perouse ; Gasparde-Allemand de Pasquier, femme du comte de Saint-Alban ; Melchiote Balland, femme du chevalier Vectier, conseillère ; Jacqueline-R. Ruffin de La Biguerne, femme du sénateur Jacques ; Charlotte Sardes, femme du chevalier de Coysia, trésorière, et Françoise-Marie de Morgenex, femme du sénateur Castagnéry de Châteauneuf. — Voir, chap. xv, *Le Livre d'Or*.

¹ Les revenus provenant du legs de MM. René Duport et Aynard Romanet ont été réunis à l'établissement des Orphelins.

servir par avance de mois en mois. Un arrêt du Sénat ayant enfin autorisé la délivrance du legs Duport, M. Romanet révoqua sa donation, jugeant suffisante la dotation de l'hospice de la Madeleine qui fut ouvert en 1667.

Le mérite et la gloire de l'établissement, à Chambéry, de la célèbre Congrégation de Sainte-Elisabeth, nous le rappelons, reviennent à Madame Marguerite Romanet. La duchesse Christine de France, qui honorait de sa haute estime et de sa profonde affection cette grande chrétienne, fit, aux sollicitations de son amie vénérée, affilier cette noble Confrérie à celle de Turin, canoniquement établie avec existence civile.

Le pape Innocent XI, par bulle de 1676, la déclara indépendante de celle de Turin et directement attachée à la Congrégation-mère de Rome.

Le rôle admirable de ces Congréganistes était de visiter à domicile les pauvres, les malades et les prisonniers. Elles étaient chargées en même temps de la Madeleine et de l'Orphelinat. L'administration de ces Dames est digne de tout éloge. Rien ne put altérer leur zèle et leur dévouement, ni les conflits incessants avec les administrateurs de la Charité, ni les insuccès des requêtes adressées même au roi, soit pour réclamer la séparation et le mur de clôture contre la Leysse, prévu dans l'acte de 1654, soit pour qu'on rendît le refuge à sa destination, après le départ des soldats français qui l'avaient occupé en 1690, soit enfin pour s'opposer à la translation de la Madeleine dans l'ancienne maison de la Monnaie.

Pour la défense des droits et privilèges de l'œuvre, elles opposèrent une ténacité invincible, une résistance passive qui lassèrent tout le monde, même le roi Victor-Amédée.

Au surplus, il leur fallait un rare courage, un zèle ardent, une humilité profonde pour affronter toutes les ironies, toutes les injures qu'on se plaisait à leur prodiguer.

Malgré la légère teinte de ridicule que ces débats jetaient sur leur rôle, on est forcé d'admirer la charité de ces nobles Dames allant, pour soulager les misères les plus affreuses, de la mansarde désolée au sombre cachot des prisonniers et au bouge des filles égarées. On lit dans les archives de la maison des Orphelines des traits nombreux de cette héroïque charité[1].

[1] Voir *Notice sur l'Hôpital des Repenties* par M. Girod, secrétaire de la Société savoisienne d'Histoire et d'Archéologie ; les Archives de la maison des Orphelines et des Hospices civils, de la Charité, etc.

CHAPITRE VI

Les Inspirations d'outre-tombe. La Fondation.

————

HATEAUBRIAND a dit quelque part : *Pourquoi ne sortirait-il pas de la tombe de grandes visions de l'éternité ?* Parole profonde ! En effet, des inspirations mystérieuses, émouvantes, descendent du lieu qu'on appelle l'*au-delà*. Elles illuminent l'homme attentif sur la fragilité et la fin des choses du temps, sur la brièveté et le prix de la vie, sur les destinées de l'humanité. Elles révèlent que les œuvres bonnes ou mauvaises décideront du bonheur ou du malheur éternel de tout homme.

Pour varier, quelques accents de la poésie :

> Aveugle enfant d'Adam qui vis à peine une heure,
> Et flattes les espoirs d'un immense avenir,
> Sais-tu que, tour à tour, il faut que chacun meure,
> Et quitte cet exil pour n'y plus revenir ?
>
> Sais-tu que tout est vain dans ce temps qui nous leurre,
> Et qui nous fait du Ciel perdre le souvenir !
> Que les bons, les méchants auront une demeure
> Où les biens, où les maux ne devront pas finir !
>
> Sais-tu qu'un Dieu sauveur, la bonté, l'amour même,
> Prononcera bientôt la sentence suprême
> Qui pour l'éternité devra fixer ton sort :

Ou le bonheur sans fin, ou l'éternelle peine,
Ou la joie ou les pleurs, ou l'amour ou la haine,
Ou le ciel ou l'enfer, ou la vie ou la mort !

Ferdinand DALMASSY.

Croyant à l'oracle infaillible : « Toute chair est comme l'herbe des champs ; comme une flèche lancée dans l'air, et qui disparaît ; comme l'ombre qui se dissipe à la lumière ; toute sa gloire, comme la plante, aujourd'hui vigoureuse, demain languissante et desséchée », Madame de Faverges se hâta d'achever sa gerbe.

Pour ajouter le dernier diamant à son diadème, à la force de l'âge, elle disposa, en bonnes œuvres, le reste de sa fortune.

Ayant compris que la charité par excellence était de secourir les orphelines et les filles en danger, elle fonda notre Orphelinat.

L'orphelin ! qu'il est digne de commisération !

Le nombre en est grand. L'enfant, que l'impitoyable mort a privé de son père, surtout de sa mère, est l'orphelin proprement dit.

L'enfant à qui les parents ne peuvent plus donner le morceau de pain, que la faim réclame, c'est aussi l'orphelin.

L'enfant, dont la mère coupable n'a pas le courage de travailler pour l'élever dans la crainte de Dieu, c'est encore l'orphelin.

Le petit enfant déposé sur le pavé des rues, ou à la porte d'un hospice, est surtout l'orphelin.

Oh ! que la misère de l'orphelin est profonde et touchante !

C'est l'existence la plus à plaindre qui soit ici-bas.

Il n'a pas, l'orphelin, pour lui sourire ce regard si plein d'amour et d'espérance, le regard d'un père, ou le regard si caressant et si tendre d'une mère, pour l'encourager et le bénir. Il n'a pas ces lèvres sur lesquelles Dieu place toujours la parole qui console ; pour le soutenir, ce bras robuste créé par la maternelle Providence, afin de le porter, de développer ses forces ; il n'a pas, pour l'aimer, ce cœur ardent et généreux qui est l'image vivante, sur cette triste terre, de l'amour divin lui-même.

L'orphelin, quand il est pauvre, chétif, privé de tout, demande un toit pour l'abriter, un vêtement pour le réchauffer, un morceau de pain pour le nourrir, une lumière pour éclairer son intelligence, un guide sage pour diriger sa volonté et une âme enfin pour rester dévouée au soulagement de ses misères.

Et voilà pourquoi l'orphelin doit exciter, comme instinctivement, la commisération. Peut-on passer, indifférent et insensible, à ses côtés ? Non, on s'arrête en entendant sa plainte ; on se sent ému devant un tel abandon ; on ouvre spontanément le cœur et la main pour subvenir à sa détresse. Un enfant qui a perdu son père ! un enfant qui a perdu sa mère ! Quelle irrésistible éloquence dans cette unique et simple phrase ! Le père, cédant à l'émotion dont il n'est pas maître, se dit tout bas : Si pourtant c'était mon enfant ? L'enfant lui-même, l'enfant si léger, si inconscient, se dit : Si, par malheur, j'étais à sa place !!!

O légion orpheline, espoir ! Jésus, votre ami, ne vous laissera pas sans père, sans mère ; il entretiendra, dans le cœur des femmes chrétiennes surtout, la divine flamme du plus tendre des amours, la bonté ; cette sublime et sainte passion qui se dévoue, se donne sans mesure ; la bonté, au charme angélique, qui déguise le bienfait ; cette bonté *transparente qui permet de voir le cœur et de l'aimer, je ne sais quoi de simple, de doux, de puissant, qui captive et transforme l'aimé* en la ressemblance de *l'aimant*.

Éprise de cette bonté, la marquise de Faverges, non satisfaite d'avoir voué, sa vie durant, le trésor de sa commisération et de ses largesses aux privilégiés du Sauveur, elle voulut leur assurer le dévouement de la maternité qui ne meurt pas.

Oui, la race des *femmes fortes* est immortelle dans le jardin de l'Eglise catholique : il y aura toujours des Elisabeth de Hongrie, des Françoise de Faverges, des Marguerite Pignère, des Thérèse de Châtillon, des Laurence Guittaud, des Noémie Anglejan, comme il y aura toujours, au sein des patries chrétiennes, des Geneviève, des Jeanne d'Arc et des Jeanne Hachette.

Naguère, une dame, de cette illustre race, en sortant de chez elle, voit sur une muraille une affiche sur laquelle était écrit en gros caractères le cri du renégat : « *Dieu, c'est le mal.* » Elle sent dans son âme indignée ce que n'avaient pas éprouvé les hommes qui passaient. Elle s'approche de la muraille, lacère l'affiche impie, et, en apercevant une autre tout près d'une école, elle la lacère comme la première. Je ne sais quel triste sire vint à passer : « Madame, lui dit-il, vous n'avez pas le droit de déchirer cette affiche, je vais vous faire arrêter. — *Je suis à votre disposition, faites-moi arrêter, je serais fière d'aller en prison pour avoir défendu le Dieu que j'ai toujours adoré et que j'ai fait aimer à mes enfants.* »

Voilà qui console de la *veulerie* du temps et des caractères.

La volonté suprême de la marquise de Faverges :

« Au nom de Dieu, je Françoise, fille de feu noble Philippe Bally, vivant, conseiller du roi, président au Sénat de Savoie, veuve de feu seigneur marquis de Faverges,

considérant qu'il n'est rien de plus certain que la mort,
j'ai disposé de mes biens par ce mien présent testament
comme s'en suit : Je donne et lègue ma maison, où j'habite
dans la présente ville, aux Révérends Pères Jésuites, du
collège de la présente ville, pour que le revenu d'icelle soit
employé à l'entretien des deux pères de leur compagnie
destinés à donner les retraites qui sont établies, à condition
que si, à la suite, on établissait une retraite pour les dames,
lesdits revenus seront employés pour l'entretien de deux
pères de leur compagnie qui donneront la retraite, sans
néanmoins qu'ils en puissent prendre la possession qu'après
l'année révolue de mon décès, pour donner le temps à la
sortie de mes effets qui y sont, et à la vente que j'ai ordon-
née, de mes meubles ; et *comme mon intention est d'établir
un endroit, où l'on puisse retirer et fermer les filles, excé-
dentes toutes fois l'âge de quatorze ans, qui n'ont encore
point tombées en faute, mais qui sont en danger de
tomber en mauvaise vie, soit pour être privées de père
et de mère, soit qu'elles paraissent dans la disposition de
s'abandonner à une mauvaise vie ;* je donne et lègue à
ce sujet la rente constituée, qui m'est due par le seigneur
de Mégève, et celle qui m'est due par le sieur Rosset, plus
la créance qui m'est due par Marie Bizet, femme de Romain
Chibert, avec les censes arréragées desdites créances, s'il
y en a, pour que des censes desdites rentes, les dites filles
soient entretenues, plus, tout l'argent comptant qui se
trouvera à mon décès, après en avoir prélevé mes frais
funéraires et de maladie et autres petites dettes que je
pourrais devoir en cette ville ; de même que les gages et
salaires de mes domestiques que je n'aurais pas assignés
ailleurs, et les legs pieux que j'ai faits, pour célébration des
messes par moi ordonnées, voulant et entendant que ledit

argent, de même que les censes des dites rentes constituées
sus-désignées, à écheoir, comme encore l'argent que le dit
sieur Lacroix, mon agent, pourra avoir entre les mains,
lors de mon décès, et qu'il se trouvera avoir exigé pour
moi, et qui par lui sera remis entre les mains de mon
exécuteur testamentaire, tout le dit argent, *soit destiné*
pour acheter une maison ou une place convenable pour
en bâtir une ; *le tout aux soins et sous la direction des
dames du sac, qui auront aussi le soin des dites filles,*
et jusqu'à ce ; je veux et entends que le dit argent soit
déposité dans le *couvent* de Sainte-Claire en ville, voulant aussi et entendant qu'au cas que les débiteurs des
dites deux rentes constituées ci-dessus énoncées .veuillent
se libérer, je veux et entends que les dites sommes capi-
tales soient placées par les dites dames du sac, en fonds
assurés ou autrement, d'une manière suffisante et solide,
pour que le revenu, qui en proviendra, soit appliqué à perpétuité *à l'entretien desdites filles qui seront tenues, tous
les jours, de faire quelques prières pour le repos de mon
âme.* Voulant de plus que le surplus de mon argenterie soit
mise dans le même dépôt, avec le dit argent, mon intention
étant que cette argenterie soit destinée pour faire une
argenterie qui puisse servir à l'autel de la chapelle, qui sera
édifiée dans la maison des dites filles, et au cas que les dits
révérends pères Jésuites viennent à ne pas accepter le
legs à eux fait ci-dessus, ou que par quelque événement
ils n'en puissent jouir, *je donne et lègue la dite maison
en faveur des dites filles,* et entends qu'elle soit comprise
dans le legs ci-dessus fait en leur faveur. Et dans tous mes
autres biens dont je n'ai ci-dessus disposé, je fais, crée et
institue pour mon héritière universelle demoiselle Louise
Bally, femme du sieur Jaillet, ma cousine, lui prohibant

toutefois et défendant la détraction de toute quarte, falcidie, voulant que ce mien présent testament vaille comme testament ou codicille, et par tous autres meilleurs moyens qu'il pourrait valoir de droit, en cassant et révoquant tous autres que je pourrais avoir fait ; ce que je ne crois pas, bien que le présent ne soit pas écrit de ma main, mais de celle d'un ami, que j'ai empruntée. »

La maison léguée aux Jésuites fut vendue six mille francs au profit des orphelines.

CHAPITRE VII

Le premier Berceau. La Comtesse de Rocheron.

———

A l'ouverture du testament de la fondatrice, 30 janvier 1724, il y avait onze ans que le traité d'Utrecht (11 avril 1713) avait inauguré une nouvelle ère de paix et de gloire sur le sol de l'ancienne patrie. Victor-Amédée, le premier roi et le plus grand prince de sa maison après Emmanuel-Philibert, favorisait avec zèle les œuvres de bienfaisance.

En renonçant volontairement au trône[1] en faveur de son fils Charles-Emmanuel, il lui recommandait d'avoir toujours devant les yeux :

1° De défendre la Sainte Eglise Romaine, *dût-il y perdre la couronne et la vie;*

2° De faire administrer une prompte et incorruptible justice à tous les sujets, mais surtout *aux pauvres et aux faibles,* car un prince doit-être le *vengeur des misérables et l'ennemi des oppresseurs;*

3° D'aimer l'armée et de veiller à ce que sa discipline fût toujours exactement maintenue[2].

———

[1] Victor-Amédée se retire au château de Saint-Alban.
[2] *Storia di Vittorio-Amedeo,* II, p. 471.

Le temps était donc favorable à l'organisation du *premier orphelinat spécial* de Chambéry. Ce n'est qu'au XVI° siècle qu'on créa des asiles *distincts* pour les deux sexes. Il nous est agréable de rappeler en passant que Chambéry est une des premières villes qui furent dotées d'hospices où l'on accueillait les orphelins. Ainsi Amédée de Benin leur donnait asile dans son Hôtel-Dieu dès 1370 et Jean du Rhône dans son hôpital de Notre-Dame de la Consolation (fondé en 1415).

« M. Perrin, bourgeois de cette ville, légua à l'hospice de la Charité, le 3 avril 1651, 70.000 florins pour l'entretien de 25 filles, de l'âge de six ans, afin de les entretenir et de les élever dans *la religion* jusqu'à ce qu'elles puissent gagner leur vie. »

« Madame Royale Christine de France, duchesse régente, par ses lettres-patentes, 16 janvier 1636, détermina qu'on recevrait à Notre-Dame de la Charité non seulement les 25 filles désignées par M. Perrin, mais encore des orphelins des deux sexes. Elle en confia l'administration à deux sénateurs, à deux maîtres-auditeurs de la Chambre des comptes, à un chanoine de la Sainte-Chapelle, à l'un des syndics et à deux conseillers de la ville [1]. »

La comtesse de Rocheron, en sa qualité de prieure de la Congrégation de Sainte-Élisabeth, légataire de la marquise de Faverges, saisit la première occasion propice pour accomplir la suprême volonté de la testatrice « *qui était d'acheter une maison ou une place convenable pour en bâtir une où l'on puisse retirer et fermer les filles qui ne sont point tombées en faute mais qui seraient privées de père et de mère ou sous d'autres rapports dans une situa-*

---

[1] GRILLET, t. II, p. 60, 61, 62.

tion digne d'intérêt. » Elle avait légué dans cette pieuse intention *tout son argent comptant, des capitaux* et éventuellement une maison « *pour que les revenus soient appliqués à perpétuité à l'entretien des dites filles, qui seraient tenues, tous les jours, de faire quelques prières pour le repos de son âme.* »

Elle avait destiné son argenterie, vendue à l'orfèvre Dufrène, de Genève, 1.681 livres sols, pour vases sacrés et pour l'autel.

Le 29 mars 1726, par la médiation des Pères Jésuites, la prieure acheta au prix de 7.000 livres une maison avec son jardin. C'était la modeste maison aux murailles cyclo-péennes que longe la rampe de Lémenc, nº 2. Tel fut le premier asile des orphelines pendant un demi-siècle.

Madame de Rocheron y recueillit d'abord huit filles de l'âge et de la condition spécifiés par le testament de la fonda-trice ; elle en confia l'éducation à Mesdemoiselles Grégoire et Corcelet. Ces deux maîtresses se lièrent par contrat, leur vie durant, à cette humble et pénible mission, moyennant 40 livres annuellement, le nécessaire dans les maladies et les infirmités. O puissance de la foi et du dévouement !

Grâce à l'esprit d'ordre, d'économie et au travail, l'inté-ressante famille grandit et prospère. Elle gagne bien vite les généreuses sympathies des habitants de Chambéry.

On lui fait des aumônes d'abord en nature : barils de vin, veissels de froment, de seigle, de gruaux, d'avoine, d'orge, de corbeilles de fruits et de légumes ; puis, d'obs-cures domestiques, qui ont connu le malheur, arrivent des premières à donner des sommes, sinon considérables, du moins d'un grand prix aux yeux du Père des orphelins.

Une belle âme, Nicolarde Guénot s'intéressa à ces enfants chéries du bon Dieu. Le 9 juin 1738 elle leur fit donation par acte entre vifs de tout ce qu'elle possédait, notamment de trois créances dues par les frères Brochu, de Rumilly, de celle que lui devait Antoine Jocquet, de Maché, et d'une autre signée R^d Vissol, chanoine de la Sainte-Chapelle, Trois mois après, la vertueuse Nicolarde s'endormit dans la paix du Seigneur laissant encore aux orphelines son mobilier, son linge et 51 livres.

Si l'on trouvait certains détails trop minutieux, nous nous excuserions disant, avec le duc de Broglie dans on rapport à l'Académie Française sur le prix de vertu : « L'histoire de la bienfaisance est une *petite sœur des pauvres, elle doit se servir de tout et ne rien laisser perdre.* » Ainsi s'est fondée et vit cette œuvre merveilleuse des *Petites Sœurs des Pauvres.*

De même, notre orphelinat commença sur les assises de l'humilité.

La direction, par son savoir-faire et grâce à quelques aumônes, put, en 1734, entretenir humblement, mais convenablement huit orphelines, nourrir et rétribuer deux maîtresses à raison de 50 livres par personnes pour l'année.

La femme seule est capable d'obtenir de pareils résultats, seule elle a le génie de faire beaucoup avec peu.

A la fin de son mandat, renouvelable tous les trois ans, la dame administratrice rendait ses comptes à la suivante par-devant une commission nommée par le Sénat. Ainsi Madame de Rocheron rendit ses comptes le 24 juillet 1750 par-devant le sénateur Astésan [1], l'avocat général Rambert

---

[1] La famille Astésan, originaire du Piémont, vint s'établir à Saint-Jean-de-Maurienne au commencement du XVIIIe siècle. Elle a produit Claude Astésan, premier président du Sénat de

de Châtillon et le marquis de Faverges, exécuteur testamentaire de la fondatrice. La prieure se trouva avoir en caisse la somme de 1.432 livres 9 sols 1 denier. De cette somme, 1.402 livres 9 sols 1 denier étaient destinés aux malades pauvres et 28 livres 6 sols 6 deniers revenaient aux orphelines.

L'œuvre se développera avec le temps selon l'abondance des bénédictions du Ciel.

Savoie depuis le 26 avril 1749 jusqu'en 1764, et Astésan Jacques-François-Thomas, son fils, né à Chambéry le 11 juillet 1724, sacré évêque de Nice le 15 juillet 1764, ensuite archevêque d'Oristano, en Sardaigne.

CHAPITRE VIII

La science de la vie.
La Comtesse Thérèse-Métral de Châtillon.

L'ANNÉE où la marquise de Faverges arrivait au port de la béatitude, Christine-Thérèse de la Pérouse entrait dans la vallée des larmes. Elle naquit à Chambéry, le 24 mai 1724, de messire Victor de Bertrand de la Pérouse, marquis de Thônes [1], et de dame Marie-Anne de Lamar. L'enfant prédestinée a été baptisée le même jour dans l'église de Saint-Léger par R⁴ Blanc, chanoine de la Sainte-Chapelle.

[1] I. — La maison des Bertrand, originaire de la vallée de Suse, vint habiter Montmélian sur la fin du xi⁴ siècle. Elle y jouissait de l'omnimode-juridiction de mixte et bas empire. Hugues de Bertrand, seigneur de Montmélian, fit des donations considérables à l'abbaye de Tamié en mai 1224. — Hugues II, son fils, vendit à Philippe, 13⁴ comte de Savoie, tous ses droits sur le château et la ville de Montmélian, par contrat du 5 avril et 7 mai 1272. Dès lors, les de Bertrand ont porté le titre de seigneur de la Pérouse.

II. — Cette puissante famille, après avoir cédé à Philippe, comte de Savoie, ses droits sur Montmélian, avait fait construire, à Arbin, le château-fort de la Pérouse, que Victor-Amé II fit démolir parce qu'il dominait celui de Montmélian.

Les ancêtres de la comtesse de Châtillon occupent une place importante dans l'histoire de la patrie. — Christine-Thérèse est née dans le bel hôtel de son père, rue Croix-d'Or, n⁰⁵ 8-10.

Le seigneur François-Joseph de la Pérouse, comte de Thônes, et sa sœur Thérèse eurent la joie de la tenir sur les fonds sacrés.

Le Saint-Esprit a promis l'immortalité, même sur la terre, à la mémoire du Juste. Le souvenir de Thérèse doit donc rayonner comme un arc-en-ciel sur la maison des

III. — Guillaume de Bertrand de la Pérouse fut, en 1314, l'un des arbitres du traité de paix entre Amé-le-Grand, comte de Savoie, et le dauphin du Viennois.

IV. — Bertrand de la Pérouse, archevêque de Tarentaise, présida les Etats-Généraux de Savoie en 1297.

Le savant pontife débouta S. A. R. Jeanne duchesse de Bretagne de ses prétentions à la succession d'Edouard, son père, par la déclaration que, selon l'ancienne coutume du pays de Savoie, les femmes ne succédaient jamais à la couronne pendant qu'il y avait des mâles et qu'elle ne tombait pas de *lance en quenouille*. L'archevêque, pour toute cérémonie, mit, à Chambéry, au doigt d'Aimon, frère d'Edouard, l'anneau des Ss. Maurice et Lazare.

V. — De Bertrand Pierre, chancelier de France, évêque d'Autun, fut élevé au *cardinalat* en 1319.

VI. — De Bertrand Jean V, l'un des personnages les plus savants de son siècle, évêque de Genève, jura, sur le grand-autel de la cathédrale de Saint-Pierre (1419), de maintenir les droits de son église, les franchises de sa ville épiscopale contre le projet d'Amédée VIII d'obtenir du Pape la réunion de Genève à la Savoie. Ce grand évêque assista (1414) au couronnement de l'empereur Sigismond à Aix-la-Chapelle ; il suivit ce prince en Espagne, l'accompagna au Concile de Constance. Le pape Martin V le transféra au siège métropolitain de Tarentaise en 1418.

VII. — Jean de Bertrand, son prédécesseur, jurisconsulte des plus célèbres de son temps, arbitre des souverains, évêque de Lausanne, mourut en 1365 archevêque de Tarentaise.

VIII. — François de Bertrand de la Pérouse, docteur de la Sorbonne, doyen de la Sainte-Chapelle, laissa la réputation d'un érudit distingué et de grand orateur, à Paris et dans les principales villes de France et de Savoie.

On a de lui : 1° *Discours prononcé à la canonisation de Saint François de Sales (1666); 2° Eloge funèbre de Charles-Emmanuel II.*

IX. — François, fils de Bertrand Amé, seigneur de Chamousset (1675), du Bourgneuf, baron de Gilly, co-seigneur de Bozel et de Cevins, époux de Charlotte Chevron-Vilette, a été ministre

orphelines. Le raviver ici ce n'est point briser le fil de notre histoire, mais bien le dérouler pour l'édification reconnaissante des âmes, car nous la verrons un demi-siècle directrice passionnée de l'Orphelinat.

L'auteur de tous les dons avait favorisé Thérèse d'un esprit vif, d'un caractère à la fois gai et réfléchi, et avait déposé dans son cœur des trésors de bonté. Prévenue de tant de faveurs, elle s'en montra toujours digne. Aussi bien devint-elle, avec un modeste éclat, dans toutes les

---

d'Etat, second président du Sénat de Savoie. — Charles-Emmanuel II l'envoya comme plénipotentiaire pour signer, en son nom, le traité de paix des Pyrénées, en 1660.

X. — De Bertrand de la Pérouse (François), premier président de la Chambre des comptes, premier président du Sénat, commandant général du duché (1660), passait pour l'un des magistrats les plus éclairés qu'ait produits la patrie.

XI. — François-Auguste, colonel des grenadiers, fut tué sur le Petit Saint-Bernard dans la dernière guerre.

XII. — Joseph-Marguerite, baron de Gilly, lieutenant-colonel en 1776, s'illustra dans diverses campagnes.

XIII. — Jean-Antoine, seigneur d'Arvey, se fit remarquer, en qualité d'ambassadeur extraordinaire, dans plusieurs Cours étrangères.

XIV. — Paul de Bertrand devint, par sa bravoure, colonel au service de Bavière.

XV. — Louis de Bertrand, capitaine des gardes, gentilhomme de la chambre de l'Electeur de Bavière, était le père de S. Ex. Maximilien-Emmanuel de la Pérouse, comte de Créange, grand-maître de la maison de l'impératrice d'Allemagne et conseiller d'Etat de l'Electeur de Bavière.

XVI. — Victor-Emmanuel de Bertrand, marquis de Thônes, président du Sénat de Savoie, eut de son mariage avec noble Christine de Valpergue : 1° Christine Thérèse, comtesse Métral de Châtillon ; 2° Adélaïde, épouse du comte d'Evieu Joseph-Pantaléon ; 3° François, grand-croix des Ss. Maurice et Lazare, auditeur général des guerres, ambassadeur à Londres. — Cet illustre personnage, marié à noble Clémentine Costa, est le père de Joseph-Pantaléon comte d'Evieu.

(V. GRILLET, t. III. — CHIEZA, *Corona reale*, ch. 1er, p. 10, etc. — *Journal de Genève*, 1789, n° 25. — BESSON, p. 42 et 215.)

traverses de sa longue existence, le modèle accompli de toutes les vertus qui peuvent glorifier et sanctifier une femme du monde.

Enfant, Thérèse était la candeur, la droiture, la simplicité, l'amabilité en personne. C'était la fleur laissant déjà échapper le suave parfum qui faisait espérer des fruits merveilleux au jour de la maturité. On aurait dit que la piété, l'oubli de soi et le dévouement étaient innés en elle. La puissance de la grâce, plus encore que ses heureuses inclinations natives, l'avait préservée des défauts que l'orgueil du sang et de la fortune engendre dans les âmes vulgaires. Elle avait cet harmonieux ensemble de la noblesse qui fait le charme de la distinction, la modestie, l'affabilité et la bonté. Esprit élevé et pénétrant, cœur tendre et généreux, caractère pétri de douceur et de force, Thérèse avait de la fortune avec tous les attraits de la beauté qu'elle seule ignorait. Jeune encore, elle apparaissait comme environnée déjà d'une auréole d'admiration et de vertu. Elle faisait servir tous ses dons précieux à la gloire de Dieu, à l'édification du prochain et au soulagement des infortunés ; se donner à Dieu et au prochain c'était sa grande et unique passion.

La rare piété de Thérèse donnait à penser que, à l'exemple de Thérèse d'Avila, sa patronne, elle irait un jour édifier quelque cloître. Mais le principe de la sainteté, c'est d'accomplir parfaitement la volonté divine, chacun dans sa vocation ; il y a des saints dans tous les rangs de la société. Le précepte du sauveur Jésus : « *Soyez saint comme votre Père céleste est saint,* » s'adresse à tous sans distinction.

Pour connaître la volonté de Dieu, Thérèse sonde son cœur ; elle prie, elle consulte. A force d'avoir répété la prière d'Augustin : *Noverim me, Noverim te :* « Mon Dieu,

faites que je vous connaisse et que je me connaisse ! O mon
Dieu, montrez-moi la voie ! », elle pensa que son mariage
était écrit dans le livre de vie. Effectivement, le Seigneur
voulait qu'elle fut un modèle dans le monde comme fille,
comme épouse, comme mère et comme vraie veuve.

Aussi bien, elle parcourut toutes les étapes troublées de
sa longue carrière, non seulement sans reproche, mais avec
la pureté et l'éclat de toutes les vertus.

Le 25 août 1744, fête de saint Louis, roi de France,
noble Christine-Thérèse, fille de Victor de Bertrand de la
Pérouse, marquis de Thônes, épousa le seigneur Charles-
Maurice Métral, comte de Châtillon. L'abbé Charles-Emmanuel de la Pérouse consacra cette union, en présence d'une
assistance émue et nombreuse, dans l'église de Saint-Léger.

L'amour chrétien dont tressaillaient ces deux cœurs,
créés l'un pour l'autre, présageait au nouveau foyer le
règne de la paix que le monde ne donne pas.

Anne était bien aussi unie saintement dans les liens de
la grâce et du pur amour avec le patriarche Elcana d'Ephraïm ;
cependant, elle s'affligeait..., son mari lui disait : Pourquoi
cette mélancolie ? est-ce que je ne vaux pas mieux pour
vous que dix enfants ? Anne pleurait..... Ah ! c'est que le
mariage sans enfants est ordinairement comme le parterre
sans parfum, le rosier sans roses odoriférantes, le figuier
sans fruits délicieux.

Le Seigneur épargna cette épreuve à la vertueuse jeune
comtesse de Châtillon. Il lui donna François-Régis et
Christine-Thérèse qu'elle nourrit et éleva pour le Ciel. L'un
et l'autre, sous la discipline douce et ferme de leurs parents
qui ne cédaient jamais rien aux fantaisies, aux caprices de
la nature, grandissaient en sagesse, en grâces sous leurs
yeux ravis. Aussi devinrent-ils la joie, le bonheur, le prolon-

gement de la vie, l'ornement, la joie des auteurs de leurs
jours.

A voir notre comtesse au sein de sa famille, on n'aurait
pu soupçonner qu'elle n'eut d'autre préoccupation que de
plaire à son époux, soigner ses enfants et ses domestiques,
diriger sa maison sous le regard de Dieu.

De même, le témoin intime de sa sollicitude, de son
zèle pour les œuvres de miséricorde, devait se dire qu'elle
s'y dépensait toute entière. Son secret de faire beaucoup
était de suivre l'axiome : « *Age quod agis*, soyez tout
entier à ce que vous faites. »

Fidèle à son règlement, protection salutaire contre les
caprices de la volonté, qui réduisent la vie à l'état *de feuilles
mortes* ou *d'écume flottante*, selon l'expression de saint
Jude, Madame de Châtillon utilisait tous ses moments,
faisait monnaie de tout pour l'éternité, par là, elle trouvait
le loisir d'être toute à tout.

Sachant que la vie entière est *la journée de l'ouvrier
à gages* [1], elle ne gaspillait point les heures en lectures
frivoles et en conversations vaines ; elle s'efforçait d'ajouter
sans cesse mérite à mérite, dans la pensée que chacun
recevra selon ses œuvres ; que la sentence qui clora les
dernières assises du monde, ne portera point sur les crimes,
mais seulement sur *l'omission des vertus* : « *Retirez-vous,
parce que vous n'avez pas visité les pauvres et secouru les
orphelins.* »

A la lueur de cette vérité, l'héroïque chrétienne sut
harmoniser l'accomplissement de ses devoirs envers la
famille et la société avec les pratiques de la piété et le
dévouement absolu aux bonnes œuvres.

---

[1] Job, ch. VIII.

Combien d'âmes autour de nous croient cependant ne
pouvoir allier les soins domestiques, les exigences de la
position avec le zèle et les sacrifices que réclame la charité
catholique ! La raison n'est pas le manque de liberté et
d'argent, mais le manque de foi et de volonté. On préfère
la toilette, la lecture, les salons, la musique, les spectacles,
etc. Si les reines de la société imitaient notre héroïne, on
ne verrait pas tant de foyers déserts, troublés, où tout est
froid et morne comme un jour sans soleil, comme une
nuit sans étoiles, car la maison de la *femme-forte* est le
sanctuaire de la paix, de la gaîté, de l'honneur et de
l'aisance. D'ailleurs, faire la charité n'appauvrit personne :
c'est réjouir son cœur, et prêter à Dieu qui rend au centuple. Tel est l'exemple que nous a laissé Madame Thérèse
de Châtillon ; chacun peut et doit le suivre.....

Placée à la tête de la Congrégation des Dames de l'Humilité, elle les animait toutes de son esprit, soutenait leur
courage et leur zèle pour le soulagement des misères de
l'humanité. Elle était la première à visiter les pauvres dans
leurs réduits délabrés, les malades sur leurs lits de douleur,
les prisonniers dans leurs sombres cachots. Elle pansait de
ses mains les plaies des pauvres, soit à domicile, soit dans
sa propre maison où elle tenait une pharmacie bien assortie
de tous les remèdes dont ils pouvaient avoir besoin. La
paix de son âme et la joie de son cœur paraissaient surtout
dans ces soins rebutants à la nature.

Elle allait à l'indigent non seulement avec du pain, de
l'argent ou des vêtements, mais avec son cœur ; elle rani-
mait sa confiance et le consolait. S'il n'est pas donné à tous
d'avoir l'héroïsme de cette nouvelle Elisabeth, n'est-il pas à
la portée de tous de dire au moins une bonne parole à son
frère affligé, irrité, écrasé sous le poids des revers ? Sans

exception, Dieu n'a-t-il pas *confié à chacun le soin de son prochain ?*

Affable, prévenante pour tous, les délicatesses de son âme étaient particulièrement pour ces indigents perdus, oubliés dans le mystère de leurs douleurs et qui souffrent plus du manque d'affection et d'estime que du manque de pain. Le besoin le plus impérieux n'est-il pas d'aimer et d'être aimé ? Combien souvent un bon de tendresse vaut plus qu'un bon de pain !

L'admirable imitatrice du *divin Amant* de ceux qui pleurent savait se montrer joyeuse pour les aimer et pour les relever de l'abattement. Mais en se dépensant sans réserve au soulagement des malheureux, elle ne cédait point aux charmes mystérieux de la souffrance, ni à l'attrait naturel de son âme c'était une pensée de foi qui inspirait et soutenait son dévouement. Elle voyait Jésus-Christ lui-même, ses amis, ses frères dans tous ceux qui souffraient. Et cette vision de l'Homme des douleurs, à travers les haillons et toutes les misères physiques et morales, activait ses immolations et triomphait des répugnances de la nature.

Comme rien ne coûte quand on est passionné de l'amour divin, rien n'altérait la sérénité de son visage. Ses entretiens avec les affligés étaient affectueux, toujours assaisonnés du sel de la sagesse et de l'affabilité. Elle leur apparaissait comme une vision du Ciel et ils ne la voyaient jamais sans le désir de devenir meilleurs.

Assise au chevet des moribonds, elle les rassurait et les préparait au redoutable passage ; aussi, les frayeurs de la mort disparaissaient en face de cet ange de la terre qui montrait le Ciel. Si bonne, si dévouée pour les vivants, notre héroïne ne les oubliait pas dans le trépas. Plus d'une

fois, elle les ensevelit de ses mains, les accompagna au
champ du repos, et faisait célébrer le Saint-Sacrifice pour
leur délivrance.

Au milieu de ses œuvres générales de charité, Madame
de Châtillon se consacra particulièrement à la direction de
la Madelaine et à celle de la Maison des Orphelines. Ayant
adopté ces filles infortunées pour ses enfants, elle leur
prodigua, sans compter, les largesses de sa libéralité, les
trésors de sa tendresse, les soins de son zèle ardent et de
sa vigilante et constante sollicitude.

La longue vie de la comtesse de Châtillon, comme toutes
les vies saintement remplies, ne devait pas échapper à la loi
commune de l'épreuve. L'auréole de la souffrance devait
rayonner sur sa tête avec d'autant plus d'éclat que ses con-
temporains dans leur admiration l'appelaient déjà *la Sainte*.
Le cardinal Billiet, dans ses *Mémoires pour servir à l'histoire du Diocèse de Chambéry*, mentionne qu'*elle mourut
en odeur de sainteté.*

C'était en 1792, l'heure des grandes tribulations venait
de sonner. L'Armée française avait fait son entrée en Savoie
sous les ordres du général Montesquiou. La déchéance du
roi de Sardaigne au delà des monts est proclamée. Le Sénat
est remplacé par le Tribunal criminel du Mont-Blanc.
Madame de Châtillon, grand-mère du général d'Aviernoz,
mère de Madame Christine, épouse de Charles-Albert du
Noyer et de François-Régis marquis de Chignin, fut des
premières signalée par l'accusateur public Antoine Sanche
comme receleuse des prêtres réfractaires. Elle est d'abord
frappée dans la plus chère de ses affections. L'arrestation
(10 août 1793) de son fils unique François-Régis, dernier
marquis de Chignin, fut le coup le plus douloureux pour
son cœur maternel ; car ce fils, ardemment chéri, partageait

les sentiments de piété et de charité de sa vénérable mère, et il coopérait à toutes ses bonnes œuvres. Soudain, Régis est arraché brutalement de ses bras et jeté en prison au milieu des malfaiteurs.

Son état habituel de souffrance se change bientôt en maladie mortelle. Il était gardé par deux misérables valets qui se plaisaient à l'accabler d'ironie et d'injures. Ils allaient jusqu'à lui arracher la barbe en disant avec dérision : « *C'est un saint, prenons de ses reliques.* » On le traitait avec moins d'humanité que les. prisonniers prévenus des plus grands crimes. Dans ses cruelles anxiétés, sa mère, qui avait si souvent visité les prisonniers, sollicita en vain la permission de voir son fils ; ses prières, ses larmes n'attendrirent pas les sbires. Néanmoins, le directeur de la prison, voyant que le noble détenu approchait de sa fin, consentit à le faire transporter à l'Hôtel-Dieu. Sans égard pour sa qualité d'administrateur et de bienfaiteur insigne de l'établissement, on le coucha, parmi les malades qui ne paient pas, dans le lit n° 2 de la salle Saint-Pierre. Égalité aveugle, ridicule et révoltante !

Souffrir au milieu des petits consolait la foi, ravivait les espérances de Régis ; mais ce qui le désolait doublement au-delà de ce qu'on peut dire, c'est le refus brutal fait à sa mère de recevoir son dernier soupir. Devant de telles douleurs, dont Dieu seul connaît la profondeur et le prix, la parole est muette, la plume tombe de la main !

Il y avait déjà sept longs mois que le marquis de Chignin était emprisonné sur l'inculpation de *suspect*, d'*ennemi des patriotes*, d'*ami des émigrés*, lorsque Albitte, de triste mémoire, ordonna (30 mars 1794), l'arrestation de sa vénérable mère, âgée de 69 ans, Bientôt après, le représentant du sinistre tyranneau la condamna à la prison :

« C'est une bigotte, une fanatique, croyant la religion anéantie par le serment civique exigé du clergé, c'est une receleuse des prêtres. » Les infirmités de la comtesse et son grand âge auraient pu la dispenser de la prison : « sur mon attestation consciencieusement motivée, lui dit son médecin, il sera permis à Madame de subir sa peine chez elle. » — « *Non, non*, répondit-elle, *je ne veux pas vous donner sujet de blesser la vérité le moins du monde, je peux* ABSOLUMENT *supporter la prison.* »

Paroles mémorables, sublimes ! plus élogieuses pour notre héroïne que tout ce que nous saurions dire. Comme elles relèvent la grandeur, la beauté de son caractère !

Les dames prisonnières la virent arriver au milieu d'elles comme une messagère du ciel. Le calme dans le cœur, les paroles de résignation et d'encouragement sur les lèvres, elle montra une force de courage surhumain, au-dessus de toutes les épreuves. Sa présence fait renaître la joie, la confiance, l'espérance dans ce triste séjour. Les compagnes de sa détention, pénétrées de vénération et d'admiration pour ses vertus, s'empressent autour d'elle comme auprès de la plus tendre des mères. Chacune allait lui confier ses peines, même les plus secrètes, délivrer son âme alarmée.

Pour faciliter ces réconfortantes intimités, on avait fait avec des paravents comme un sanctuaire dans un des angles de la salle commune. Là, à la faveur de colloques ineffables qui exaltaient l'héroïsme, les chaînes semblaient légères, la mort douce et désirable.

Elargie par Gauthier, représentant du peuple, Madame Métral de Châtillon sortit de la prison avec la sérénité, le calme parfait qu'elle y avait apporté. Elle rendait grâce à Dieu de sa délivrance comme de sa détention.

Un jour, elle disait, avec une aménité angélique, à sa

nièce qui cherchait à la consoler de la mort de son fils
unique : « Ah! si Régis était mort à la Cour ou au milieu
de grands emplois, je pourrais avoir des inquiétudes sur
son sort éternel ; mais il est mort en état de détention,
glorifiant Dieu sans se plaindre, pardonnant à ses persécuteurs. C'est une victime innocente! Il a bien vécu ce cher
enfant! Dieu a voulu le purifier par l'épreuve. Oui, il est
heureux. Consolons-nous et bénissons le bon maitre qui
dispose de tout pour le bonheur de ceux qu'il aime et permet de le voir dans notre patrie. »

Madame de Châtillon, jouissant enfin de sa liberté, quitta
son hôtel de la ville ¹ et se retira dans sa villa de Bassens
(aujourd'hui maison d'Aviernoz). Là, oubliant son âge très
avancé et ses infirmités, elle se livra avec une ardeur toujours renaissante à ses pratiques de piété et de miséricorde.
Sa maison fut un cénacle où les enfants, les ignorants recevaient l'instruction religieuse ; les affligés, la consolation ;
les malades, des douceurs et des remèdes ; les pauvres, le
pain et les vêtements. Lorsque les infirmités chroniques ne
la retenaient pas chez elle, elle allait péniblement les visiter.
Le sort des prêtres persécutés tourmentait particulièrement
notre héroïne d'une douloureuse sollicitude. Il est facile de
penser avec quel saint et empressé dévouement elle les
secourut durant la persécution, soit par l'hospitalité, soit
par les ressources qu'elle faisait passer dans leurs cachots
ou dans leurs obscures retraites à ceux qu'elle savait victimes de leur zèle et de leur fidélité.

L'artiste divin qui l'avait déjà fouillée presque sans relâ-
che avec le stylet de la douleur parût la stigmatiser plus
fortement encore, à mesure qu'elle approchait de sa fin

¹ Rue Métropole, n° 2 ; Saint-Réal, n° 1.

suprême. Cependant, les longues souffrances et les tribulations de tout genre ne troublèrent point sa foi et n'altéré-
rent pas son calme angélique. Elle les supportait toutes
avec la douceur et les consolations de la patience chrétienne.

Sur le soir de sa vie, pour donner pleine liberté à son
âme, la vénérée comtesse se débarrassa de l'administration
de ses biens. Elle se réserva seulement une pension suffisante pour vivre en Carmélite et pour secourir les malheureux. Délivrée ainsi de tout souci terrestre, elle n'aimait à
parler que des choses du Ciel. Elle pensait avec joie à la
mort qui en est la porte. Parfois pourtant les lueurs de ces
douces espérances étaient obscurcies par les terreurs, que
les jugements de Dieu inspirent même aux âmes les plus
pures.

« Mais, pleine de confiance dans les miséricordes infinies,
elle soupirait après la dissolution de son corps et désirait
ardemment son union éternelle avec Dieu. Elle en eut le
gage dans la ferveur avec laquelle elle reçut les derniers
sacrements et dans l'ardeur des pieux sentiments avec lesquels elle s'endormit dans la paix du Ciel. »

« Madame de Châtillon rendit doucement le dernier soupir, à l'âge de 81 ans, sur les lèvres de sa fille, la baronne
Charles-Albert du Noyer. Elle lui laissait l'héritage de ses
vertus plus précieux que le trésor de la fortune. »

C'était dans son château de Bassens, le 28 août 1804, à
six heures du soir.

Cette sainte mort fut le sujet d'un deuil public. Chacun
se disait : « C'était une sainte, sa perte est irréparable. »
Il semblait qu'elle faisait un vide immense pour les bonnes
œuvres, pour la vertu pour la religion. La cérémonie de
la sépulture se fit avec solennité au milieu d'un grand con-

cours. On y vit les larmes de la reconnaissance se mêler aux expressions du respect, de la vénération, de la confiance et de la sainte foi que pouvaient inspirer les restes précieux d'une âme bienheureuse. »

« Qui n'ambitionnerait pas de mourir d'une telle mort et quelle est la femme du monde qui ne devrait pas s'honorer d'une pareille vie et y chercher son bonheur ? Y a-t-il donc rien de comparable entre les vanités, le vide et le néant d'une femme mondaine, et les consolations, la grandeur et la gloire de la femme forte que nous regrettons. »

« Honneur et bénédictions aux dames de Chambéry qui après avoir été les compagnes et les coopératrices de ses œuvres se font encore gloire et s'efforcent de marcher sur ses traces. Animées de son esprit, puissent-elles, pour la gloire de la religion, pour l'honneur des mœurs et le bonheur de l'humanité souffrante, le multiplier, cet esprit de foi, dans les personnes de leur sexe et le transmettre aux générations futures[1]. »

Selon son désir, dicté par la plus profonde humilité, Madame Christine-Thérèse Métral de Châtillon, a été inhumée *au seuil* de la porte de la vieille église de Bassens, le 30 août 1804. Mais les habitants de la paroisse, pour ne pas fouler la terre qui recouvrait la dépouille de celle qu'ils appelaient dans leurs reconnaissance et leur admiration *une mère ! une sainte !* l'exhumèrent la nuit même des funérailles, déposèrent le cercueil dans une tombe creusée en secret, au côté droit du maître-autel.

Voici textuellement l'acte de décès : « Le 29 août 1804, 11 fructidor an XII est décédée à 6 heures du soir et le 30 a été ensevelie, dame Christine-Thérèse-Métral de Châtil-

---

[1] Etrennes religieuses pour l'an de grâce 1805.

lon, née Bertrand de La Perrouse, âgée de 80 ans, 3 mois, après une vie toute passée dans la piété la plus exemplaire, dans l'exercice de la plus exacte charité et enrichie de toutes sortes de bonnes œuvres, des mérites d'une maladie et des infirmités soutenues avec la patience la plus inaltérable. On doit regarder avec justice et raison cette vie comme précieuse devant le Seigneur ; elle pourra servir de modèle aux personnes mariées et aux veuves. Elle a été ensevelie à la porte de l'église de Bassens, comme elle l'avait demandée, mais les paroissiens portés par la vénération qu'ils avaient conçue pour cette respectable défunte, fabriquèrent un cercueil en noyer, exhumèrent son premier cercueil pendant la nuit, l'enchassèrent dans le second et le placèrent dans une fosse creusée à l'angle de l'autel et la porte de la vieille sacristie sur laquelle on se propose d'édifier le clocher. »

« Cet acte parait répréhensible, parce qu'il est contraire aux lois civiles, n'est dans ces braves gens qui l'ont exécuté qu'un effet de la reconnaissance et de la vénération que la défunte avait inspirées pendant sa vie par la rare piété et la grande charité qu'elle avait pratiqué à l'égard des nécessiteux qu'elle consolait et soulageait autant qu'elle pouvait. Signé à l'original : Jean-Claude Noël, recteur. »

Les années ajoutées aux années ne feront qu'accroître la vie posthume de cette grande chrétienne dont s'honore l'Église de Dieu.

CHAPITRE IX

Nouvelle Etape.

LA comtesse Thérèse de Châtillon avait vingt ans, lorsqu'elle entra dans l'administration de la Madeleine et de l'Orphelinat[1]. Dès lors, jusqu'à son arrestation domiciliaire, elle se donne corps et âme au soutien et à la prospérité de ces deux asiles, sans oublier ses œuvres particulières de charité.

Le traité d'Aix-la-Chapelle, 1748, venait de terminer l'interminable et trop sanglante querelle qui avait désolé une partie de l'Europe. Charles-Emmanuel III, d'heureuse mémoire, ayant rendu la paix à ses Etats, consacra les dernières années de son règne à faire le bonheur de son peuple. Mais, à cette époque, la charité avait à lutter contre le philosophisme envahissant. C'était la période de transition entre la défaillance du bien et l'invasion du mal. On voulut alors essayer d'une société civile purement *humaine ;* non plus à côté, pas même au-dessus, mais à la place de l'action religieuse : telle fut l'œuvre dissolvante du 18e siècle.

---

[1] Direction confiée aux Dames de l'Humilité par lettres-patentes du 17 avril 1730.

Le pouvoir, tout en se chargeant d'abolir la misère, utopie ! n'octroyait point ses distributions aux établissements de bienfaisance dirigés par l'Eglise.

Heureusement, l'esprit de Voltaire n'avait pas encore altéré sensiblement en Savoie l'esprit chrétien, comme le démontre l'ancien règlement des Orphelines, reproduit en 1752 sur l'ordre du Sénat.

Le voici : « Les demoiselles chargées de l'éducation des pauvres Orphelines doivent se regarder comme des personnes dévouées au bien public, obligées, par conséquent, de sacrifier leurs plaisirs, leurs récréations, leur santé même, pour former des disciples de J. C., et des membres utiles à la Société. Sans ces dispositions une maîtresse sera toujours un obstacle à l'œuvre de Dieu.

« La Sainteté que Dieu exige des maîtresses, ne consiste pas dans de longues prières, à être souvent dans les églises, à pratiquer des pénitences et des austérités corporelles ; mais dans l'amour de la retraite et du travail, dans la vigilance sur les filles confiées à leurs soins, dans une douceur constante mêlée de fermeté. La sainteté consiste encore à reprendre, à corriger à propos, sans passion, les fautes qui se commettent, à supporter patiemment les différentes humeurs, la grossièreté, le peu d'aptitude dans les enfants, toujours avec un caractère égal ; à ne se fâcher jamais de rien, ne mettre aucune différence entre les filles pour éviter la jalousie ; un zèle ardent pour instruire des vérités du salut, inculquer doucement les vertus de la Religion, en faire naître le désir de les connaître et l'amour de les pratiquer.

« Telles sont les vertus que Dieu demande des maîtresses et qu'elles doivent sans cesse solliciter la grâce de pratiquer.

« Pour maintenir l'esprit d'union et de charité nécessaire pour la réussite de l'œuvre de la fondatrice, il faut entre les maîtresses un accord parfait dans la direction des élèves et la subordination enve.s la maîtresse Supérieure,

« Les Maitresses devant donner aux élèves l'exemple de la simplicité, seront toutes habillées de la même couleur, qui sera noire ou brune ; leur coiffure uniforme. Elles ne porteront point de soie sur leur personne.

« L'aumônier ne perdra jamais de vue que les élèves de la Maison sont destinées à vivre dans le monde, à y occuper la position d'ouvrière ou de femme de chambre, ou à devenir des épouses d'agriculteurs, d'artisans ; il devra, en conséquence, les prémunir contre toute exagération dans leur tenue comme dans la pratique de la piété. »

Tout en veillant à l'observation de cet admirable règlement, révélateur de l'âme de l'administration, approuvé de nouveau par le Sénat en 1780 avec quelques modifications, Madame de Châtillon s'occupa à régulariser la situation financière de la Maison.

Pour se conformer à la bulle *Vix pervenit* de Benoît XIV, 1er novembre 1745, qui défendait de percevoir un intérêt du simple prêt, si ce n'est une juste compensation dans le cas où le prêt faisait éprouver une perte ou la cessation d'un gain légitime, la sage Directrice retira, non sans difficultés, les simples prêts et les plaça en rentes constituées.

Elle fit successivement quelques acquisitions. Ainsi, le 16 septembre 1752 elle acheta des Annonciades Célestes, une vigne de 300 toises environ, située au-dessus du faubourg Reclus, au prix de 1100 livres de Savoie. Elle produisait en moyenne 400 litres de vin.

Nous citons ci-dessous les noms bénis des vendeuses et des acheteurs à la mémoire de leurs familles[1],

La petite vigne enrichira un jour le second domicile des Orphelines. Elle était enclavée dans le clos des incurables, qui allait devenir le leur. Ce fut le commencement de la propriété foncière de l'Orphelinat.

La même année 1753, Madame Joseph Fromin, née Marie Vêpres, l'augmenta de trois grangeries qu'elle possédait sur la commune des Aillons, à charge de faire dire quelques messes pour le repos de son âme.

Cette chrétienne condition, qu'inspire la croyance au Purgatoire, jointe au bénéfice spirituel des défunts, a l'avantage d'éveiller et de perfectionner dans le cœur des enfants le plus noble et le plus fécond des sentiments, la reconnaissance. Ainsi, l'œuvre s'enracine et se développe peu à peu. N'est-ce pas en ajustant artistiquement brin à brin que l'oiseau achève son nid ? De même, en général, les maisons de bienfaisance se forment d'oboles ajoutées à des oboles par la main de la Charité.

La perfection de cette vertu n'est pas de donner son superflu, mais de donner jusqu'à la gêne extrême et se *donner soi-même*. Les secondes maîtresses des Orphelines,

---

[1] En 1752, les Religieuses Annonciades-Célestes, savoir : Sœur Marie-Xavier Perrier, supérieure ; S. Marie-Jéromine Jone, S. Marie-Madeleine Montfalcon ; S. Marie-Aimée Clerc ; S. Marie-Augustine de Léry ; S. Marie-Ugine Tiolier et S. Marie-Reymondine Anthonioz, conseillères, capitulairement assemblées dans leur parloir, tant en leur nom que des autres religieuses absentes, ont vendu aux Dames de la Congrégation de l'Humilité, érigée en cette ville, à l'acceptation et stipulation des Dames Christine Thérèse, fille de Victor de Bertrand, marquis de Thônes, épouse du seigneur de Châtillon ; Françoise, fille de Hyacinthe Favier, procureur général au Sénat, veuve de Jⁿ de Bertier de St-Vincent ; Jeanne-Marie Manuel de Locatel, veuve du seigneur Millet, minutes de Tiolier, notaire.

mesdemoiselles Venant, Vallet et Jacquemard ont atteint
la plénitude du dévouement de leurs devancières ; car, non
seulement elles ont laissé à la maison toutes leurs économies, mais encore elles se sont vouées leur vie entière à la
formation chrétienne et sociale des jeunes filles.

Rarement, une institution se complète là où elle a pris
naissance. En grandissant, il lui faut plus d'air et d'espace.
Il y avait déjà 53 ans que la prieure de Rocheron avait
jeté les bases de l'œuvre dans une petite maison de Lémenc,
tout près du clos des incurables. Cet hospice avait été loué
en 1740 par le chanoine Girod ; et, doté en 1743 par
Jeanne-Baptiste de Rossillon de Bernex, épouse de Guillaume d'Oncieu, comte de Douvres. Étant devenu insuffisant et délabré, l'administration des Incurables acheta
alors le couvent de Sainte-Marie Égyptienne que les Cor-
deliers avaient quitté, sur l'ordre du Pape, pour se réunir
aux Mineurs Conventuels ; on y fit transporter les malades.

C'était une bonne fortune pour les Orphelines.

Madame de Châtillon se hâta d'en profiter. Le 30 avril
1778, assistée de la comtesse Marguerite de Vars, elle
acheta de l'administrateur, messire Jacques Salteur, Premier Président du souverain Sénat, le clos des Incurables.
Elle paya le tout, de la contenance de 2 journaux 300 toises
et 1 pied, 15,000 livres et 19 louis d'or d'épingles.

Pour approprier l'hôpital délabré à sa nouvelle destination, des dépenses considérables sont à faire. Mesdames
de Châtillon et de Vars, vendirent (7 mars 1779) à Pierre
Gaillard et à Benoit Vachaud, bâtiment, cour, jardin, pour
le prix de onze mille livres et quatre louis d'or neufs de
France comme épingles.

Et le 12 juillet de la même année, elles aliènent
encore cent trente toises de terrain à noble Jean-Joseph,

fils du défunt Philippe-Joseph de Bracorens de Savoiroux, sénateur, natif de Rumilly, contre la somme de 150 livres avec la charge de faire à ses frais le mur de séparation.

L'œuvre se trouvait ainsi, au moyen de quelques livres, en possession d'un magnifique emplacement.

L'enclos des Orphelines restait assez vaste, ensoleillé, indépendant de tout voisinage incommode. Il s'étage gracieusement de la Leysse à la colline de Lémenc jusqu'à la roche taillée à pic que le lierre couvre encore tout entière de son élégant et vert feuillage. La cour spacieuse est plantée d'arbres superbes. La maison domine les jardins, échelonnés en terrasses, la petite vigne et le charmant verger. En promenant le regard sur le gracieux panorama, on pouvait dire avec le poète :

> J'aime ce verger qui, simple en sa parure,
> Soigneux, sans luxe et sans richesse orné,
> S'offre à mes yeux de fruits couronné.

Ici, selon le précepte d'Horace, l'utile se marie à l'agréable. Le jardin fournit des légumes excellents et variés ; le verger, des fruits succulents et le vin de la petite vigne sert de nectar aux jours de fête.

Dans le but de se procurer quelques ressources, afin d'élever un plus grand nombre d'orphelines, la comtesse de Châtillon annexa à l'établissement un petit pensionnat à la mensualité moyenne de 15 livres [1]. Par un prodige de savoir faire l'œuvre en bénéficiait.

L'institution possédait en 1777 toutes les conditions de prospérité. Charles-Emmanuel III avait déjà accordé le 17 avril 1739, des lettres-patentes portant reconnaissance de

---

[1] En 1789, le total des pensions était de 2,514 livres. Archives de la maison.

la maison des Orphelines sous la direction des Dames de l'Humilité ou du Sac.

Établie aux portes de Chambéry, c'était son avenir. Naturellement on s'intéresse à l'œuvre que l'on voit grandir. La vue de l'enfance, orpheline surtout, émeut le cœur et éveille les sentiments généreux.

Chambéry qui avait salué avec joie la fondation de la marquise de Faverges, sous le règne paternel et glorieux de Charles-Emmanuel, applaudissait à son développement lorsque cet illustre souverain, aussi respecté par le succès de ses armes qu'admiré par ses talents et ses vertus, transmit, 1775, avec son sceptre, ses grandes qualités à son fils Victor-Amé III.

Ce monarque (1773-1796) religieux et d'une moralité exemplaire marcha dignement sur les traces de son auguste père. Son avènement au trône présageait encore des jours heureux pour l'Église et ses œuvres. Convaincu que le roi ne possède l'autorité qui vient de Dieu que pour le bonheur de son peuple, Victor-Amé eut à cœur avant tout de faire fleurir la religion, mère de la paix, de l'ordre et de la prospérité.

Pour détourner ses sujets de l'amour du luxe, des frivolités et des plaisirs, amour si funeste au bien-être, au progrès moral et matériel, il voulut que sa cour donnât l'exemple d'une sage économie, d'une noble simplicité et de mœurs chrétiennes. Le roi se promenait souvent à pied, sans suite et se mêlant à son peuple, il avait l'air de lui dire : *Aimez-moi comme votre égal.*

Cependant dans les occasions d'éclat, il savait étaler autant de magnificence qu'il apportait de simplicité dans la vie privée. Ainsi il fit célébrer à Chambéry (7 septembre 1775) avec une grandeur, une pompe incomparable les noces de son fils Charles-Emmanuel-Ferdinand qui épousait la princesse Marie-Clotilde-Xavière, fille de Louis XV, princesse accomplie, la gloire, les délices de son Auguste époux[1].

Victor-Amédée, accompagné de la reine Marie-Antoinette d'Espagne, s'était rendu à Chambéry dès le 30 juin pour présider aux préparatifs. Des fêtes féériques, vraiment royales, se succédant presque sans interruption trois mois durant, enthousiasmèrent la population heureuse et fière de la présence de ces princes.

Les Orphelines sans doute n'assistèrent point aux réjouissances publiques, mais elles reçurent une large et précieuse compensation de la cour.

Victor-Amédée s'occupa avec intelligence et activité, avec persévérance et dévouement du gouvernement de ses Etats. Il abolit les droits du péage en Savoie, éleva des digues sur les rives de l'Arve et du Rhône, fit embellir les bains d'Aix, creuser le port de Nice, achever la citadelle d'Alexandrie. Il fonda l'Académie des sciences de Turin, dota le souverain Sénat de Savoie d'une troisième Chambre et créa l'évêché de Chambéry (18 août 1779). Enfin, il encouragea les Lettres, les Beaux-Arts, le Commerce, l'Industrie, en un mot toutes les bonnes initiatives.

Tandis que le bon prince gouvernait ses sujets plus en père qu'en roi, les vieilles rancunes de bourgeois à nobles s'étaient éveillées. Le peuple prêtait avidement l'oreille aux prôneurs révolutionnaires qui exploitaient ces prétendus

[1] C'est, disait plus tard le marquis Henri Costa, une admirable princesse que la reine Clotilde; elle est plus confite en piété qu'on ne saurait l'imaginer. Si la patience et la résignation au sein de terribles épreuves et d'horribles souffrances suffisent en ce monde pour épurer une âme, notre princesse doit aller droit au Ciel. (Un Homme d'autrefois.)

griefs contre le gouvernement du roi. Des pamphlets, ces petits livres incisifs, rapides, perçants, hottées d'injures déversées avec fracas, sans souci de style et de vérité, étaient répandus ouvertement et livraient la royauté, la noblesse et le clergé à la risée et à la haine du public. Des Savoyards, à la tête exaltée, passaient nombreux la frontière pour s'aller joindre, à Lyon, ou dans les villes voisines, aux clubs et aux fêtes civiques qui se célébraient. La cocarde tricolore au chapeau, vêtus souvent en gardes nationaux, ces transfuges se vantaient hautement d'une trahison prochaine. Le Gouvernement piémontais affectait de ne rien voir, et sa longanimité encourageait les factieux. « Les gens qui représentaient l'autorité en Savoie, dit Joseph de Maistre, semblaient être choisis à dessein pour favoriser les mutineries. »

« Au milieu de cet effondrement moral, une grande chose demeurait debout : c'était l'amour des Savoisiens, non pour la monarchie, mais pour la personne du roi. »

Ici le vieil adage du poëte trouve son application : *Sunt spinæ rosis, sunt mala mixta bonis ;* pas de roses sans épines, pas de bonheur sans mélange d'amertume.

« L'affection et la popularité sont malheureusement de faibles défenses contre ce vertige indéfinissable, mélange de crédulité et de bêtise, de peur et de férocité, qui sévit aux mauvais jours sur les foules. Elles deviennent alors comme inconscientes, et passent d'un excès à l'excès opposé. »

Bientôt, hélas ! comme Louis XVI, Victor-Amédée III vit la haine succéder à la popularité ; le flot montait, l'espérance abandonnait les plus courageux. L'orage grondait dans le lointain, la tempête allait éclater sur la Savoie et

finir misérablement pour elle cinq siècles d'honneur et de
fidélité traditionnelle[1].

« Qui pourrait, sans frémir, écrit de Maistre, se rappeler
ce moment, cette dissolution terrible et subite de toutes les
autorités, espèce d'agonie qui précède la mort, la joie
transparente des lâches et des traîtres, l'inexprimable
douleur des bons, cette force indéfinissable qui entraînait
tout, même la valeur, ce fracas sinistre de toutes les
colonnes qui s'abîmaient à la fois devant le drapeau tricolore, et la fidélité sans arme, meurtrie sous ces ruines,
prenant tristement son vol vers les Alpes? »

Avant que le général Montesquiou eût franchi les frontières, la Savoie était moralement conquise. La population,
éprise de l'esprit de vertige, accourt affolée au-devant du
général français ; les édiles de Chambéry, affublés de la
cocarde rouge et du bonnet phrygien, offrent, dans l'ivresse
d'un sot enthousiasme, les clefs de la ville au *triomphateur
sans combat.*

Le règne de la liberté liberticide est inauguré ; la Convention nationale proclame la constitution civile du clergé,
ou la codification du schisme. L'élégant Albitte, d'exé-
crable souvenance, fait jurer, le jour de la fête de la Déesse-
Raison, à toutes les autorités constituées de n'avoir jamais
d'autre culte: ce qui n'était au fond que l'athéisme légal et
pratique.

L'Assemblée des Allobroges était sous l'empire de la
peur qu'inspirait la Constituante. Le Directoire vote l'abolition du Christianisme, l'effacement de tout vestige et de
tout souvenir religieux.

La spoliation des églises, la confiscation de tous les biens

[1] Voir: *Un Homme d'autrefois. Passim.*

du clergé séculier et régulier, des nobles émigrés ou suspects, l'emprisonnement des réfractaires, la déportation ou la condamnation à mort des prêtres qui refusent le serment d'apostasie [1].

« Nous avons leur argent, disait Mirabeau aux Etats-Généraux, mais ils ont conservé l'honneur ! »

L'humble Maison des Orphelines devait ressentir le choc de l'orage en fureur, amoncelant ruines sur ruines. La tempête dispersa ou emprisonna ses mères, les Dames de l'Humanité. La Révolution encaissa la totalité de ses revenus pendant les années néfastes 1793, 1794, 1795, 1796, 1797 jusqu'en mars.

Absolument orphelines et pauvres, que vont devenir ces timides enfants ? Gouvernées sans pitié par l'autorité locale, elles sont privées de l'enseignement sacerdotal, de la Sainte-Messe, des Sacrements, des encouragements et des consolations que le prêtre seul a la mission de procurer. Mais le Père des Cieux veillait avec amour sur son bercail et ne permit pas que le loup ravisseur ravageât sa bergerie.

Les extrêmes se touchent, la violence du jacobinisme avait préparé la réaction. La Convention nationale, qui avait guillotiné tant d'innocentes victimes, devint elle-même l'instrument de la justice de Dieu contre ses propres complices. Le 5 avril 1794, elle condamna à la peine capitale : Danton, Chabot, Desmoulins, Fabre d'Eglantine, Hérault de Séchelles, et le 13 du même mois : Simon, Gobel, Chaumette et treize autres conventionnels. Le 28 juillet 1794,

[1] D'après les états officiels, le nombre des émigrés savoisiens s'élevait déjà, en 1794, à 1.670, dont 1.030 prêtres, sans compter ceux que la déportation avait jetés dans l'île de Ré ou à la Guyanne.
Les biens confisqués ou nationaux, en 1793, valaient approximativement de 50 à 60 millions. *(Cardinal Billiet.)*

jour mémorable pour la France terrorisée, Robespierre porta sa tête sous le couperet. Avec lui finissait le règne de la Terreur.

Juste un mois plus tard, le 28 août, la Savoie est délivrée du sanguinaire Albitte. A la nouvelle du rappel de cet énergumène, qui s'était écrié un jour : « Du sang ! du sang ! Non des lois ! » on se mit à parler d'indulgence, de modération et de liberté.

Les représentants du peuple, Gauthier, Bion et autres, plus humains, cédant à la réaction, élargirent les nobles et ouvrirent une ère d'apaisement et d'espérance.

Les Orphelines, comme délivrées d'un cauchemar écrasant, se sentent revivre. Elles recouvrent les 69.120 livres confisquées au profit de la Caisse nationale, et le revenu de 116 livres 50 centimes, provenant de deux créances dues par des émigrés. Mais la Municipalité de Chambéry, s'autorisant de la loi de messidor an II, n'a jamais restitué le capital d'une rente de 2.469 livres encaissée au profit de la ville.

Le marquis Alexis-Barthélemy Costa de Beauregard, de race illustre [1], dédaignant cette libération faite pour les âmes

---

[1] Alexis-Barthélemy, descendait de maison originaire de la Ligurie, déjà illustrée à Gênes, dès le XIII° siècle. Alexis-Barthélemy honora grandement la Patrie par l'étendue et la variété de ses connaissances en physique, en mécanique et par une noble passion pour les Beaux-Arts. Plusieurs Sociétés d'agriculture le recherchèrent, pour profiter de ses lumières. Ses mémoires y furent couronnés, parce que ses théories, fondées sur des expériences suivies et raisonnées, n'étaient point les vaines spéculations d'un agriculteur de cabinet, mais les résultats les plus avantageux obtenus dans ses métairies. Il fut un des promoteurs et des premiers membres de la Société d'agriculture établie dans sa patrie, en 1772, pour réveiller l'attention de ses compatriotes et exciter leur émulation sur les avantages de l'art le plus utile à l'homme. Son excellent livre : *Essais sur la culture des*

vulgaires, voulut compter à l'institution de Madame de
Faverges non seulement la redevance de 32.800 livres de

pays montueux, justement regardé comme classique, a mérité à
son auteur les plus justes éloges.

Le marquis Costa, membre de l'Académie des Arcades, de
celles de Saint-Luc de Rome, de la Société d'agriculture de Chambéry et de celle de Berne, etc., est particulièrement recomman-
dable par des mœurs exemplaires et des maximes de haute
sagesse. Sa probité parfaite et la délicatesse de ses sentiments se
montrèrent avec éclat pendant le règne de la Terreur. Détenu
dans les prisons à cause de sa naissance, poursuivi devant les
tribunaux pour rembourser un capital considérable dû à l'Orphelinat de Chambéry, il se vit forcé de payer en *assignats* qui
étaient alors les seuls signes de valeurs en circulation ; mais à
peine fût-il rendu à la liberté qu'il s'empressa de vendre son
domaine et de payer capital et intérêts. Ce trait, qui caractérise
l'homme probe et délicat, fut admiré et inséré dans les journaux.

Costa Alexis-Barthélemy naquit à Chambéry le 27 juin 1726 et
y mourut le 13 juin 1797.

I. — Ambroise Costa était ambassadeur de la République de
Gênes auprès du roi de Sicile en 1269.

II. — Antoine Costa fut envoyé en cette qualité à la Cour de
France et auprès du duc de Milan.

III. — Vers le milieu du XIVᵉ siècle, Pierre Costa fut député
par le Sénat Ligurien auprès de l'empereur Charles IV.

IV. — Le premier de cette illustre maison qui vint s'établir en
Piémont est Louis Costa ; il devint lieutenant général.

V. — Georges Costa fut cardinal en 1487.

VI. — Jean-François suivit la fortune du duc Emmanuel-Philibert en Allemagne et en Flandres ; après que les Français se
furent emparés, en 1536, de la Savoie et du Piémont, il se tint, le
jour de la bataille de Saint-Quentin, auprès du grand prince,
qui, de retour dans ses Etats, l'envoya ambassadeur à Rome et le
décora de l'Ordre suprême de l'Annonciade.

Plusieurs de ses descendants obtinrent cette insigne décoration
par leurs services dans les premières charges de l'Etat.

VII. — Jean-Baptiste Costa se fixa à Chambéry, où il fut
nommé quatrième président de la Chambre des comptes, le 4
février 1629 ; successivement surintendant général des finances,
président du Conseil d'Etat et ambassadeur à Madrid. Madame
Royale Christine de France érigea, en sa faveur, la baronnie du
Villard en comté par lettres-patentes du 18 septembre 1647.

capital, mais encore l'intérêt de 5.000 livres, impayé pendant l'émigration.

VII. — Pantaléon II, son fils, fut général d'artillerie au service de l'Electeur de Bavière et premier chambellan du même Electeur.

VIII. — Ignace-Pantaléon III, colonel des dragons au service de l'Autriche, a été chambellan de Léopold Ier; plein de bravoure et d'intrépidité, il se distingua, sous le règne de cet empereur, dans toutes les guerres de l'Allemagne; et il termina sa brillante carrière dans un choc de cavalerie, où il fut tué le 19 septembre 1703.

Tels sont les illustres ancêtres d'Alexis-Barthélemy.

IX. — Son fils aîné, Joseph-Henri, gentilhomme de la Chambre, membre de plusieurs Académies, honora sa patrie par l'étendue et la variété de ses connaissances. Il étudia, en amateur éclairé, les chefs-d'œuvre de l'Italie et de Rome et perfectionna son goût naturel pour les beaux-arts.

X. — Jean-Antoine-Télémaque, chevalier de Saint-Jean de Jérusalem, frère du précédent, aide-de-camp de l'amiral des galères de Malte pendant le dernier bombardement d'Alger, se distingua avec éclat dans la carrière des armes.

XI. — Le marquis Louis-Marie Pantaléon IV[1] fut de son temps l'homme distingué entre tous. Ses illustres descendants maintiennent avec éclat la pure renommée de la grande et mémorable famille.

(Extrait d'un Mémoire rédigé sur les titres originaux de la maison et des histoires de Gênes, du Piémont et de Savoie.)

[1] Pantaléon, premier du nom, fut tué par les Turcs au siège de Bude, l'an 1510.

CHAPITRE X

La Délivrance.

TANDIS que l'impiété, assise sur l'autel du Dieu vivant, s'applaudissait de ses triomphes et pensait son règne affermi pour toujours, la Providence avait préparé à l'Eglise et à la France un sauveur qui pût, à son heure, dominer les peuples et accomplir ses brillantes destinées ; Elle lui avait donné un génie profond, un coup d'œil d'aigle, une volonté de fer, une activité dévorante. Au temps marqué dans les décrets éternels, cet Homme se leva. Le 29 octobre 1799, Bonaparte, couvert de lauriers, débarque à Fréjus. Tous les regards se fixent sur l'envoyé du Ciel, que l'Orient rendait à l'Europe. Napoléon juge la situation et sait en profiter. Il commence par se former un puissant parti, se choisit des coopérateurs intelligents, s'assure le concours de Sieyès et de Rogès-Ducos, deux maitres influents du Directoire.

Le 29 novembre 1799, à la tête de ses grenadiers, Bonaparte envahit la salle du Conseil des Cinq-Cents ; il les disperse et décide les Anciens à le nommer Consul provisoire. C'est l'aurore de la délivrance. Bientôt il enchaîna les passions et l'impiété frémissante. Par ses ordres, les églises furent rouvertes, les autels redressés, les ministres de Dieu rappelés de l'exil.

Ce génie incomparable, après avoir renversé le Directoire, rétabli l'ordre, mène à terme deux œuvres qui, à elles seules, immortaliseraient son nom : le Concordat et le Code civil.

Sous la pacification concordataire, l'Église répare ses ruines, repeuple son sanctuaire. La discipline refleurit, le culte catholique reprend sa splendeur, les solennités de Dieu leur éclat, les œuvres un merveilleux essor.

L'Orphelinat sent renaître une nouvelle vitalité. Le pouvoir révolutionnaire avait ordonné, au profit du Trésor, la vente des biens, légués aux pauvres par la générosité et la piété des fidèles, et ouvert en compensation, dans chaque chef-lieu, le Grand-Livre de la Bienfaisance publique. Napoléon se hâta de faire justice de cette folle utopie. Il ferma le Grand-Livre dont toutes les feuilles étaient restées blanches et fit ainsi revivre l'ancienne pratique de la Charité évangélique, seule vraiment inépuisable et moralisatrice. Celle-ci n'est plus une dette illusoire de l'État, prélevée sur ceux qui possèdent en faveur de ceux qui ne possèdent ou ne travaillent point, mais le don libre d'une société chrétienne, distribué aux plus malheureux de ses frères, dans la mesure de la générosité de sa foi.

Comme au temps de Louis XIV, si l'administration des hospices était laïque, et gratuite, la direction intérieure fut généralement confiée à des Congréganistes, qui vivent d'abnégation au profit des pauvres. En associant la connaissance des affaires au dévouement surnaturel, c'était rétablir, en faveur des indigents, un système de direction infiniment supérieur à celui de la philanthropie, qui éteint la charité, ravive l'égoïsme en rétribuant largement le service dans les hospices. C'est la renaissance des œuvres catholiques.

———

CHAPITRE XI

La Réorganisation. — Charles-Félix.

————

A Savoie, heureuse d'être rendue à ses premiers princes, commençait à réparer les ruines amoncelées par la tempête révolutionnaire, à purifier ses églises profanées, à redresser ses autels abattus, à repeupler son sanctuaire, à raviver les œuvres catholiques et à redonner aux solennités leur antique splendeur.

Mais après le grand bienfait du Concordat, Napoléon voit son étoile disparaître. Ne reconnaissant plus la Main divine qui l'avait élevé si haut, il ose attaquer la royauté la plus ancienne, la plus bienfaisante, la plus sainte qu'il y ait au monde ; soudain, la victoire lui devient infidèle et il ne compte plus que des humiliations et des revers. Le Sénat commence la défection. Le 3 avril 1814, l'incomparable guerrier est déchu du trône ; le droit d'hérédité est aboli dans sa famille ; le peuple français et l'armée sont déliés du serment de fidélité.

Napoléon se rendit à Fontainebleau, résolu de tenter un dernier effort ; mais la défection du corps de Marmont et le découragement de Ney et de Mortier l'en empêchèrent.

Le 11 avril, c'est l'abdication pure et simple, payée de la petite souveraineté de l'île d'Elbe. Le 20 de ce mois terrible, il fait à sa garde les adieux les plus touchants et les plus sublimes dont l'histoire ait conservé le souvenir. Il embrasse le général Petit et les aigles et quitte le sol français le 28 du même mois. L'illustre vaincu arrive, le 4 mai, dans l'île d'Elbe. Il essaie en vain de s'y emprisonner. Le 26 février 1815, il reparait à Fontainebleau. Après le règne des Cent jours, il est embarqué à Rochefort sur le *Bellérophon* et fut conduit à Sainte-Hélène, comme prisonnier, où il mourut.

C'est le cas de redire avec Bossuet : « Soit que Dieu communique sa puissance aux hommes, soit qu'il la retire en lui-même, il nous fait voir que toutes leurs majestés sont empruntées et que pour être assis sur le trône ils n'en sont pas moins sous sa main et sous son autorité suprême. »

Charles-Emmanuel IV avait succédé à son père qui n'avait pu survivre au traité de Paris du 15 mai 1796.

En acceptant la douloureuse succession, le nouveau roi donnait la preuve d'un grand courage et d'une héroïque abnégation. Malgré ses loyales protestations pour les idées libérales, le général Joubert lui enleva ses Etats continentaux (1798). Trahi par la diplomatie française, Charles-Emmanuel se retira en Sardaigne, abdiqua (1802) en faveur de son frère Victor-Emmanuel ; puis, l'infortuné prince alla, en 1819, finir ses jours dans un cloître de la Ville des Papes.

Victor-Emmanuel Ier recouvra (1814) la plénitude de la souveraineté et reçut, en outre, au Congrès de Vienne, Gênes et son territoire. Menacé par une insurrection formidable, il renonça à la royauté plutôt que d'accorder la Constitution réclamée et laissa le trône à son quatrième frère Charles-Félix.

Pendant ces longues vicissitudes, mêlées de douces espérances et de cruelles anxiétés, la Maison des Orphelines fut administrée par l'autorité locale de 1793 à 1796, puis, conformément à la loi du 16 vendémiaire an V, jusqu'à 1823.

Charles-Félix (1765-1831), selon les intentions de son prédécesseur, qui étaient les siennes, se préoccupa d'abord de réorganiser les établissements de bienfaisance. Il étudia lui-même et fit étudier par des hommes compétents quel serait le meilleur mode d'administration hospitalière.

« Dans ce but, Sa Majesté ordonna, le 13 juin 1823, au Souverain Sénat de faire examiner par deux sénateurs conjointement avec l'avocat fiscal, défenseur né des pauvres, l'origine et la primitive destination de toutes les maisons de bienfaisance, œuvres-pies ainsi que les biens qu'elles possédaient en 1793, ceux qui leur restaient et ceux qu'on leur aurait abandonnés en compensation des biens aliénés ; leurs dettes anciennes et nouvelles, l'emploi de leurs revenus et les frais d'administration. »

« Sur le rapport de la délégation, le Souverain Sénat établit à Chambéry de par le Roi un Conseil général de charité, composé de l'Archevêque, du premier président du Sénat, de l'avocat fiscal général, d'un sénateur, d'un chanoine de la Métropole, du premier syndic et de cinq notables de la ville, choisis parmi les plus recommandables, et arrêta que le Conseil devait avoir la direction supérieure et immédiate de toutes les commissions administratives des Hospices de Charité, *à l'exception de la Maison des Orphelines et de l'établissement de la Madeleine.* »

« Le 24 octobre 1523, le Sénat, en suite des pouvoirs qui lui étaient délégués par Charles-Félix, a statué : 1° Que les Orphelines auraient leur administration *séparée de celle des*

autres hospices, et que le bâtiment des Repenties resterait
en toute propriété à la Charité, moyennant le correspectif en
argent, payable à l'Orphelinat ; 2° que l'administration de
la Maison des Orphelines, telle qu'elle était alors et avec les
revenus dont elle a joui jusqu'à ce jour, quelle qu'en fût la
provenance, est confiée à une commission composée d'une
Présidente et de quatre Directrices, dont trois de première
et deux de seconde classe, choisies par le Sénat dans la
Congrégation des Dames de Charité, devant être ou renom-
mées ou remplacées par le Sénat, chaque quatre ans, et les
Directrices par moitié, chaque deux ans, une de chaque
classe. »

« Le même arrêt nomme Présidente, la comtesse d'Andezène[1]; directrices, marquise de la Chambre née de Cernex, Thérèse de la Chavanne[2], Didier née Borel, Roch née

[1] Mme d'Andezène, fondatrice à la Métropole de l'Œuvre de
Notre-Dame des Sept-Douleurs. Elle consiste à réciter un chapelet avec lecture des Mystères Douloureux, le *Stabat*, suivis
de la bénédiction du Saint Sacrement, chaque vendredi de
l'année.

[2] Par un arrêté daté du 25 août, du quartier général de la Pape,
les représentants du peuple Dubois-Crancé et Gauthier ordon-
nèrent de faire transférer à Grenoble toutes les personnes sus-
pectes pour servir d'otages au besoin.

Chamoux, président du Conseil général, fit publier cet arrêté à
Chambéry le 29 août. Le citoyen Favre-Buisson, procureur-syn-
dic, fut chargé de l'exécution de l'arrêté.

Le 1er septembre, il fit conduire à Grenoble un grand nombre
de personnes honorables détenues au couvent de Sainte-Claire,
converti en prison. A minuit, on les tire de leur prison, on les lie
deux à deux, on les entasse sur de mauvaises charrettes, accom-
pagnées de soldats et de deux pièces de canon. A l'entrée de Grenoble, la populace ameutée les accable de grossières injures.

Mademoiselle Thérèse de la Chavanne, qui se trouvait sur la
même charrette que sa mère, pleurait à chaudes larmes ; une petite dame s'approche d'elle et lui dit, comme pour la consoler :
« *Vous êtes bien triste*, ma bonne demoiselle, *mais consolez-vous,
demain la guillotine finira tout.* »

Dardel. Les directrices sont chargées tour à tour, trois mois durant, de la surveillance spéciale et détaillée du régime intérieur ; elles doivent visiter : le carnet tenu par chaque maîtresse où seront annotés les objets remis pour la confection, le prix du travail, le nom de l'élève qui en est chargé, la date de la remise, celle de la rétribution, la somme perçue ou à percevoir. A la fin de l'inspection, chaque directrice doit faire son rapport à la Présidente assistée de deux autres directrices. A égalité de voix, celle de la Présidente sera prépondérante. »

Le Souverain Sénat leur prescrit aussi de dresser elles-mêmes un nouveau règlement général et particulier se rapprochant autant que possible de ceux qu'avait faits l'inoubliable Congrégation de l'Humilité.

A l'instar du gouvernement, la magistrature reconnaissait alors la nécessité absolue de l'instruction religieuse pour l'éducation de la jeunesse. L'ordonnance sénatoriale le démontre ; car le règlement à faire doit être calqué sur les précédents tout imprégnés de l'esprit de l'Evangile. On comprenait alors que l'éducation doit être essentiellement chrétienne, afin que l'enfant puisse non seulement répéter

---

Lorsque Mme Thérèse, *la charité vivante*, fut introduite avec sa mère dans la prison avec tout le reste du convoi, un inspecteur les examina successivement et passant près de la mère il lui dit à demi-voix : « Citoyenne, vous ne resterez pas ici, dans une heure on vous conduira ailleurs. » Dans une heure, entre jour et nuit, la porte s'entr'ouvrit, on les appela; elles sortirent; un petit char les attendait, elles y montèrent, voyagèrent toute la nuit sans savoir où on les conduisait. Au point du jour, le char s'arrêta le conducteur leur dit : « Citoyennes, vous êtes libres. » Elles se trouvaient aux Echelles, en Savoie. On a su ensuite que cet inspecteur était un ancien officier nommé Fillietaz, qui avait connu à Chambéry la noble famille de la Chavanne. (*Mémoires du Cardinal Billiet.*)

après le grand poète : « O Père ! qu'adore mon père »,
mais aussi s'écrier : « O Maître ! qu'adore mon maître »

Le même jour, 31 décembre 1823, la Présidente convoque
dans une salle de la maison des Orphelines le nouveau
Conseil, donne lecture de l'arrêt du Sénat le constituant et
déclare la commission administrative installée.

La comtesse d'Andezène admet ensuite aux honneurs de
la séance noble Pierre Hyacinthe de Buttet, chevalier des
Ss. Maurice et Lazare M. Pierre-Antoine André, chevalier de S. Louis de France, délégués des Hospices civils de
Chambéry. Ces Messieurs font leurs compliments aux dames
directrices et les prient de recevoir les titres et les effets
appartenant à la maison des Orphelines.

Madame d'Andezène répond en d'excellents termes aux
paroles gracieuses de Messieurs les délégués et les prie à
son tour de porter à l'administration des Hospices les vœux
et les témoignages de reconnaissance de la Direction des
Orphelines.

La Présidente rappelle avec émotion le souvenir des maîtresses Combaz, Gaimoz Joséphine, Bal Marguerite, fidèles
au poste pendant la tourmente, et félicite les institutrices
présentes de leur zèle constant et de leur dévouement
désintéressé au service de la jeunesse : zèle et dévouement
qui donnent à la nouvelle administration la plus entière
confiance.

Successivement sont présentées les Orphelines et les pensionnaires. Elles reçoivent toutes des encouragements et
des marques de bonté de la Présidente.

La Direction, après avoir visité l'établissement en détail,
se souvenant des paroles du Psalmiste : « Si Dieu ne bâtit
lui-même la maison, les ouvriers auront travaillé en vain... ;

si le Seigneur ne veille sur la cité, inutilement veillent les gardiens », se rendit à la chapelle avec maitresses et élèves pour implorer sur l'Œuvre les bénédictions du Ciel.

De retour à la salle des séances la Commission remit les titres, les effets et comptes à Mme Didier qui en donna décharge ; puis elle communiqua à M. Petit, receveur, le bilan, arrêté à la somme de 7.029 livres en rentes et intérêts à échoir pendant l'année, et à celle de 7.916 livres en rentes et intérêts échus à ce jour.

Lorsque la Congrégation des Dames de Charité prit le gouvernement de l'Institution de la marquise de Faverges, la caisse de son œuvre avait souffert de la Révolution. Le grand général Benoit comte de Boigne, au cœur charitable autant que vaillant, se hâta, par acte du 15 octobre 1824, de doter l'Orphelinat d'une place gratuite, à la nomination de sa famille pendant 99 ans.

Comme, après ces temps qu'il faut oublier, l'Institution ne possédait plus que le modeste revenu net de 6.248 francs, y comprises les sommes qui lui étaient parvenues de l'hospice des Repenties, par suite de l'arrêt organique du 24 octobre 1823, les places gratuites furent réduites de 25 à 18, sans compter celle que venait de fonder le général, à la générosité légendaire.

Les Dames de la Charité, qui succédaient aux Dames de l'Humilité, travaillèrent avec ardeur à régulariser ce qu'on avait pu sauver du naufrage des finances de la maison : tâche ingrate et laborieuse qui exigeait de l'habileté et la pratique des affaires. Tout en comptant sur les lumières d'en haut qui ne manquent point à la prière humble et confiante, elles demandèrent de nouveau aux théologiens casuistes : 1° Si les administrateurs d'une communauté

peuvent placer les capitaux par actes obligatoires à terme ;
2° dans le cas où les administrateurs antérieurs en auraient
placés à terme, que devraient faire leurs successeurs pour
se procurer un légitime intérêt ?

M. le chanoine Alexis Billiet, vicaire capitulaire, donna
la solution suivante : « D'après les principes canoniques
suivis jusqu'ici, on ne peut percevoir aucun intérêt en
vertu du simple prêt; seulement, dans le cas où le contrat
fait éprouver une perte au prêteur ou une cessation de
gain licite, on peut en exiger une juste compensation. »

« Les administrateurs d'une Communauté ne peuvent
donc faire valoir les fonds qui leur sont confiés qu'en les
plaçant en rentes constituées ou en fonds de terre. Ils
doivent demander le remboursement des capitaux ; si les
débiteurs le refusent, ils font éprouver par là la perte d'un
profit licite, en compensation duquel il leur sera permis de
recevoir à l'avenir l'intérêt légal. »

Conformément à cette décision, les directrices profitèrent
de toutes les occasions propices pour retirer les créances à
terme et pour les convertir en rentes constituées. Dans ces
négociations ardues, qu'elles sanctifiaient par l'esprit de foi,
elles étaient encouragées par la double pensée de créer et
d'assurer des ressources pour élever un plus grand nombre
d'orphelines. Dès la première année de leur gestion, elles
demandèrent au Souverain Sénat de pourvoir à une des deux
places gratuites, devenue vacante en exécution de l'article
16 organique précité. Sous cette excellente direction, la
maison allait refleurir. Elle s'accrut, en effet, en moins de
six ans, de quinze orphelines, admises à l'âge de douze
ans révolus, en vertu d'une approbation de l'autorité supérieure.

8.

C'était en 1824. Les Dames du Conseil eurent la consolation, grâce au concours dévoué des maîtresses Louise Philippe, Louise Pillet, Jeanne Laroche, Fanchette Michelon, de suffire aux frais de la nourriture, du luminaire et du chauffage pour 44 personnes, savoir : 20 élèves gratuites, 14 élèves pensionnaires, 10 employées, fournissant ensemble 16.156 journées, à raison de 45 centimes 8 millièmes par jour, pour chaque personne.

Peut-il y avoir une administration plus pratique, plus sage et plus favorable à la prospérité d'un établissement de bienfaisance ?

Mais la satisfaction, que donnait ce beau résultat, fut suivie d'une déception. Il fallut procéder, en conformité de l'arrêt organique, à la réélection, par la voie du sort, d'une directrice de première classe et d'une autre de deuxième classe.

Par le hasard du scrutin, la marquise de la Chambre est remplacée par la comtesse d'Aviernoz née du Noyer, et Madame Roch née Dardel, par Madame Rey née Gariod.

Le bureau, n'ayant en vue que l'intérêt de l'Œuvre, supplia le Sénat de déclarer, par une disposition particulière de son arrêt, que les directrices sortantes soient conservées pendant deux ans encore, comme directrices suppléantes, avec droit d'inspection et voie délibérative.

« Sur le refus du Sénat, les Dames du Conseil, éprouvant un vrai chagrin de se séparer de ces deux sujets si précieux, qui, par leur zèle, leurs lumières, ont si fort contribué au bien de la maison », leur témoignent tous leurs regrets et toute leur reconnaissance.

Elles osent encore prier l'auguste Sénat de vouloir au moins autoriser la marquise de la Chambre à continuer de leur prêter l'appui de sa bienveillante assistance et de son

savoir, devant à ses soins la rédaction du nouveau règlement qui va être présenté au Sénat, pour être mis en
vigueur dès qu'il aura été approuvé [1].

Si Charles-Félix n'avait pas les talents et le génie de la
guerre de Charles-Emmanuel III [2], il était, comme lui, doué
de l'intelligence surnaturelle des indigents et de l'esprit des
œuvres catholiques. Pour obvier aux abus qui naissent
d'une administration mauvaise et opposée au but des
fondateurs des œuvres pies, ce prince bien-aimé prescrivit
au Conseil général de Charité de tracer dans une instruction
le meilleur mode de les administrer.

Dans cette instruction, en vingt chapitres, 19 février 1824,
il est dit : « Ce dont Sa Majesté attend le plus des administrateurs, c'est de l'esprit religieux, de l'amour du bien
des pauvres, de l'empressement et du zèle à procurer à ses
semblables des consolations chrétiennes. »

« Ces qualités font les qualités essentielles des administrateurs et laissent bien plus la certitude d'atteindre le but
honorable qu'ils ont à remplir en donnant l'espoir que, par
une sage et vigilante administration, on verra perpétuer et
multiplier les soulagements destinés à l'infortune ; par là,
ils mériteront les bénédictions des pauvres, les consolations

---

[1] Le 31 décembre 1825, le Conseil se trouva officiellement
reconstitué : Madame d'Andezène, présidente ; comtesse d'Aviernoz, noble Thérèse de la Chavanne, directrices de première
classe ; dames Rey-Gariod et Didier, de deuxième classe. (Archives de la Maison des Orphelines.)

[2] Charles-Emmanuel III, dit le publiciste Jacques Mallet du
Pan, dont l'histoire est un monument et une école dans l'art de
régner, avait cette majesté qui est faite du respect, de l'amour et
des bénédictions des peuples. Il possédait, au plus haut degré,
l'esprit d'ordre, de probité et de justice.

Ce prince illustra, par sa religion éclairée, par ses vertus
domestiques, par ses talents militaires et politiques, le trône sur
lequel il monta le 2 septembre 1730.

du Ciel, la reconnaissance de la société ; et ils auront la
satisfaction d'avoir contribué à l'accomplissement des vues
de bienfaisance et de tendresse paternelle que Sa Majesté
ne cesse de prodiguer à toutes les classes de ses sujets. »

« Dans l'intérêt particulièrement paternel qu'il portait à
l'Orphelinat, Charles Félix voulut régler le renouvellement
de l'administration. Par son édit du 24 décembre, il ordonna
au Conseil siégeant de communiquer à l'intendant général
une triple note, chacune de quatre candidats, élus par la
voie du sort. Le bureau transmit le 8 mai 1837, à l'Intendance, le résultat du scrutin que voici : Marquise de la
Chambre, Comtesse de Boigne née de Montbel, Baronne
d'Athenaz née du Bourget, Comtesse Perrin de Lépin née
Sancet, Madame Coppier née Dunand, Mademoiselle
Camille de Constantin, Madame Pillet née Gariod, Mademoiselle Victoire Fillard, Madame André née Buchard,
Madame Pasquier née Chapperon, Madame Guilland née
Burgos, Madame Portier née Désarnod. »

L'Administration, dans sa séance du 26 mai 1837, en conformité de la circulaire de l'Intendant général et du modèle y joint, dressa le tableau suivant :

Membres actuels du Conseil de Charité	Candidats proposés
Ctesse Joséphine d'Aviernoz, née Favier du Noyer, *présidente;* Mme d'Oncieu de Chaffardon, née Favier de la Biguerne, *conseillère;* Victoire-Madeleine Portier du Bellair, née Trolliet de Maison-Forte, épouse du président du Bellair, *conseillère;* Jeanne Anselme, née Fernex, épouse du sénateur Anselme, *conseillère.* Agnès Dardel, *conseillère.*	Mme Céline de la Chambre; Ctesse Césarine de Boigue, née de Montbel; Victoire Coppier, née Dunand, épouse du sénateur Coppier; Aurore d'Alexandry, née Duclos, épouse de l'avocat fiscal général; Polixène d'Athenaz, née du Bourget; Amélie d'Arcolières, née de Mépieu, épouse du sénateur d'Arcolières; Françoise Pillet, née Gariod; Claudine Portier, née Désarnod; Louise Guilland, née Burgos; Jeanne Dupasquier, née Chapperon; Caroline Laracine, née Chamoux; Marie Dubois, fille de l'avocat Dubois.

CHAPITRE XII

Appel des Sœurs de Saint-Joseph.

———

ES Dames de l'Humilité ont eu la bonne fortune d'avoir rencontré successivement, pour la direction intérieure de l'Orphelinat, des maîtresses laïques, vraies religieuses dans le monde, instruites et dévouées à cette obscure mais divine mission.

Mademoiselle Grégoire s'y voua la première par contrat moyennant 40 livres annuelles.

Mademoiselle Corcelet se lia, sa vie durant, par acte authentique à ce pénible emploi, aux mêmes conditions, et donna à son arrivée 200 livres.

Suivant ce bel exemple, Jeanne Venant dit Vial, en s'engageant irrévocablement à l'instruction des Orphelines, versa dans la caisse de l'œuvre naissante 1.000 livres à la charge de l'entretenir elle-même et de payer ses funérailles.

Mademoiselle Vallet, remarquable entre toutes par ses talents pour l'éducation, laissa à son décès 400 livres et son linge.

Fanchette Combaz lui légua 140 livres tournois et son

service d'argent dont elle laissa l'usage à sa chère compagne Joséphine Fontaine.

Les maîtresses Marie Armand, Marie-Denise-Joséphine Gaymoz, Bal Marguerite, André Marie, Laroche Jeannette, Bernardine, Michelon Fanchette et Mesdemoiselles Philippe, Pillet, Laroche s'efforcèrent d'imiter le zèle et le désinté-ressement de leurs devancières.

De telles vertus sont rares dans le monde.

Cependant, malgré le dévouement et les aptitudes pédago-giques de ces maîtresses, l'éducation des Orphelines deman-dait plus d'entente, plus de suite, en un mot l'unité de direction que procure le triple vœu d'obéissance absolue, de pauvreté et de chasteté.

C'est dire que les Congrégations religieuses sont les auxiliaires-nés de l'Eglise pour l'enseignement de la jeu-nesse. Elles seules possèdent spécialement toutes les apti-tudes que réclame la formation des âmes : subordination complète à l'autorité, unité de vue et d'action, choix des professeurs aptes à chaque branche de l'enseignement, par-faite entente entre eux, rivalité d'abnégation et d'héroïsme sous l'empire des célestes espérances. « Voilà pourquoi cette campagne entreprise contre les œuvres de la foi, le mot d'ordre : *Le cléricalisme, c'est l'ennemi !* haine aux Congréganistes qui enseignent aux petits enfants qu'il faut aimer Dieu et servir la patrie, qu'on doit être honnête, sobre, laborieux, véridique. »

Suivant la pensée qui honore le Conseil, Mesdames Didier, présidente, Comtesse d'Aviernoz, Marquise d'Oncieu de Chaffardon et Tulie Rey, conseillères, résolurent de confier le régime intérieur de l'Orphelinat aux Sœurs de Saint-Joseph, établies à Chambéry par Mère Saint-Jean en 1812. Cette

Congrégation[1] rend les plus grands services à l'église de Dieu et à la société non seulement en Savoie, mais encore dans l'Allier, en Italie, en Russie, en Danemark, en Suède et en Norwège et jusque dans le Brésil où elle compte plusieurs maisons florissantes.

Le 11 septembre 1831, le bureau adressa sa délibération[2]

[1] La Congrégation des Sœurs de Saint-Joseph est née au Puy-en-Velay, dans la Chapelle de l'hôpital des Orphelines. Elle a été établie par M⁊ de Maupas, évêque de cette ville, le 15 octobre 1650, fête de sainte Thérèse, date à jamais chère à ces excellentes religieuses. Le Cardinal Fesch, archevêque de Lyon, puissamment aidé de son grand-vicaire, M. Cholleton, les établit dans sa ville archiépiscopale, en 1808, sous le supériorat de Mère Saint-Jean, dans le monde Suzanne Marcou, née en 1785 à Andance (Ardèche).

Le Cardinal Fesch, se trouvant avec la cour de l'empereur à Aix-les-Bains, au mois d'août 1812, y fit venir Mère Saint-Jean avec quelques religieuses. Elle y créa une école de jeunes filles et se chargea des soins des malades à domicile et de la surveillance des ouvrières d'une fabrique de coton.

La même année M⁊ de Solle, évêque de Chambéry, de concert avec M. Rochex, curé de la Cathédrale, plus tard évêque de Tarentaise, confia l'éducation des filles pauvres à cette Congrégation.

Mère Saint-Jean, d'un caractère fait d'un heureux mélange de fermeté et de bonté, enrichie de toutes les vertus maîtresses qui font les fondatrices, dirigea les deux communautés, celle d'Aix et celle de Chambéry, allant alternativement quinze jours dans chaque maison. En 1814, elle se fixa définitivement dans notre ville. Cette supérieure de haute vertu demanda en 1845 la faveur d'aller finir ses jours, si remplis d'œuvres admirables, avec ses filles de la Bauche; là elle rendit sa belle âme à Dieu, le 10 mai 1855.

[2] « L'Administration, dans l'intérêt des Orphelines, a déterminé d'appeler les Sœurs de Saint-Joseph en remplacement des maîtresses actuelles, d'après les règlements ; cette détermination prise, sans néanmoins entendre déroger à aucun des droits qui lui sont attribués par la fondatrice et par les arrêts du Sénat, la direction s'en est entendue avec la supérieure des Sœurs de Saint-Joseph, et, avant de mettre à exécution cette détermination, elle désire en obtenir l'assentiment et l'autorisation du Conseil général de Charité.

« En vous transmettant, Messieurs les Conseillers, notre déli-

au Conseil général créé par Charles-Félix, qui avait la
direction supérieure et la surveillance immédiate des
établissements de bienfaisance du duché de Savoie.

Le Conseil supérieur de Charité ayant approuvé dans
toute sa teneur la délibération [1], la Direction des Orphelines

bération du 11 de ce mois, qui détermine l'appel des Sœurs de
Saint-Joseph pour la régie intérieure de la Maison des Orphelines, nous devons aussi vous proposer les indemnités que nous
croyons devoir assurer aux maîtresses employées et renvoyées :
300 livres de pension à demoiselle Philippe, 200 à demoiselle
Pillet, 100 à demoiselle Laroche, et 500 livres pour une fois,
payées à demoiselle Michelon, et, à chacune d'elles, la jouissance
de leur traitement pour le semestre courant.

« Dans la proposition de cette pension et indemnités, la
Direction a pris en considération les services, l'âge et les autres
circonstances qu'elle a cru devoir consulter. »

En prenant le parti de changer l'administration intérieure de
la Maison, la Direction a eu en vue de prévenir les inconvénients
auxquels donnent lieu les vacances, la difficulté du choix et le
concert entre les maîtresses. Au reste, il paraît que les Sœurs de
Saint-Joseph, liées sous la même discipline, correspondront
mieux aux vœux de l'institution de la Maison des Orphelines.

[1] « Le Conseil général du duché de Savoie, dûment assemblé
le 31 septembre 1831 : Vu la délibération du Conseil de la Direction de la Maison des Orphelines de la ville de Chambéry, du 11
septembre courant, par laquelle elle a déterminé d'appeler les
Sœurs de Saint-Joseph pour régir l'intérieur de cette Maison, en
remplacement des maîtresses actuelles, sans déroger aux droits
et aux pouvoirs qui lui sont attribués par la fondatrice et les
arrêts du Sénat, de quoi la Direction s'est entendue avec la
supérieure des dites Sœurs ;

« Vu la lettre de la même Administration, du 17 septembre
courant, par laquelle elle propose au Conseil général d'assurer
aux demoiselles maîtresses qui, par suite de l'arrangement avec
les Sœurs de Saint-Joseph, quitteront l'établissement le premier
novembre prochain, les pensions et indemnités ci-après, savoir :

« A demoiselle Philippe, âgée de 65 ans, entrée en 1806, soit
depuis 25 ans, la pension annuelle et viagère de 300 livres ;

« A demoiselle Pillet, âgée de 39 ans, entrée le 12 octobre 1817,
soit depuis 14 ans, la pension annuelle et viagère de 200 livres ;

• A demoiselle Laroche, âgée de 25 ans, entrée le 11 mars 1824,
soit depuis 7 ans, la pension annuelle et viagère de 100 livres ;

adresse aux maîtresses sortantes des regrets émus, des
éloges mérités et des remerciments pour leurs bons services,
et les assure que la crainte seule de ne pas rencontrer
toujours des personnes aussi dévouées avait motivé la
mesure. Enfin, il leur annonce la pension viagère qui a été
fixée pour chacune proportionnellement à la durée de ses
services.

Ce devoir de gratitude rempli, les dames directrices, sous
la présidence de Monseigneur Martinet, archevêque de
Chambéry[1], installèrent le 4 novembre 1831, aux conditions
susdites, les Sœurs de Saint-Joseph, au nombre de trois
maîtresses et de deux converses. Sa Grandeur, heureuse de
voir ces chères enfants sous la conduite éclairée des filles
de Saint-Joseph, loue l'administration de son zèle infatiga-

« Les dites pensions payables par semestre anticipé, dès le
jour de leur sortie;

« A demoiselle Michelon, âgée de 26 ans, entrée gratuitement
en 1819, comme orpheline et passée directrice en 1826, soit depuis
5 ans, la somme de 100 livres une fois payée, et à chacune d'elles
la jouissance de leur traitement pour le semestre courant.

« Ouï le rapport, le Conseil général approuve la dite délibération.

« Signé au registre : Sa Grandeur Mgr l'Archevêque, président,
et le baron Fortis, conseiller et secrétaire. »

[1] Mgr Antoine Martinet, troisième archevêque de Chambéry, né
à Queige (Savoie), le 22 avril 1766, fit avec succès ses premières
études au collège royal de Chambéry, étudia la théologie au
grand Séminaire de Moûtiers. Il fut ordonné prêtre par Mgr de
Montfalcon, archevêque de Tarentaise, qui le nomma successivement vicaire à Saint-Paul (Tarentaise), secrétaire de l'archevêché, professeur de théologie et pro-vicaire général; et il fut seul
administrateur de l'archidiocèse pendant la persécution. En
1812, Mgr de Solle l'appela à la cure de Maché et le nomma son
vicaire général en 1822. Quatre ans après, il fut promu au siège
épiscopal de Tarentaise, un des plus anciens et des plus illustres
des Gaules. Transféré à Chambéry, en remplacement de Mgr Bigex,
il mourut le 9 mai 1839, laissant après lui les plus doux souvenirs
et les plus sincères regrets.

ble, encourage les nouvelles éducatrices et recommande aux élèves la docilité absolue et reconnaissante à des mères qui les aiment comme leur propre vie. Pour rendre grâces à Dieu de tant de faveurs célestes, qui en présagent de précieuses encore, Monseigneur voulut donner la bénédiction du T. S. Sacrement.

Les Sœurs de Saint-Joseph réalisèrent bien vite les espérances conçues.

Mère Thérèse, supérieure et économe, était à sa place. Elle avait de l'activité, l'esprit de direction et un amour ardent pour les pauvres. Elle s'empara de l'œuvre avec passion et s'en montra le cœur et le bras. Là, sa bonté inépuisable pouvait s'épancher à l'aise ; un vaste champ était ouvert à son action infatigable et à son zèle dévorant. Malgré les difficultés inévitables du commencement, par sa prudence, sa bonté et sa patience, elle obtint bientôt une heureuse transformation avec l'aide filial et empressé des Sœurs Gertrude et Delphine[1]. Sous sa direction de vingt-trois ans, la Maison des Orphelines devint florissante. En la quittant avec regret, en 1854, pour aller gouverner le pensionnat de Saint-Pierre, en Bourbonnais, Mère Thérèse laissait douloureusement éplorées ses filles au nombre de 48[2], qu'elle avait édifiées par son esprit de foi et d'humilité, d'abnégation et de bonté, et d'ardente charité.

Charles-Albert, qui venait de succéder en 1831 à Charles-Félix, se montra, comme ses illustres prédécesseurs, favorable aux établissements de bienfaisance. La sixième année de son règne, il vint en Savoie avec la reine Marie-Thérèse.

[1] Sœur Gertrude (Clerc, de Chambéry); Sœur Delphine (Mollard, d'Yenne).
[2] Voir: *Nécrologie de Mère Thérèse.*

La gracieuse princesse voulut un jour visiter l'Orphelinat. Après avoir entendu la Sainte Messe, célébrée par Mgr Martinet, dans la modeste chapelle, « Sa Majesté, raconte le *Courrier des Alpes*, admit l'assistance nombreuse et choisie à l'honneur du baise-main. Une orpheline, avec une charmante simplicité, exprime les sentiments de vénération que son auguste présence fait naître dans tous les cœurs. La bonne reine répond qu'elle est heureuse d'apporter la joie et l'espérance dans cette maison, objet de sa tendre sollicitude. Elle la visite en détail témoignant le plus vif intérêt pour cette œuvre qui mérite les sympathies de tous. Puis elle daigna aller s'asseoir, entourée des enfants, à l'ombre du séculaire marronnier qui ombrage encore ce lieu charmant et qui rappelle tant de précieux et beaux souvenirs. L'affable souveraine félicite une dernière fois avec sa grâce séduisante les Dames directrices et les maîtresses de leur dévouement pour l'éducation donnée aux enfants. »

Cette visite laissa le charme d'une apparition du Ciel. C'était une aube de souriantes espérances.

C'est ainsi que la chrétienne Maison de Savoie n'oubliait pas alors que la puissance souveraine lui avait été donnée pour faire le bonheur de son peuple, pour secourir les pauvres, les veuves et les orphelins.

Aussi, pendant ses séjours à Chambéry, la Cour procurait-elle, avec ses libéralités, l'honneur de sa présence aux établissements de charité.

L'appel des Sœurs de Saint-Joseph avait inauguré des jours prospères pour l'Orphelinat, car, en quelques années, il se vit doté de douze nouvelles places gratuites. C'était la marche en avant. L'Administration, heureuse de ce développement, prit à sa charge la totalité de l'entretien des élèves,

au nombre de 35[1], et détermina de les admettre à l'avenir
de douze à dix-huit ans, sauf toutefois huit places qui,
d'après les termes des fondations, ne pourraient être occu-
pées que par des orphelines ayant atteint l'âge de quatorze
ans.

Mais où trouver les ressources? Des agrandissements
sont urgents : la divine Providence y pourvoira. Elle se plait
à faire fleurir les déserts. Escomptant la charité bien connue
des habitants de Chambéry, les Dames directrices font
dresser plan et devis par l'architecte Tournier. Elles portent
à cet effet, au budget de 1841, la somme approximative de
10.440 francs pour la construction d'une chapelle. Elles
s'engagent à payer de leurs deniers et l'autel, qui fut sculpté
par notre artiste Vallet, et la décoration, confiée au pinceau
de Balsani.

En vue de la sécurité morale des enfants, le Conseil
demanda à l'intendant du duché l'autorisation de traiter de
gré à gré pour l'entreprise des travaux afin de ne les confier qu'à des hommes de bonnes mœurs. La construction
échut à l'entrepreneur Bonino, sous la direction de l'architecte Tournier. Les travaux sont menés rapidement ; la
réception d'œuvre se fit le 28 mars 1842.

Les améliorations se suivent, la chapelle est ouverte au
culte. Mais il fallait convertir l'ancienne en parloir et agrandir les salles de travail. Or, le Ciel aidant, tout fut fait et
payé en peu de temps, sans diminution des revenus ordinaires, grâce à la charité de Mademoiselle Guy de Revel,
qui, par son testament du 12 mai 1837, avait donné à
l'œuvre 5.000 francs, payables l'année de son décès et à la

---

[1] A l'arrivée de Mère Marie-Thérèse à la tête de l'établissement, les orphelines étaient au nombre de 23. (Voir les archives
de la Maison.)

vente du domaine de Candie à la marquise de Trédicini de Saint-Séverin[1].

En ces temps prospères, on pensait l'Orphelinat établi à jamais dans ce paisible et charmant asile.

Oubliant la loi de l'instabilité, qui pèse sur les hommes et sur leurs œuvres, on construisait, on embellissait sans songer qu'avant dix ans, il faudrait quitter ces lieux sanctifiés, d'abord par le séjour des Annonciades Célestes, puis par les souffrances des Incurables, et abandonner cette maison où la charité élevait depuis 130 ans les Orphelines de Chambéry et de la contrée dans l'amour de la religion et du travail. Tout pronostiquait cependant la permanence dans ce cher asile : son passé séculaire, le nombre des fondations, les améliorations récentes, sa belle chapelle et le commencement de l'*Œuvre de la Providence*, sous l'inspiration de Mère Thérèse, supérieure, et de Madame Tulie Rey, deux femmes à la charité proverbiale.

[1] Sarde, baron de Candie, par son testament déposé au Sénat le 29 mars 1816, ouvert le 29 mars 1829, jour de son décès, au château de Candie, commune de Sainte-Ombre, avait institué pour ses héritiers l'hôpital de Charité, celui des malades et la Maison des Orphelines et léguait l'usufruit universel à Madame Capré de Mégève, son épouse, à la charge pour la Maison des Orphelines, entrée en jouissance du tiers de l'héritage, d'entretenir six filles, même de la campagne.

CHAPITRE XIII

Troisième étape.

UNE force mystérieuse, irrésistible, pousse l'homme vers des terres nouvelles, des cieux nouveaux. Il voudrait s'arrêter dans ce site merveilleux, cette vallée de Tempé; impossible : marche ! marche ! Cependant le soleil baisse, la nuit tombe, le temps est fini, l'immobile et l'incommensurable durée commence. Rien n'est stable en ce monde.

A l'exemple des patriarches, les Orphelines doivent replier leur tente, pour la troisième fois, et aller la dresser ailleurs, après vingt-six lustres écoulés sur ce délicieux coteau de Lémenc. La vapeur allait se frayer un chemin à travers la rocheuse colline.

Le Parlement sarde avait décrété, par la loi du 29 mai 1853, modifiée par celle du 16 juillet suivant, la construction du chemin de fer de Saint-Jean de Maurienne à Aix-les-Bains.

Comme le tracé devait cotoyer les bâtiments et couper le clos en deux parts inégales, l'Orphelinat était dans la nécessité de chercher un nouveau refuge.

M. le vicaire-général Chamousset, qui s'intéressait à l'avenir de la maison, alla spontanément en négocier la vente avec le Président de la Société anonyme de l'entreprise, et se hâta de communiquer à la Commission administrative de l'Orphelinat le résultat de son officieuse démarche.

M. Dullin, conseiller à la Cour d'appel, président de la Direction des Orphelines, conclut le marché. Le 19 décembre 1854, il vendait à la Compagnie du chemin de fer les bâtiments et le clos pour la somme de 130.000 francs. A ce prix, la transaction fut plus avantageuse à cette Compagnie qu'à l'Institution des Orphelines. Heureusement pour l'Orphelinat, les héritiers du comte Verney pensaient à vendre leur filature de coton établie par M. Duport, dans l'ancien clos des Carmes Déchaussés[1].

Circonstance vraiment providentielle : elle satisfaisait à la fois les chrétiennes intentions de la pieuse et honorable famille du comte Verney et comblait les espérances des Orphelines. La marquise de Faverges s'en réjouissait, sans doute, du haut du Ciel, et l'illustre duchesse de Ventadour bénissait le Seigneur de voir son Carmel remplacé par deux hospices de Charité : la *Mendicité* et l'*Orphelinat*.

La Direction s'empressa de demander au comte Verney

---

[1] Les Carmes Déchaussés furent établis à Chambéry, le 14 mai 1636, par la piété et la générosité sans égale de la Duchesse de Ventadour, née Marie Liesse de Luxembourg, princesse de Tingry, comtesse de Ligny, laquelle ayant renoncé aux grandeurs du siècle, embrassa la vie pénitente de Carmélite Déchaussée au monastère de Chambéry, qu'elle avait fondé quelques années avant celui des Carmes au faubourg Montmélian. Elle mourut en odeur de sainteté, l'an de grâce 1660, à l'âge de 49 ans. Henri de Lévy, son mari, duc de Ventadour, comte de La Voult, pair de France, entra dans la carrière ecclésiastique et sacrifia une partie de sa fortune pour le Grand-Séminaire de Paris.

VUE DE L'ORPHELINAT

et à Mesdames Monnier, Cotta et Borson, ses sœurs, l'acquisition de leur immeuble indivis du faubourg Montmélian. La transaction se fit à des conditions favorables à l'Œuvre.

Pendant l'aménagement de la fabrique à sa nouvelle destination et la construction de la chapelle actuelle, les chères enfants ne furent point dispersées. Le départ attristé de la petite colonie de son ancien berceau fut un deuil pour les bons habitants de Nezin et du Reclus. Alors, la construction de la salle d'asile était à peu près achevée[1]. Le Conseil des Dames de Marie, heureux d'inaugurer son bel édifice par un acte de charité évangélique, s'empressa d'accorder l'hospitalité à l'intéressante famille pendant les quarante-trois mois que durèrent les travaux d'appropriation.

Le 25 octobre 1858, jour mémorable dans les annales de l'Orphelinat, Mère Thérèse du Sacré-Cœur conduisit avec joie ses chères filles dans l'établissement actuel, placé alors sous la direction de M. Dullin, de MM. le chanoine Noël Morand, le notaire Marthe, et de Mesdames Rey Tulie, Anthonioz Caroline née Buisson, baronne Noémie de Châtillon née d'Anglejan, comtesse de Buttet née de Boigne, Eugénie Grand-Thoranne née Marin, Asthénie Forest née Gruat.

Regardez, bienveillants lecteurs, l'estampe ci-devant : la troisième demeure des Orphelines est grande, aérée, salubre, gracieuse ; mais elle prie la charité de remplir et d'animer les vides ; elle souffre de ne pouvoir accueillir la multitude des pauvrettes du bon Dieu, qui lui tendent la main, demandant un foyer et des mères.

[1] La salle d'asile dont on a dit sans chauvinisme : « Aucune ville n'en possède de mieux appropriée à sa destination. » (Voir *La Congrégation des Dames de Marie*, par le chanoine BOUCHAGE, 1896.)

Quand le vent du soir frôle les sables du désert, on entend
au loin comme un long sanglot : « Écoute, dit alors l'Arabe,
écoute le désert ! Entends-tu comme il pleure ? Il se lamente
parce qu'il voudrait être une prairie. »

Écoutez, âmes chrétiennes, écoutez cet autre désert,
entendez comme il gémit ; il voudrait devenir luxuriant de
vie : *Les petites veuves du Christ*, comme les appelle le Dante,
*périront infailliblement au milieu des sables arides, si les
eaux de la Charité ne les changent en verdoyants vergers et
n'en font une oasis hospitalière.*

O Jésus, qui avez connu les malheurs de l'orphelin,
éclairez vos disciples de l'intelligence de sa dignité et de la
grandeur de son infortune. Enflammez leur cœur du feu de
votre divine tendresse, dilatez-le dans cette charité dont la
nature est d'être sans mesure et sans fin. Faites comprendre
à vos frères qu'abriter, vêtir les plus petits d'entr'eux, c'est
vous accueillir vous-même. N'êtes-vous pas apparu couvert
de la moitié du manteau que le soldat Martin[1] avait jeté sur
les épaules du mendiant d'Amiens et à travers les hardes

---

[1] Saint Martin naquit à Sabarie (Hongrie). A l'âge de 17 ans,
incorporé dans les légions de l'Empire, il prêta le serment de fidélité et revêtu de la chlamide blanche il alla servir dans ce beau
pays des Gaules, qu'il devait évangéliser un jour après en avoir
protégé les frontières avec sa jeune épée.

En marche, par un hiver très rigoureux, il rencontre, aux portes d'Amiens, sur la voie d'Agrippa, un pauvre *presque nu* qui
demandait l'aumône aux passants. Ce jour-là, Martin n'avait
pas seulement une obole. Mais la charité qui ne sait point calcu-
ler est ingénieuse et ne connaît pas l'impossible : « Mon ami, dit-
il au pauvre, je n'ai que mes armes et mes vêtements, tiens,
voilà ta part. » Il fend avec son épée sa chlamide en drap et en
donne la moitié au mendiant transi de froid.

La nuit suivante, N. S. J.-C. lui apparut couvert de cette moitié
de manteau et disant à une troupe d'anges rangés autour de lui :
« Martin qui n'est encore que catéchumène m'a revêtu de cet
habit. » *Martinus catechumenus hic me veste contexit.*

du lépreux que sainte Elisabeth avait placé sur la couche de son royal époux ? Ne direz-vous pas au jour des éternelles récompenses aux miséricordieux : « J'étais pauvre, vous m'avez visité, abrité, donné à boire et à manger ; venez, les bénis de mon père : possédez mon royaume. »

A la vision de l'orphelin en Jésus-Christ et à cause des invincibles espérances de la rémission des péchés promises par le sacrifice de l'aumône, le vrai chrétien prélèvera sur les biens que Dieu lui a prêtés pour exercer la miséricorde, afin qu'en retour le pauvre lui distribue les bénédictions terrestres et lui ouvre les Cieux.

« L'aumône, disait l'archange Raphaël au jeune Tobie, efface les péchés et fait trouver les miséricordes et la vie éternelle. » Secourir le passant, c'est une bonne œuvre ; mais élever les orphelins, c'est coopérer à la rédemption de siècle en siècle. Bénis soient à jamais les bienfaiteurs des asiles de l'Eglise catholique !

Le célèbre Bélisaire, tombé dans la disgrâce de son empereur et réduit à la dernière indigence, disait autrefois : « *Date obolum Belisario.* — Donnez une obole à Bélisaire ! » Donnez une obole au premier favori de Justinien, à l'invincible général des armées, au dominateur des Perses, au vainqueur de l'Afrique, au destructeur des Vandales ; ah ! donnez aussi un denier à l'orpheline, princesse de la Cour céleste.

Car, ce qui est tout puissant, ce qui est vif, agile, ce qui court, ce qui ne tient qu'à la poche, d'où il s'échappe si vite, c'est un sou ! Unissez un sou à un sou et vous ferez des prodiges. C'est un sou ajouté à un sou qui a permis à O'Connel de braver, pendant quarante ans, la toute-puissante Angleterre et de lui arracher le bill d'émancipation. C'est un sou uni à un sou qui a permis à Pie IX et qui permet à Léon XIII de rester roi de Rome et de mépriser les millions de l'Italie. C'est un sou uni à un sou qui a couvert d'apôtres et de martyrs les côtes de la Chine, de la Corée, du Tonkin et qui ouvre en ce moment à Notre-Seigneur les déserts de l'Afrique et les iles perdues dans l'Océan. Le denier que l'on jette pour une fleur, pour une curiosité, est une bagatelle ; mis en réserve pour la charité, combien d'orphelins il sauverait !!!

Voilà ce que demande l'orphelin, le favori du Roi des rois. Ah ! donnez une obole, donnez une partie de ces biens dont vous dépouillera la mort ; assistez l'orphelin pendant votre vie et après ; assistons les orphelins ! Il est nécessaire de semer en ce monde pour emporter dans l'autre la moisson qui vaut le Ciel.

CHAPITRE XIV

L'Administration modifiée.

L'HOMME cherche instinctivement à s'immortaliser. Rappeler son nom à la postérité n'est pas seulement le vif désir des âmes d'élite, mais c'est celui de tous. Victor-Emmanuel II voulut attacher sa mémoire à l'Orphelinat. Le 1er mars 1850, un édit avait aboli les dispositions .exceptionnelles concernant le gouvernement des Orphelines, dispositions sanctionnées par l'édit royal du 24 décembre 1826. Trois ans après, l'Administration des Orphelines, répondant aux propositions du Ministre de l'intérieur, dont le but était de créer un nouveau Conseil composé de cinq dames directrices, de cinq membres tant laïcs qu'ecclésiastiques et d'un président nommé par le roi, demanda d'adjoindre seulement au président, nommé par le roi, deux directeurs, un laïc et un ecclésiastique.

Victor-Emmanuel, prenant en considération cette demande, rendit, sur l'avis du Conseil d'Etat, 9 février 1854, un décret réorganisant et composant l'Administration des Orphelines : d'un président nommé par le roi pour cinq ans, de deux directeurs, de cinq dames directrices

nommées aussi d'office pour cinq ans par l'intendant
général pour la première fois, et, pour le renouvellement, sur une liste de trois candidats présentés par la
Direction[1].

[1] Victor-Emmanuel, sur la proposition du Ministre, secrétaire
d'État au département de l'intérieur,

Vu les règlements de la Maison des Orphelines, en date du 13
mars 1752;

Vu le billet royal du 13 juin 1825 et les arrêts du ci-devant
Sénat de Savoie, du 27 juin et du 24 octobre de la même année;

Vu l'édit royal du 24 décembre 1836 et la loi du 1er mars 1850;

Le Conseil d'État entendu, nous avons décrété et décrétons :

Article 1er. — L'Administration de l'établissement des pauvres
orphelines, fondé dans la ville de Chambéry par Madame
Françoise Bally, marquise de Faverges, en son testament du
22 janvier 1724, sera composée d'un président, de deux directeurs
et de cinq dames directrices;

Art. 2. — Le président sera nommé par nous sur la proposition
du Ministre de l'intérieur; en cas d'empêchement ou d'absence,
le président est remplacé par le directeur le plus ancien dans le
Conseil. La nomination et le renouvellement des directeurs et
des dames directrices seront faits par l'Intendant général de
Chambéry, sur une note de 3 candidats pour chaque nomination,
présentée par la direction. Pour la première fois, ces nomina-
tions seront faites d'office par l'Intendant général.

Art. 3. — Le président restera en fonction pendant 5 ans, sauf
le cas d'une nomination extraordinaire. Les directeurs élus
demeureront également en fonction pendant 5 ans; le sort déterminera la première fois la sortie d'un des deux directeurs. Les
dames directrices seront renouvelées par un cinquième chaque
année. Pour les quatre premières années, le sort désignera la dame
directrice à remplacer. Les renouvellements ultérieurs auront
lieu par ordre d'ancienneté.

Art. 5. — Les membres sortants seront rééligibles, resteront
en fonction jusqu'à l'entrée de leurs successeurs.

Art. 6. — La Direction, ainsi constituée, présentera à notre
approbation, dans le délai de six mois, un projet de règlement
pour tous les services de l'établissement confié à son administration.

Le Ministre, secrétaire d'État au département de l'intérieur,
est chargé de l'exécution du présent décret.

                                        VICTOR-EMMANUEL

Pour former le nouveau Conseil, sont nommés d'office :
M. Dullin, conseiller à la Cour d'appel, chevalier des Ss.
Maurice et Lazare, président ; M. le chanoine Noël Morand
et M. Joseph Marthe, notaire, directeurs ; Mmes Caroline
Anthonioz née Buisson, baronne de Châtillon née d'Angle-
jan, comtesse de Buttet née de Boigne, Eugénie Grand-
Thoranne née Marin, et Asthénie Forest née Gruat, direc-
trices.

Cette administration juridiquement établie était encore
en exercice au mois d'août 1863.

Mais elle fut radicalement abolie et remplacée par une
Commission composée du Maire de la ville, président, et de
cinq membres nommés par le Préfet du département, en
conformité du décret du 25 mars 1862.

A cette Commission fut annexée une *Commission consultative* et de direction intérieure de cinq dames patronesses, également nommées par le Préfet, mais privées
de voix *élective*.

Or, il résulte des titres authentiques que l'administration
de la Maison des Orphelines, d'abord légalement reconnue
et organisée par les lettres-patentes du 17 avril 1739, a été
successivement réorganisée par l'arrêt du Sénat du 24
octobre 1823 et par le décret royal du 9 février 1854, sans
que la mise en vigueur des lois françaises ait pu en rien
modifier cette situation.

En effet, la loi organique du 7 août 1851, qui a saisi la
Savoie au moment de l'annexion et qui est encore en
vigueur pour tout ce qui concerne l'administration des
hospices et, en général, de tous les établissements publics
de bienfaisance, a son article 18 ainsi conçu :

« Les précédentes dispositions ne porteront aucune
atteinte aux droits des communes rurales sur les lits des

hospices et hôpitaux d'une autre commune, ni aux droits quelconques résultants des fondations faites par le département, les communes et les particuliers, qui doivent *toujours être respectés.* »

Du reste, cette loi ne prescrivait pas le mode de composition des Commissions administratives des hospices et hôpitaux ; on y voit seulement à l'article 6 : Un règlement d'administration publique rendu dans le délai de six mois à partir de la promulgation de la présente loi, déterminera la composition des Commissions administratives des hospices et hôpitaux.

Mais le règlement d'administration publique annoncé n'a point été *rendu*, en raison des événements de décembre 1851, et il a été remplacé par le décret du 23 mars 1852.

Ce décret qui composait les Commissions administratives de cinq membres, du Maire, président, n'a pu lui-même modifier le décret royal du 9 février 1854 ; car, à l'article 5, il est dit : « Il n'est point *dérogé* par le présent décret aux ordonnances, décrets et autres actes du *pouvoir exécutif*, en vertu desquels l'administration de certains hospices et hôpitaux est organisée d'une manière spéciale, *comme celle des Orphelines.* »

Ce décret, en vigueur pendant toute la période impériale, a été abrogé, il est vrai, par la loi du 21 mai 1873, qui, faisant entrer dans les Commissions administratives avec cinq membres élus, le Maire, président, et le plus ancien curé de la ville, déclarait qu'en cas de renouvellement intégral, ils seraient nommés par le Ministre de l'intérieur sur la proposition du Préfet, et, en cas de renouvellement partiel, par le Préfet, sur une liste de trois candidats présentés par la Commission.

Mais cette loi avait également son article 8 par lequel

il n'était point dérogé aux ordonnances, décrets et aux autres actes prescrivant une organisation spéciale.

Il appert donc que, sous l'empire du décret de 1852, comme sous celui de la loi de 1873 et de celle de 1879, ce serait toujours le décret royal du 9 février 1854 qui devrait être appliqué à l'Administration des Orphelines.

En conséquence, la Commission devrait être aujourd'hui composée d'un président nommé par le Chef de l'Etat; de deux directeurs, l'un laïc et l'autre ecclésiastique, et de cinq dames directrices nommées pour la première fois par le Ministre de l'intérieur, et, en cas de renouvellement, par le Préfet sur une liste de trois candidats présentée par la Direction.

Or, à côté de cette situation de *droit*, il y a une situation de *fait*, toute différente. Depuis 1863, on a tenu aucun compte des dispositions émanant du Gouvernement sarde et, en vertu d'un *simple arrêté préfectoral*, en date du 28 février 1863, M. le baron d'Alexandry, Maire de Chambéry, a installé, sous sa présidence, le 5 mai 1863, une nouvelle Commission de cinq membres, nommés par le Préfet, en conformité du décret du 23 mars 1852.

Dès lors, les dames directrices ont continué à assister aux séances, sous un titre apparent, avec *voix consultative* seulement, et le 27 juin 1872, par arrêté préfectoral, a été officiellement annexée à l'Administration une Commission consultative et de direction intérieure, composée de cinq dames patronesses également nommées par le Préfet du département.

C'est par cette Administration, créée par le Préfet, que la Maison des Orphelines est gouvernée aujourd'hui.

Cependant, il ressort avec évidence des titres cités que la Commission administrative des Orphelines devrait être composée d'un président, nommé par le Chef de l'État sur la proposition du Ministre de l'intérieur ; de deux directeurs et de cinq dames directrices, ayant *voix délibérative*, nommés pour la première fois par le Ministre et, en cas de renouvellement, par le Préfet départemental.

C'est ainsi que le roi Victor-Emmanuel, sur l'avis du Conseil d'État, par décret du 9 février 1854, réorganisa et composa l'Administration des Orphelines. C'est dire que l'Administration actuelle serait à refaire.

CHAPITRE XV

Utilité, excellence spéciale des Orphelinats.

L'EXCELLENCE d'une œuvre découle de son principe, de son organisation et de son but.

Tous les jours, on entend dire : la société
s'effondre, se meurt, faute de principes. C'est vrai, sans la
pierre angulaire, bien vite les parties de l'édifice se dissol-
vent. Mais il ne faut qu'un principe ; car le principe, c'est
ce à quoi tout se rattache et se tient. La pierre angulaire
de l'édifice social, c'est le Verbe incarné, principe, vie et fin
des créatures visibles et invisibles : « Par lui tout a été
créé et sans lui rien n'a été fait[1]. »

Jésus-Christ a fondé la société sur la charité fraternelle
et sur l'inégalité des conditions afin que tous ses membres
soient unis à lui-même et entre eux par les liens d'une
mutuelle dilection.

« Nous avons tous été baptisés dans le même esprit pour
être un seul corps et vivre de la même vie, quoique nous
soyons plusieurs membres[2]. »

[1] Voir Evangile selon saint JEAN, chap. x, xv.
[2] *Epitre aux Coloss.*, ch. 1er, etc.

Sans cette union mystérieuse, semblable à celle de l'âme avec le corps, c'est bientôt la division, le désordre et la mort.

Une institution est donc plus ou moins bonne suivant que, fondée pour et sur l'amour émanant d'un Cœur sacré, elle tend plus ou moins parfaitement à unir les âmes au divin fondateur et régénérateur de la société. Sans doute, l'effort humain est nécessaire ; mais cet effort doit avoir pour principe, pour complément et couronnement le travail divin.

C'est en vain que l'homme entreprend et élabore ; le succès est incertain si Dieu ne lui apporte sa coopération et son concours. Telle est l'excellence de l'origine, du développement et de la fin de la Maison des Orphelines et de son annexe, la Providence.

Ces deux institutions possèdent tous les avantages des œuvres de jeunesse qui s'imposent impérieusement aujourd'hui dans l'intérêt de la famille, de la société, de l'Eglise et des âmes.

« Au siècle dernier, dit Mgr Freppel, l'impiété frappait au sommet pour renverser l'édifice social, et elle n'y avait que trop réussi ; aujourd'hui que le sommet s'est quelque peu raffermi, elle reprend par la base son travail de démolition. L'atelier, l'usine, la ferme, voilà le théâtre où elle opère de préférence par la parole et par l'action.

« C'est aux classes ouvrières qu'elle s'efforce de persuader que la religion, avec ses dogmes et ses préceptes, est un mensonge et une duperie ; que le tout de l'homme, c'est d'amasser et de jouir, et que le néant est le dernier mot de ses destinées. C'est là qu'elle cherche à faire le vide dans les âmes pour n'y laisser debout, sur les ruines de la foi et de la conscience, que des appétits grossiers et des instincts pervers.

« On tremble pour la France et pour l'Europe à l'idée
de ce que pourraient faire des multitudes, sans frein religieux ni moral, le jour où, renonçant à toute espérance
du côté du ciel, elles n'auraient plus conscience de leur
nombre et de leur force que pour chercher à se procurer
sur la terre la plus grande somme de jouissances possible.
Ce serait le commencement de la guerre sociale.

« Et lorsqu'on voit des publicistes et des hommes d'Etat
assez imprudents pour s'acharner à détruire le peu de
religion qui reste encore dans les classes ouvrières, l'on
reste confondu de l'aveuglement qui les porte à creuser un
abîme où ils tomberaient les premiers, entraînant à leur
suite la société toute entière [1]. »

Oui, l'impiété révolutionnaire travaille avec une ardeur
dévorante et cynique à déchristianiser la jeunesse ouvrière.
Au sortir de l'école, elle s'empare d'elle dans l'atelier pour
la démoraliser par la parole, par l'exemple, par la presse
athée et pornographique, pour lui inspirer la haine, l'insu-
bordination à l'égard de tous ceux qui pourraient l'aider à
supporter la vie et même la rendre heureuse.

L'impiété, au moyen de l'école *neutre*, éloigne d'abord
l'enfance de son unique Sauveur, puis de l'église, du prêtre,
de la chaire de vérité, de l'autel, des Sacrements et de
toute prière; elle laisse enfin la jeunesse inexpérimentée,
avide de tout savoir, sans défense contre l'entraînement
des passions naissantes, sans guide dans la mêlée de toutes
les erreurs et des maximes corruptrices du monde. N'est-
ce pas lui préparer un fatal et irréparable naufrage ? Eût-il
appris à l'école et au catéchisme les éléments de la religion

---

[1] Mgr FREPPEL : Discours prononcé à l'ouverture du Congrès
catholique d'Angers, en 1879.

dont les linéaments n'ont pu être gravés qu'à la surface, comment la jeunesse pourrait-elle garder sa foi intacte, ses bons sentiments au sein d'une telle société ?

Pour préserver l'enfant de la perversion, il faut, de bonne heure, lui apprendre qu'il a son âme à sauver, un Dieu à prier, un ciel à gagner et un enfer à éviter ; il faut, après la première communion, affermir, compléter son instruction religieuse, l'accoutumer à la pratique des devoirs que la religion lui impose et lui faire contracter des habitudes chrétiennes ; il faut l'encourager, l'aider à lutter contre ses mauvaises passions et lui tendre une main amie pour le relever de ses chutes[1].

En gravant au fond de son âme jusqu'à l'âge de dix-huit ans les vérités religieuses, la connaissance, l'amour de Dieu et l'horreur du mal, le besoin de la prière et de la

---

[1] La liberté, a dit Léon Say, est un moyen donné à l'homme de développer toute sa valeur ; elle sert à tout, mais ne *suffit à rien*, et les droits conférés aux peuples deviennent entre leurs mains un instrument d'agitations vaines si l'on ne raffermit, si l'on ne fortifie concurremment et continuellement en eux la notion du devoir moral, dont le devoir politique et social est l'une des parties.

Le fondement de cette *notion*, faut-il le chercher ailleurs qu'en sa haute et vraie place, et le trouverons-nous *en dehors de cette foi* qui a fait si longtemps *le soutien de l'âme française ?* Il n'est pas d'exemple qu'un peuple *sans foi*, soit demeuré *un peuple libre ;* comme il n'a su s'imposer spontanément une règle, il en vient tôt ou tard, pour se préserver contre lui-même et ses propres emportement, à chercher la contrainte, l'appeler, s'y réfugier et à trouver le hasard d'un maître.

Si cette épreuve nous était réservée, ne pourrait-on pas dire à certains libéraux : Vous portez la peine de ne nous avoir conseillé le bien qu'au nom de *notre intérêt matériel.....*, de ne nous avoir pas proposé un *principe supérieur*, un idéal *plus élevé*, de n'avoir regardé *que sur terre*, et suivant l'expression d'un vieux poète :

D'avoir fait votre Dieu de votre liberté.

(Dans un discours de réception à l'Académie, M. Léon Say prononça sur la foi et la liberté ces judicieuses paroles.)

confession, l'enfant, s'il s'égare, laissera l'espoir fondé du retour au Dieu qui a réjoui sa jeunesse.

M. l'abbé Birman, après avoir exercé le ministère comme curé et comme missionnaire, disait : « Le vice qui n'attaque une âme éclairée des lumières de la foi qu'à dix-huit ans, n'aura pas de si profondes racines que s'il l'avait fait dès l'âge de quatorze ans. »

Mais si le vice séduit à dix ans une âme déjà imbue de la *morale civique*, quel espoir de salut reste-t-il à la malheureuse désemparée, sans appui, abandonnée au vent des principes faux, des idées malsaines et des théories mêlées qui courent le monde ? Hélas ! quelle désolante situation est faite à la jeunesse dans ces temps troublés !

Le moyen fondamental et unique de préserver les enfants de l'irréligion, c'est l'éloignement de l'atmosphère pestilentielle, l'instruction religieuse complète, pratique et le bon exemple de l'entourage.

Pour la classe ouvrière peu fortunée, l'Orphelinat est l'îlot le plus sûr et le plus avantageux.

Là, l'enfant est à l'abri de la contagion démoralisante, la sollicitude la plus dévouée garde toutes les avenues ; la vigilance maternelle soutient, guide ses pas encore chancelants, et écarte les écueils de la route. Si l'irréflexion, l'étourderie l'en écarte, la bonté le ramène doucement au devoir. Là, rien ne lui manque : la lumière céleste illumine son esprit et le fait tressaillir dans les joies des immortelles espérances ; les affections réconfortantes satisfont son cœur avide d'aimer et d'être aimé ; l'incertitude de l'avenir, la crainte du lendemain, les vaines agitations du dehors ne troublent point la sérénité de son âme.

10.

La création des Orphelinats est, sans contredit, le fruit de l'aumône le plus précieux comme le plus agréable à l'Ami divin de l'enfance pauvre. C'est pour elle l'arche du salut.

L'enseignement reçu au catéchisme à l'âge de la légèreté et de l'oubli n'opère pas une conviction profonde et durable. Aussi, même la jeunesse *studieuse* qui n'entend plus la parole de vérité, arrive bien vite, hélas ! à méconnaître les principaux mystères qu'il faut croire pour recevoir valide-ment et dignement les sacrements ; à plus forte raison, la classe ouvrière, absorbée du matin au soir par le travail servile, tombe-t-elle, avant vingt ans, dans une crasse ignorance en matière de religion.

De là, la foi vacillante ou morte, l'indifférence damnable, l'oubli de Dieu et de l'éternité.

Au plus beau jour de sa vie, le premier communiant, en présence du ciel attentif et de la terre émue, le flambeau allumé dans la main gauche et la droite sur l'Evangile, prononce bien d'un cœur joyeux le triple renoncement à Satan, à ses pompes et à ses œuvres, puis le triple serment de croire, de pratiquer la doctrine de Jésus-Christ et de ne jamais plus le crucifier par le péché mortel.

Solennelles, sincères, touchantes promesses ! Combien souvent n'ont-elles que la durée de la fleur ! Ah ! que de larmes amères ces précoces défections font répandre aux pasteurs des âmes.

C'est sans doute avec une entière sincérité que ces petits communiants promettent à Dieu de ne jamais abandonner son service. Mais le lendemain, les voilà privés brusque-ment, soudainement de tous les secours à la fois. Plus de prières, plus d'avis, plus d'encouragements, plus de messes,

ni de confession, ni de communion. Comme compensation,
que trouvent-ils? Le spectacle du vice, de l'impiété, du
scandale, qui s'impose à eux presque chaque jour et, dans
certaines situations, à chaque heure du jour. Est-il besoin
de décrire ce qui se passe dans l'atelier, dans le magasin, au
chantier, à l'usine, aux divers lieux où l'enfant est forcément
obligé de se rendre à la sortie de l'école. Tout ce qu'il voit
est un danger pour son innocence, tout ce qu'il entend
vient battre en brèche ses principes religieux. Est-il possible d'exiger que nos enfants demeurent sains et saufs au
milieu des petits et des grands périls, sans recevoir aucun
secours [1] ?

Pie IX disait un jour à un prêtre français : « En France,
vous préparez très bien les enfants à la première communion, mais on ne fait pas assez pour la persévérance. »

Cette parole du Pape explique peut-être pourquoi sont
si rares en France les catholiques instruits, fidèles à leurs
convictions dans leurs fonctions publiques aussi bien que
dans leur vie privée. Elle explique pourquoi le grand
nombre, après avoir reçu dans leur enfance une instruction religieuse simplement sommaire et pratique, est tombé
dans une ignorance lamentable et dans une indifférence
désolante.

Le remède à ces maux, l'oubli des vérités de la foi,
même du *Pater* et du *Credo*, les périls de l'isolement et la
contagion de la pestilence, c'est le catéchisme de persévérance ; le retour à l'église, le patronage par le cercle, l'association et la puissante influence des conseils, des exhor-
tations affectueuses et des bons exemples.

---

[1] Voir *La Charité à Nancy*, par l'abbé GIRAUD, aumônier de
l'hôpital militaire, missionnaire apostolique.

Or, tous ces bienfaits inestimables se rencontrent à perfection dans les Orphelinats ; c'est dire la part de mérite et de vrai patriotisme qui revient aux fondateurs de ces asiles.

Ainsi, dans notre Maison, comme dans les établissements similaires, les élèves de l'Orphelinat et les élèves de la Providence, au moins deux fois la semaine, assistent, jusqu'à dix-huit ans révolus, au catéchisme si gracieusement nommé de persévérance ; à force de répétitions, les vérités révélées pénètrent jusqu'au fond de l'âme et s'y gravent ineffaçablement. Sous le soleil de la foi, l'onction de la grâce fait germer et grandir les vertus aimées. L'école d'application marche de pair avec la théorie ; cette·stratégie rend merveilleusement apte aux efforts, aux luttes que demande l'acquisition de toute vertu. Aussi bien, à la sortie, beaucoup de nos enfants, revêtus de toutes les armes de Dieu, demeurent fermes dans la foi. Notre expérience de trente ans ne connaît que trois défections parmi celles qui ont fait leur éducation dans la Maison. Par contre, cent vingt sont devenues d'excellentes religieuses.

Si l'Ecclésiaste s'écriait avec tristesse : « Malheur à l'homme seul ! quand il tombe, il n'a personne qui le relève et le console ! » le Psalmiste, ravi des fruits délicieux que produit l'esprit de famille, chantait : « Oh ! qu'il est bon et qu'il est doux de vivre au milieu de ses frères ! »

Heureux donc les pauvres que la main de la Charité conduit au sein de la famille nombreuse de l'Orphelinat.

Ici règne l'ineffable union, que le divin régénérateur de la société souhaitait si ardemment à tous ses enfants. Les cœurs s'échauffent, la vie rayonne des uns sur les autres, les volontés s'entraînent mutuellement au bien. Les derniers venus font facilement ce qu'ils voient faire.

« Permettez-moi une comparaison plus que familière, disait le marquis de Ségur dans une allocution qu'il adressait aux membres d'un patronage ; il en est de la ferveur chrétienne comme du feu matériel. Pour que le bois flambe, que le feu brille et dure dans le foyer, il faut mettre bûche sur bûche. Une bûche isolée prend feu, mais bientôt noircit, tourne en fumée et s'éteint misérablement.

« Nous aussi, pauvres gens que nous sommes, *isolés*, nous ne pouvons rien ou presque rien. Pour que la flamme du saint amour s'allume, croisse et resplendisse dans nos âmes, il y faut cette union sainte et bénie, qu'on appelle *l'amitié chrétienne*. Les exemples des meilleurs réchauffent les tièdes, réveillent les endormis, les insouciants, fortifient, aguerrissent les pusillanimes. »

L'Orphelinat et la Providence ont encore d'autres précieux avantages. Nous voulons dire les petites Congrégations des Enfants de Marie, de Notre-Dame des Sept-Douleurs, de Notre-Dame du Perpétuel Secours, de Saint-Joseph et des Anges gardiens, distinguées entre elles par la Médaille et par la couleur du ruban.

Ces associations stimulent admirablement l'esprit de piété, d'ordre, de propreté, d'économie, l'application et l'amour du devoir.

Les nouvelles élèves aspirent à la médaille, au ruban, comme le bon soldat désire la décoration. L'émulation ne s'endort pas, car il s'agit de monter graduellement jusqu'à mériter la médaille des Enfants de Marie. Pour arriver au premier degré de l'échelle, les aspirantes prient, s'observent et on les observe d'un œil attentif. Lorsqu'elles obtiennent la permission de la maîtresse directrice de chaque Congrégation, elles présentent une supplique à M. l'aumônier. Au jour désiré de l'élection, chaque congréganiste remet scrupuleusement son vote dans l'urne mystérieuse.

Le président fait le dépouillement en présence des maîtresses et des élèves des communautés, prononce l'admission ou l'ajournement qu'il accompagne d'éloges et d'observations méritées. Des larmes parfois disent la joie des admises ou le regret des ajournées.

Le lendemain, c'est la réception solennelle dans la chapelle : cantiques, allocution, bénédiction des insignes ; puis, tour à tour, les élues viennent s'agenouiller à la table de communion. Après avoir promis de pratiquer fidèlement les vertus qui doivent distinguer les enfants de leur association respective, un cierge dans la main, elles récitent d'une voix émue l'acte de consécration à la patronne ou au patron choisi. Le *Magnificat* termine la touchante cérémonie.

Pour entretenir et ancrer ces heureuses dispositions, il y a des réunions périodiques où les congréganistes implorent l'affermissement dans leurs résolutions respectives, s'encouragent à la lutte et s'avertissent mutuellement des oublis et des défauts observés.

Avant la bataille, le capitaine dit à ses hommes : *Ne perdez pas le contact, restez toujours en communication.*

De même, dans les combats pour la vertu, il importe de de ne pas perdre le contact au moins par le souvenir.

Grâce aux multiples industries pratiquées dans nos établissements, les élèves, de loin comme de près, gardent le contact avec leurs maîtresses et leurs compagnes. La distance ne sépare pas les âmes unies en Dieu. Le temps ne brise point les liens des saintes amitiés.

L'Orphelinat est donc une école excellente d'évangélisation et une école d'application morale éminemment favorable à l'enseignement professionnel. Un directeur d'école disait : « Je craignais que les études de mes deux enfants ne fussent enrayées en suivant les cours du catéchisme, je suis heureux, au contraire, de voir leur esprit étonnamment ouvert et leurs places meilleures. J'attribue ces progrès aux vérités chrétiennes dont ils ont écouté les explications et qui ont éclairé l'intelligence et perfectionné la volonté dans le bien. »

Pour réaliser ces beaux résultats de moralisation et de persévérance dans la voie du devoir et de l'honneur, il faut que le prêtre, le représentant et le plénipotentiaire du divin Fondateur et Régénérateur de la société, meuve et dirige, spécialement avec le dévouement désintéressé des Congrégations religieuses, toute la stratégie pédagogique. Car c'est par le prêtre que Jésus-Christ enseigne, civilise, moralise ; c'est par le prêtre que le Sauveur répand dans les âmes les dons de sagesse, d'intelligence, de conseil, de force et de piété qui font les grands chrétiens et les vaillants patriotes; c'est par le prêtre que Dieu pardonne, sanctifie, bénit, trempe les caractères et les volontés d'énergie héroïque pour les saintes causes ; enfin, c'est par le prêtre que l'*Auteur* de tout bien féconde les œuvres de la foi.

Ainsi le pensait la pieuse fondatrice de l'Orphelinat, la marquise Sigismond de Faverges. Aussi voulut-elle confier l'avenir de son œuvre immortelle à de vraies religieuses dans le monde, les Dames de l'Humilité, sous la direction de la Compagnie de Jésus [1].

---

[1] A cette époque, Chambéry ne possédait pas la Congrégation des Sœurs de Saint-Joseph.

L'illustre Congrégation de ces Dames ayant été supprimée par la Révolution, Charles-Félix, de bonne et douce mémoire, convaincu qu'il n'y a d'éducation moralisatrice que par l'Evangile, appela au gouvernement de la Maison la congrégation des Dames de Charité.

Ces Dames, sachant que pour transformer les caractères, façonner les âmes, les élever au niveau de leurs glorieuses et immortelles destinées, l'instruction professionnelle ne suffisait point, confièrent le régime intérieur de l'Orphelinat aux religieuses de Saint-Joseph, parfaites éducatrices des enfants du peuple.

Dès sa naissance, en 1639, cet institut se dévoua tout d'abord aux soins des orphelines. Depuis lors, rien n'a pu refroidir l'amour, le zèle de ces humbles épouses du *divin Amant* de l'enfance abandonnée.

Héritières du feu sacré que Jésus est venu apporter sur la terre pour embraser les âmes, elles en répandent les ardeurs divines avec une activité dévorante.

Comme leur père, le patriarche saint Joseph, gardien de la *Sainte Famille*, elles ont été choisies du Ciel pour élever, guider les orphelines et leur servir de mère. Elles ont, à un degré supérieur, toutes les qualités de la maternité spirituelle, l'amour éclairé qui se donne et qui se dévoue sans partage, sans lassitude, l'autorité respectée et aimée, la discipline douce et ferme qui engendre la soumission de la volonté et du cœur, l'obéissance dans la dilection : *Obedientia et dilectio.* (Eccl., t. III.)

Les religieuses vivent jour et nuit avec leurs enfants ; elles prient, travaillent, se récréent avec elles ; elles reprennent sans irriter, elles corrigent sans décourager, elles aiment sans familiarité.

Y a-t-il un enfant qui résiste à l'empire d'un tel amour et d'un tel dévouement? Appuyé sur une expérience de trente ans, nous disons : Non et non. Donc, pas d'éducation meilleure. Le document qui suit confirme notre consolante affirmation :

« Le 29 juillet 1859, l'intendant général communique au Conseil de la Maison une demande formée par M⁰ Reverdy, tendant à être admise, avec d'autres filles laïques, à remplacer les Sœurs de Saint-Joseph dans la direction de l'Orphelinat et de la Providence.

« Le Conseil rejette cette demande à l'*unanimité*, en faisant observer que, sans même se préoccuper des conditions que ferait la fille Reverdy, de sa capacité ou de sa moralité, il n'y a pas lieu de prendre cette demande en considération, parce qu'il est *complètement satisfait du zèle et du dévouement, de la charité et de la capacité des Sœurs de Saint-Joseph* qui, depuis trente ans, dirigent l'éducation des jeunes orphelines de cette ville. Il ajoute que la substitution de l'administration laïque à l'administration des Sœurs de Saint-Joseph est d'autant plus éloignée de sa pensée que l'expérience a apprécié et démontré que, depuis que les Sœurs de Saint-Joseph ont pris la direction de la Maison, les élèves sont mieux élevées, mieux nourries et avec une économie considérable dans la dépense.

« L'Administration saisit très volontiers cette circonstance pour exprimer pleine satisfaction et donner des éloges bien mérités aux Sœurs de Saint-Joseph qui dirigent actuellement l'Etablissement et, en particulier, à la Sœur du Sacré-Cœur de Jésus, supérieure actuelle, ainsi qu'à la Sœur Valérie, maîtresse d'ouvrage qui, depuis plusieurs années, accomplissent leur noble mission avec autant de

prudence que de bonté et de fermeté et qui ont su s'attirer
au plus haut degré le respect et l'affection des élèves en
même temps que l'estime et la reconnaissance des membres
du Conseil.

> « DULLIN. — MARTHE. — Noël MORAND. —
> Baronne DE CHATILLON. — ANTONIOZ Caro-
> line. — Asthénie FOREST. — E. GRAND-
> THORANNE. »

Nous n'avons rien à ajouter à ces éloges. D'ailleurs,
c'est un fait incontestable, voulu de l'Homme-Dieu : les
Congrégations religieuses sont les vrais auxiliaires du
Sacerdoce, qui a reçu le pouvoir divin d'enseigner toutes
les nations et de prêcher l'Evangile à toute créature.

Les fruits témoignent de l'excellence de l'arbre, de la
vigueur et de la fécondité du sol. Or, l'Orphelinat, semence
de la foi, fleur de la charité, depuis tantôt deux siècles,
forme chaque année des novices à l'état religieux, d'habiles
lingères, de vaillantes chrétiennes aux habitudes surnaturelles d'obéissance, de modestie, de labeur, de dévouement
aux devoirs de leur humble condition sociale. Elles font la
consolation, le soutien de leurs parents, la joie, l'espérance
et l'honneur des maîtresses ; elles multiplient à l'infini les
mérites des bienfaiteurs et des bienfaitrices de l'Etablissement. Dispersées çà et là par le souffle de la Providence,
elles restent attachées à la Maison où se sont écoulés leurs
plus beaux jours, comme à l'ancre de l'espérance, par cette
chaine d'or dont tous les anneaux partent du Cœur sacré
de Jésus pour plonger dans la profondeur de leurs âmes,
afin de les élever sans cesse vers le Père des Cieux.

Le grand Léon XIII disait en juillet 1886 : « Je voudrais

voir tous les enfants du monde catholique membres de cette belle œuvre de la Sainte-Enfance. »

A l'exemple de votre auguste Vicaire, ô doux et compatissant Jésus, maître souverain des cœurs, dans le désir de voir se développer encore le grain de sénevé déjà devenu un bel arbre, ceux qui habitent cette oasis de la charité implorent, chaque jour, votre tendre amour pour l'enfance faible et malheureuse. Oh ! suscitez-lui de nouveaux bienfaiteurs, afin que cette Maison puisse ouvrir ses portes à tout enfant sans abri et sans soutien !

CHAPITRE XVI

Livre d'Or.

A charité anonyme est parfaite. *Que la main gauche ignore les générosités de la main droite ;* c'est le conseil de l'Evangile. On n'y trouve ici-bas qu'une satisfaction intime dont nul n'est témoin, mais l'ombre qui enveloppe une bonne action, la rend meilleure aux yeux de Dieu et lui donne une énergie et une délicatesse dont les cœurs affligés sont plus délicieusement réconfortés.

Cependant, *que vos œuvres brillent aux regards des hommes, afin qu'ils glorifient le Père céleste,* a dit aussi le divin Maître.

Maxime du Camp a écrit : « Dieu me garde de blâmer les personnes que leur noble bienfaisance rend célèbres. Seulement, je les plains si leur main droite ne s'ouvre que pour recueillir les fleurs éphémères de la popularité. Il y a des asiles, des maisons de refuge, des retraites hospitalières qui n'existeraient pas si le nom des fondateurs gravé en lettres d'or, sur le marbre, ne resplendissait au frontispice et n'apprenait aux générations que telle personne a consacré une part de ses richesses au soulagement des malheureux. »

S'immortaliser, n'est-ce pas aussi une noble et sainte passion? Si l'homme est bon, il cherche à faire des œuvres que la rouille et le temps ne pourront atteindre et qui le suivront au-delà de cette terre. Ici-bas, il travaille instinctivement à se survivre, bien qu'il sache que, là plupart du temps, son nom et son dévouement demeureront obscurs et que la mort en effacera le souvenir. Quoiqu'il ne se fasse pas d'illusion sur la reconnaissance de ceux qu'il a gratifiés, il sait pourtant *qu'il y a des hommes*, c'est l'Ecriture qui l'affirme, *dont la mémoire vit de siècle en siècle.*

Les saints, les personnes de charité sont de cette race qui ne meurt pas. Ils attachent leur nom à des fondations qui portent le cachet de leur esprit et de leurs vertus. Leur souvenir reste pour l'instruction et l'édification de la postérité. Leurs œuvres sont la consolation, l'espérance et le soutien des infortunés de ce monde.

Ces beaux exemples ont donné l'essor à d'innombrables libéralités. Sans eux, rien n'aurait été fait, ou plutôt les actes de charité personnelle, manquant de cadre, d'organisation et de but, seraient allés au hasard des demandes, aux plus intrigants et souvent aux moins nécessiteux. Les vrais malheureux n'auraient point été secourus.

C'est pourquoi, fidèle à la parole inspirée, nous rappelons ici, d'abord les noms bénis des congréganistes de l'Humilité ou du Sac et la mémoire des Dames de Charité, à qui nous devons la fondation de l'Orphelinat, son organisation, son développement et son intelligente administration, 125 années durant. Ces personnes appartiennent presque toutes aux familles les plus distinguées de notre aristocratie; plusieurs d'entr'elles ont souffert persécution pour la justice, pendant la dernière Révolution. En signalant ces particularités, qui ajoutent de nouveaux fleurons à leur couronne, nous espérons donner plus d'intérêt encore à notre récit.

———•—•——

MÉMORIAL

I

Dames de l'Humilité

chargées du gouvernement de la Maison des Orphelines.

Les noms des Justes sont immortels, dit le Seigneur : *Souvenez-vous de ceux qui vous ont précédés et de leurs œuvres. L'exemple est la divine lumière qui illumine la voie de la vie. La mémoire des bons exhale un parfum céleste et cache une manne d'une suavité ineffable.*

Il est donc salutaire et agréable à Dieu de redire ces noms vénérables.

En tête du Livre d'Or des Orphelines, doit briller du plus pur éclat le nom à jamais béni de la marquise Sigismond de Faverges. Cette grande chrétienne s'est donnée elle-même, avec tout ce qu'elle avait reçu de Dieu, pour le soulagement de son prochain. L'auréole de notre héroïne rayonne sur ses consœurs, imitatrices de sa charité, les dames de la congrégation de Sainte-Elisabeth, qui ont gouverné simultanément l'hospice de la Magdeleine, la maison des Orphelines et l'hôpital des Incurables.

Marguerite Pignière, native de Chambéry, épouse de l'avocat Aynard Romanet, fondatrice de la Magdeleine (1663) et de la congrégation des Dames de l'Humilité, morte en réputation de sainteté.

Comtesse Christine-Thérèse Métral de Châtillon, d'abord trésorière de l'asile de la Magdeleine, de 1752 à la Révolution et administratrice des Orphelines jusqu'en 1793, décédée en 1804, en renommée de sainteté.

Madame Dufour de Rocheron, organisatrice du premier berceau des Orphelines, rampe de Lémenc, numéro 2.

Anne-Victoire, princesse de Savoie, administratrice en 1733.

Madame Regard de Villeneuve, trésorière en 1733.

De 1733 à 1752, le Bureau administratif fut composé alternativement des dames :

Comtesse de Grésy ;
Comtesse de Rochefort ;
Madame de Carpinel ;
Marquise de Thônes ;
Comtesse Millet de Faverges ;
Madame de Rocheron ;
Marquise de Saint-Maurice ;
Madame de Vectier de Gantelet ;
Madame Déroude [1] ;
Marquise de Saint-Vincent ;
Madame Marclay de Saint-Réal ;
Comtesse de Sainte-Hélène des Millières.

Baronne de Morand, née Anne de Chevillard, épouse de Claude-François-Alexandre, baron de Montfort et de

[1] Archives de l'Orphelinat.

Saint-Sulpice, officier dans le régiment des Gardes, mort en 1784.

— La maison Morand, également distinguée dans la magistrature et dans l'armée, compte parmi ses ancêtres noble Antoine Morand, nommé avant le XVᵉ siècle châtelain, soit commandant militaire de Pont-d'Ain, par Marguerite d'Autriche, épouse de Philibert *le Beau*, duc de Savoie.

Alexandre Morand eut de dame Anne de Chevillard, son épouse, six fils qui parcoururent glorieusement la carrière des armes :

1° Pierre-Gabriel Morand de Montfort, premier écuyer et gentilhomme de la chambre du duc du Chablais, colonel du régiment de Maurienne, commandant de la ville et de la province de Tortone ;

2° Eugène Morand de Saint-Sulpice, colonel (1798) du régiment d'Aoste-Infanterie, ensuite commandant de la ville et de la province de Novare ;

3° Alexandre Morand, mort en 1793, capitaine dans Savoie-Infanterie ;

4° Joseph-Clément Morand de la Motte, lieutenant-colonel dans le régiment des Gardes ;

5° Noël Morand de Saint-Sulpice, capitaine dans Piémont-Royal-Cavalerie ;

6° Joseph-Nicolas Morand de Saint-Sulpice, avocat-général, 24 février 1740 ; sénateur, 26 avril 1749 ; premier président du sénat de Savoie, 9 octobre 1766 ; élevé à la dignité de comte par Charles-Emmanuel, 13 octobre 1764.

Alexandre Morand eut encore de dame de Chevillard, son épouse, quatre filles :

1° Thérèse, épouse de Benoît Lambert-Soirier ;

2° Anne, mariée en premières noces à Joseph Provana,

comte de Collegno, et en secondes noces à Charles-Antoine
Piassascio de Scalenche ;

3° Marie-Laure, épouse de la Serraz ;

4° Henriette, mariée en premières noces à Frédéric
Millet, marquis d'Arvillard, et en secondes noces à Joseph
de Luzerne.

Marguerite Fourrier, femme de Bertrand de la Pérouse,
premier président au souverain Sénat de Savoie.

Jacqueline Ruffin de la Biguerne, épouse du sénateur
Jacques.

Melchiotte, de la maison des Balland de Chambéry, dont
l'ancienneté remonte jusqu'à noble Pierre Balland (1500),
avait épousé le chevalier de Vectier de Gantelet.

Anne, née Balland, sœur de Joseph de Balland, major
d'infanterie, femme de S. E. Jacques Salteur, premier
président du Sénat.

Noble Charlotte Sarde, épouse du sénateur de Coysia.

Dame Françoise-Marie de Morgenex, mariée au président Castagneri de Châteauneuf, famille originaire de
Gênes, établie à Chambéry en l'an 1510.

Noble Anne de Passerat Rouër, veuve du marquis de
Saint-Séverin, administratrice de la Madeleine en 1716. Elle
descendait des Passerat, famille *patricienne* de la république
de Lucques qui vint, en 1679, se fixer dans le Chablais.

— Victor-Amé II, le 20 février 1682, érigea en baronnie
Troches et Douvaine en faveur de François-Marc-Antoine
Rouër, conseiller d'Etat, et Victor-Amé III, 5 mai 1775,
donna l'investiture du marquisat de Vérel et de Dullin à
Louis-Joseph Rouër de Saint-Séverin, fils de Marc-Antoine
et de noble Gasparde de Grange, des comtes de Taninges.

De là, la maison de Tredicini de Saint-Séverin, qui continue avec distinction les glorieuses traditions.

Dame Adélaïde de Bertrand de la Pérouse, épouse de Joseph-Pantaléon, comte d'Evieu et de Saint-Rémy, fils de Clémentine Costa et de Jean-François de Bertrand de la Pérouse, marquis de Thônes, chevalier grand-croix des Saints Maurice et Lazare, auditeur des guerres et ambassadeur extraordinaire à Londres.

Noble Françoise de Lucinge, issue directement des anciens seigneurs du Faucigny, épouse du sénateur du Noyer.

Marquise de Saint-Maurice Claude-Andréanne, née de Mouxy de Loche.

— Le chanoine Grillet mentionne dans son *Dictionnaire historique* : 1° François de Mouxy de Loche, qui fut lieutenant-colonel dans l'armée sarde, membre correspondant de l'Académie royale des sciences de Turin, membre de la Société philomatique de Paris, de celle de physique et d'histoire naturelle de Genève, etc., comme un entomologiste savant et exact. Ses recherches sur les antiquités de son pays l'ont fait connaître avantageusement des observateurs de la nature et des antiquaires distingués ; il mourut au commencement du dix-huitième siècle ; .

2° De Mouxy de Loches, prieur de la chartreuse de Collegno, auprès de Turin, mérita, par sa piété et son érudition, l'estime et la confiance de Madame Royale Jeanne-Baptiste de Savoie-Nemours. Ce religieux, de pieuse mémoire, publia plusieurs ouvrages de dévotion.

Madame de Chabod, administratrice des Orphelines en 1730, avait épousé le marquis de Saint-Maurice, baron de

Saint-Jeoire (Faucigny), renommé par ses connaissances en jurisprudence.

— Sa famille, l'une des plus anciennes de Chambéry, avait créé, au courant du XII° siècle, un hôpital rue des Nones ou des Minorettes. Le 20 décembre 1354, le comte de Savoie fit à cet établissement, destiné au pauvres, le don de 30 florins, qui lui étaient dûs pour le droit de toisage.

Guillaume-François de Chabod, dit de Jacob, comte de Saint-Maurice, fut conseiller d'Etat, ambassadeur en renom dans plusieurs cours d'Europe, gouverneur de Montmélian, grand-maître de l'artillerie, lieutenant-général deçà des Monts, chevalier de l'Annonciade (1609), décédé en 1620.

Claude-Jérôme de Chabod, marquis de Saint-Maurice, grand maître de l'artillerie, maréchal de camp général, ministre plénipotentiaire à Munster en 1648, chevalier de l'Annonciade, se fit admirer dans les cours de Paris et de Londres.

Madame la comtesse Joseph-Amédée de la Tour. Son mari, Sallier de la Tour, chevalier de l'Ordre suprême de l'Annonciade, successivement gouverneur de Vigevano, de Verceil, de Novare et d'Alexandrie, signa avec le colonel Costa *(Un Homme d'autrefois)* l'armistice de Cherasco, le 26 avril 1796.

— Joseph Sallier de la Tour était le digne héritier des qualités de son aïeul Philibert, dont le génie et les vastes connaissances faisaient l'admiration du cardinal Maurice de Savoie, de Charles-Emmanuel II et des Cours de Londres et de Versailles.

Noble Anne de Barriliest, épouse de Janus de Bellegarde, de Chambéry, comte de Saint-Romain et d'Entremont, chevalier de l'Ordre suprême de l'Annonciade (25 mars 1770), mort général d'infanterie et gouverneur d'Alexandrie.

— Il est peu de familles qui aient donné dans le même temps des généraux aussi illustres à la patrie et aux souverains étrangers

Napoléon descendit à l'hôtel de Bellegarde et se montra sur le balcon à la foule, lorsqu'il passa à Chambéry en 1805 pour se rendre à Milan où Pie VII l'attendait pour le couronner roi d'Italie.

Marquise de Coudré, veuve du marquis Joseph Coudré d'Allinges-la-Chambre-Seyssel. Cette maison, alliée aux premières familles du Genevois et du Faucigny, est aussi mémorable par les services rendus au pays que par sa charité inépuisable envers les pauvres.

Madame Excoffon de Marcelaz, fille de Philibert Falquet.

Comtesse de Montjoye, veuve du seigneur de la vallée de ce nom (Saint-Gervais, Haute-Savoie).

Comtesse Regard de Vars, née Marguerite Michaud de Corcel.

Madame Françoise Favier, épouse du sénateur de Berthier, docteur en droit civil (1796), seigneur de Champigny et Manessi, de Bonport et de Maison-Forte de Saint-Vincent.

Madame Catherine de Seyturier, prieure à son tour de de la congrégation des Dames de l'Humilité, veuve du président de Blancheville.

Madame Anne-Amédée, veuve du comte de Val-d'Isère de Sainte-Hélène-du-Lac.

On le voit, toutes les Dames de l'Humilité ou du Sac appartiennent à l'aristocratie; celles qui traversèrent la Révolution furent mises en arrestation à leur domicile ou en prison.

Anne de Mellarède, épouse de Bertrand de la Pérouse, marquis de Chamousset, fut détenue avec sa fille comme aristocrate, ennemie de la Révolution, le 25 février 1794, par l'ordre du comité de surveillance.

Un jour, la marquise de Chamousset, femme d'esprit, mère du colonel de Chamousset, tué à la prise du Saint-Bernard, était occupée à nettoyer elle-même un petit chaudron à la fontaine publique : « C'est fort bien, citoyenne, lui dit l'abbé Chaboud, vicaire épiscopal de M. Panisset, qui survint en ce moment; mais nous sommes à Pâques, il faudra penser aussi à récurer le chaudron de votre conscience. — M. l'abbé, lui répondit-elle, quand je voudrais récurer le chaudron de ma conscience, je ne vous prendrai pas pour mon marmiton. »

— Pierre de Mellarède, son père, passe pour l'un des plus habiles diplomates de la cour de Turin. Victor-Amé II, qui connaissait ses talents, l'envoya d'abord à la diète de Bade, et en qualité de plénipotentiaire auprès des rois de France, de Prusse, de Pologne, des électeurs de Trèves, de Mayence, de Hanovre, enfin aux conférences de Gertruidemberg. Mellarède signa à Utrecht, en 1713, le traité de paix qui valut la couronne de Sicile à la maison de Savoie.

En reconnaissance de ces éminents services, Victor-Amé le créa baron du Bettonet le 14 février 1717.

Son fils, l'abbé Philibert, successivement recteur de l'université de Turin, réformateur des études, etc., légua à Chambéry, sa patrie, les premiers livres qui ont servi à former la bibliothèque de la ville.

Comtesse de Clermont, née de Conzié.

— Nous sommes fier de rappeler, en passant, l'une des grandes illustrations de sa famille et de la Savoie, comme l'une des belles figures de l'Eglise de Dieu, nous voulons nommer François de Conzié. Cet illustre Savoisien fut successivement évêque de Grenoble, archevêque d'Arles et de Toulouse. Le pape Martin V le nomma légat *a latere* dans le comtat d'Avignon. Eugène IV l'éleva à la dignité de vice-chancelier de l'Eglise romaine, puis à celle de patriarche de Constantinople.

Le très éminent patriarche fit des legs à ses neveux Jacques de Sacconay, François de Menthon, Henri de Conzié, et nomma exécuteur testamentaire son autre neveu, Louis Allamand de Saint-Jeoire, cardinal du titre de Sainte-Cécile, vénéré sous le nom de saint Louis d'Arles.

Le célèbre pontife mourut dans le baiser du Christ Jésus le 31 décembre 1432. Il fut enseveli dans l'église des Célestins, à Avignon. La Révolution brisa son tombeau.

La ville de Chambéry, qui appréciait les connaissances profondes et variées et le dévouement à la chose publique de son compatriote François de Conzié d'Allemogne, le députa à Madrid, pendant que les Espagnols occupaient la Savoie (1713-1714).

Au retour de sa mission, de Conzié, comte des Charmettes et baron d'Arenthon, se montra le plus ardent entre tous à promouvoir l'établissement de la Société royale d'agriculture.

Madame Polyxène de Conzié, épouse de Hyacinthe de Buttet de Tresserve ; mère de Joseph de Buttet, président du Sénat, fut incarcérée le 21 février 1794, comme accusée d'avoir toujours montré du mépris pour les partisans de la Révolution.

— Marc-Antoine de Buttet est le premier qui imagina, s'il faut en croire Pasquier, de faire en langue française des vers alexandrins, mesurés comme ceux des Grecs et des Latins.

Madame Gabrielle de Balland, veuve de Jacques Salteur de la Serraz, ministre d'Etat.

Madame Françoise d'Allinge, comtesse de Rochefort.

Madame Anne-Sophie de Bocsozel, femme de François Perrin, baron d'Athenaz.

— « Dans une proclamation du 13 mars 1794, Albitte ordonnait à tous les ci-devant nobles, de l'un et de l'autre sexe, depuis l'âge de 18 ans jusqu'à celui de 70 ans, de se présenter devant la municipalité du chef-lieu. Les prisons se sont trouvées trop petites, on a été obligé de les agrandir. A Chambéry, l'évêché qui comprenait la maison Gouvert, et le couvent de Sainte-Claire en ville ont été convertis en en prison. Le régime était extrêmement sévère.

« Les vieillards au-dessus de soixante-dix ans, de l'un et de l'autre sexe, furent mis en état d'arrestation dans leur propre habitation ou à la maison commune, sous la surveillance de la municipalité. Ceux qui avaient de la fortune étaient obligés de nourrir et de payer le gendarme placé à leur porte. [1] »

L'incarcération de la noblesse fut complète en Savoie ; le comte Joseph de Maistre affirme qu'Albitte avait le projet de faire égorger tous les nobles emprisonnés à Chambéry.

La marquise Gabrielle de la Chambre, fille de Charles-François Vibert, baron de Saint-Marcel.

Elle fut appréhendée dans son château de Verdun, près de Cruet, et conduite en prison sur une mauvaise

[1] Cardinal BILLIET, *Mémoires du diocèse de Chambéry.*

charette, traînée par des bœufs. Elle était la mère du
chanoine de la Chambre et l'aïeule du marquis Octave de
la Chambre, mort conseiller à la Cour d'appel de Chambéry, président de la Société de Saint-Vincent de Paul et
principal fondateur de la messe quotidienne établie à la
Métropole pour les âmes du Purgatoire.

— Le 13 février 1688, Emmanuel-Philibert-Amédée de
Carignan, fils de Thomas, vendit, pour la somme de 30.000
livres, au comte Charles-Emmanuel de Cagnol, le marquisat
de la Chambre avec les cinq paroisses qui en dépendaient :
la Chambre, Saint-Avre, Notre-Dame du Cruet, Saint-Martin
et les Chavannes. Charles-Emmanuel de Cagnol mourut
célibataire, en 1694, laissant héritière sa sœur Christine,
femme de Benoît de Michal, baron du donjon de Clarafond.
Guillaume de Michal de Cagnol ayant affranchi les cinq
communes pour le prix de 15.000 livres, sa famille ne
posséda plus que le titre du marquisat de la Chambre, les
ruines de l'antique et célèbre château et quelques propriétés
immobilières que la Révolution lui enleva.

Aujourd'hui, M. le marquis William de la Chambre habite
le château de Verdun ; sa sœur a épousé le comte Régis
Fernex de Montgex. Il n'y a rien à ajouter à ces deux noms.

Mathilde d'Oncieu, femme de noble Louis Brun de Cernex,
grand'mère des chevaliers Le Blanc Edouard, Pierre et
William, fut détenue parce qu'elle n'avait manifesté aucun
sentiment pour la Révolution.

Mademoiselle Césarine d'Oncieu, marquise de Mareste
de Centagneux, fut aussi emprisonnée par ordre d'Albitte,
pour avoir fui avec ses parents en septembre 1792. Elle
était la sœur du marquis Jean-Baptiste d'Oncieu de la Bâtie
et du marquis d'Oncieu de Chaffardon.

Henriette Salteur, épouse du marquis Guillaume d'Oncieu. Tous les deux ont été incarcérés le même jour, 16 août 1793, comme suspects ; le marquis, sous le prétexte qu'il avait envoyé Bourget, son domestique, dans les communes voisines pour faire insurger les habitants contre la Révolution ; la marquise, parce qu'elle partageait les opinions des aristocrates et des émigrés.

— La maison d'Oncieu était connue dans le Bugey dès le XIIIe siècle, car Gui d'Oncieu avait déjà fait (1er juin 1217), hommage de ses terres à Philippe, comte de Savoie. Adrien d'Oncieu était, en 1270, châtelain, soit gouverneur militaire de Chambéry. La maison d'Oncieu, dont l'ancienneté sans tâche est un titre de gloire, s'est alliée avec les plus grandes familles, telles que celles de Viry, de la Palud, de Gerbaix-Sonnaz, de Blonay, de Salteur de la Serraz, de Lescheraine, de Monthoux de Roncas, de Seyssel d'Aix, Costa de Beauregard, Millet d'Arvillard, de Rossillon de Bernex, de Fallety de Darrol, de Mareste, de Leusse, d'Houïtte de La Chesnais, etc.

Guillaume II d'Oncieu, seigneur de Douvres et de Cognac, que Guichenon, dans son *Histoire de Bresse*, a placé parmi les hommes illustres de la patrie, était doué d'une vaste et profonde érudition. Ses 13 volumes démontrent qu'il fut poète, philosophe, jurisconsulte éminent. Chiesa, dans sa *Couronne royale de Savoie*, l'appelle *uomo letteralissimo*.

Héritiers de ses talents variés et rares, ses descendants se distinguèrent les uns dans les dignités ecclésiastiques, les autres dans les premières charges de la magistrature, d'aucuns dans la carrière des armes, dans les lettres et les beaux-arts, et tous par la dignité de la vie, par la bienfaisance et par le dévouement à l'Eglise et à la patrie.

La génération actuelle, qui se perpétue, riche elle-même
de nouvelles moissons et d'espérances, maintient dans tout
son éclat la gloire et le lustre de ses mémorables ancêtres.

Comtesse Christine-Thérèse Métral de Châtillon, mère de
François-Régis, dernier marquis de Chignin, et de Christine-
Thérèse, épouse de Charles-Albert, baron du Noyer.

Agée de 69 ans, elle fut d'abord mise en arrestation à son
domicile, puis en prison, par ordre d'Albitte, le 30 mars
1794. C'était une bigote, une fanatique, croyant la religion
anéantie dès qu'on a exigé le serment civique des prêtres.
Madame de Châtillon, morte à Bassens en 1804, était la
grand'mère du général d'Aviernoz, descendant des comtes
de Menthon Saint-Bernard, dont l'ancienneté se perd dans
la nuit du IX siècle.

Madame Françoise Dubouchage, femme du comte Joseph-
François-Manuel de Locatel, fut détenue dès le 23 février
1794, comme hautaine, ennemie de la Révolution.

Madame Thérèse de Bertrand de la Pérouse, veuve de
Milliet d'Arvillard, aïeule du général d'Arvillard et de
l'abbé Alexandre de Saint-Sulpice, a été incarcérée parce
qu'elle avait manifesté du mépris pour la Révolution et de
la joie à la fuite du tyran.

Madame Marie-Thérèse Bucher, veuve de Bertrand de la
Pérouse, marquis de Chamousset, fut emprisonnnée comme
suspecte et mère de deux fils au service du *tyran sarde*.

Madame Julie, fille du marquis Guillaume d'Oncieu,
épouse de Noël Viallet, comte de Montbel, a été détenue,
dès le 28 août 1793, sous l'inculpation de n'avoir montré
aucun attachement pour la Révolution et d'avoir fui le 22
septembre 1792.

Madame Laure Morand, épouse du marquis César Salteur, fut emprisonnée par ordre du département, le 16 août 1793, parce qu'elle avait cinq frères au service Sarde et deux sœurs émigrées, et parce qu'elle avait montré de la joie à cause de la fuite du tyran et de l'invasion des Piémontais.

Madame Catherine, fille de Jean-Pierre-Maximin de Santal-Piémont, veuve du seigneur de Vectier.

Madame Anne-Catherine, fille de Louis de Barral de Montauvrard, veuve du marquis de la Rocca.

Madame Louise Brun de Cernex, comtesse de Crimpigni de Saint-Vincent.

Madame Gasparde Allemand de Pasquier, épouse du comte Milliet de Saint-Alban.

— Cette famille est une branche de la maison Milliet du Fondrement (Franche-Comté), qui s'établit en Savoie vers l'an 1600.

Madame Marie de Carpinel, veuve de Martinel, âgée de 54 ans ; elle fut détenue, le 21 février 1794, par ordre du comité de surveillance, comme suspecte, dévote, attachée aux opinions de sa caste, ayant trois fils au service du roi Sarde. Elle était l'aïeule de M. de Martinel, heureusement vivant. Le roi d'Italie, Humbert, vient de le nommer *motu proprio*, officier des Saints Maurice et Lazare ; de 1848 à 1860, le comte de Martinel fut *membre du Parlement de Turin* et conseiller général du canton d'Aix-les-Bains.

Madame Marie de Carpinel, femme de Jacques-Gabriel Duclos, fut emprisonnée le 26 août 1793 par ordre du département comme suspecte, aristocrate, sans aucun attachement pour la Révolution.

Madame Françoise Favier, épouse de Jean-Jacques Chollet, accusée de fanatisme et de haine pour la Révolution a été détenue, par ordre du Comité de surveillance, le 21 février 1793.

Madame Henriette de Murinais, épouse d'Alexis-Barthélemi Costa, de glorieuse mémoire, fut détenue comme fière, dévote, fanatique, aristocrate, mère d'émigré.

Madame Clémentine Costa, épouse de Joseph Morand, fille d'Alexis-Barthélemy Costa, fut aussi détenue, le 16 août 1793, comme fière, spirituelle, sœur d'émigré.

Madame Félicienne Franc, épouse d'Alexis de Ville, grand-père du marquis de Travernay, qui fut maire de Chambéry en 1874. Elle n'a jamais donné marque d'attachement à la Révolution, comme son mari.

— Charles-Emmanuel de Ville, sénateur de grand mérite, mort au sénat dans un élan d'éloquence, avait publié entre autres ouvrages : *Etat de la justice ecclésiastique et séculière du Pape en Savoie, tant en matière civile que criminelle ;* œuvre fort appréciée.

Son fils, l'abbé François, docteur en Sorbonne, vicaire général du diocèse de Genève, chanoine de la Sainte-Chapelle, official du décanat, combattit, en profond théologien, les erreurs des Jansénistes.

L'ardent adversaire de la cauteleuse hérésie ordonna que son corps ne serait point enseveli dans le tombeau que sa famille avait dans l'Eglise des Dominicains, mais dans la paroisse de Saint-Alban.

Madame Victoire de Manuel, fille de Joseph-François, épouse de Joseph de Buttet, président du Sénat de Savoie, a été détenue dès le 21 février 1794, par ordre du Comité de surveillance, comme suspecte, hautaine, ayant manifesté du mépris pour la Révolution et de la joie à la fuite du tyran.

Madame Joséphine de Rochette, femme d'Antoine Carot de Cise, fut aussi emprisonnée, parce qu'elle n'avait montré ni amour ni haine pour la Révolution.

Madame Madeleine, épouse du comte Pacoret de Saint-Bon, née de la Fléchère, sœur du sénateur de ce nom. Son père, qui commandait à Annecy, lors de l'invasion des Piémontais, fut tué par un sans-culotte. Elle fut d'abord détenue, le 16 août 1793, puis en arrestation à domicile, comme malade.

— L'ancienne maison de la Fléchère, que l'on prétend d'origine irlandaise, s'est toujours montrée noble de caractère, de bonté, autant que de race.

Madame Christine de Regard, mise en arrestation en qualité de noble, était la grand'mère du comte Greyfié de Bellecombe, qui fut président de Chambre à la Cour d'appel, et père de MM. François et Camille Greyfié de Bellecombe.

Madame Hélène de Montagny, épouse de Conzié d'Allemogne.

Madame Marie Lafaverge d'Alby, en arrestation dès le 8 octobre 1793, accusée d'avoir favorisé l'invasion des Piémontais. Elle était la grand'mère de Mgr de Thiollaz, évêque d'Annecy.

Madame Marie-Françoise, comtesse de Rochefort, tante du marquis d'Allinge, détenue le 30 mars 1794, parce que son fils était au service sarde.

Madame Anne Dumarest, mère du comte Perrin de Lépin, aïeule du comte Tancrède de Chambost, mérita la prison pour avoir fui le 22 septembre et pour avoir deux fils au service du tyran sarde.

Madame Joséphine Sarde, veuve du marquis de Lescheraine, dont le fils fut mis en éducation nationale chez le coutelier Lebond, a été emprisonnée le 23 février 1794, comme aristocrate et suspecte.

Madame Jeanne-Baptiste Vibert, mère de Mme de Balland, subit la prison le 23 février 1794.

Madame Anne-Louise Dumarest, femme de Guy de Revel, en arrestation pour avoir un fils au service sarde et avoir fui le 22 septembre 1792.

Madame Louise Rambert de Châtillon, femme de Louis de Livron, emprisonnée comme sœur d'émigré.

Madame Marie-Madeleine Perret, veuve de Rochette, grand'mère du contre-amiral de Rochette, eut le même sort.

Madame Jeannette de Martinel, épouse de Joseph de Ville, mère de M. de Quincy et de Mme Du Tour, pour avoir fui en septembre.

Madame Nicole du Lemps, femme de François-Régis de Bertrand de la Pérouse, emprisonnée comme suspecte.

Madame Félicité Favier de la Biguerne, veuve du comte de Montfalcon, belle-sœur de l'archevêque de ce nom, fut détenue parce qu'elle avait fui le 22 septembre 1792.

Madame Anne-Marie Montfalcon, nièce de l'archevêque de Tarentaise, épouse de messire Silvestre Favier de la Biguerne, a été détenue comme suspecte et partageant les opinions des ci-devant nobles. Elle était la mère de Marie Favier, femme du marquis Paul d'Oncieu de Chaffardon.

Madame Victoire Messany de Chevron-Villette, soupçonnée d'avoir dit qu'elle n'aimera jamais la Révolution, mérita la prison.

— La maison de Chevron-Villette, qui remonte aux rois

de Bourgogne, a donné à l'Eglise de Dieu le pape Nicolas II, trois archevêques à l'antique siège de Tarentaise, et un pontife à celui de la cité d'Aoste.

Madame Gabrielle de Chevillard, veuve de César-Philibert Salteur de la Serraz, grand'mère du marquis Ernest de la Serraz ; elle fut mise en arrestation, dès le 30 mars 1794, comme ci-devant noble.

— La ville de Chambéry députa le marquis César-Philibert de la Serraz en 1785, pour exprimer en son nom au roi Victor-Amé III les sentiments que ses habitants éprouvaient à l'occasion de la mort de Marie-Antoinette d'Espagne, reine de Sardaigne. Le même fut nommé trois fois président du Conseil général du Mont-Blanc, et mandé à Paris, le 2 décembre 1804, pour assister au couronnement de l'empereur Napoléon Ier.

Le plus bel éloge de cette illustre maison se trouve dans les lettres-patentes du 30 septembre 1698, de Victor-Amé II, érigeant en faveur de Charles-Henri Salteur sa terre de Samoëns en marquisat. Le duc de Savoie allègue pour motif de cette érection que c'est « pour faire connaître audit maître auditeur Salteur, l'estime que nous faisons de sa personne et la considération que nous avons pour l'ancienneté de sa famille, pour les services qu'il nous a rendus, pour ceux de ses pères et aïeux qui, depuis l'établissement de notre Sénat de Savoie, ont servi, de père en fils, nos royaux prédécesseurs, en qualité de sénateurs, avec tout le zèle et toute la fidélité qui distinguent les véritables sujets [1]. »

---

[1] Voir *Diction. histor.*, par le chanoine GRILLET. — GUICHENON, *Histoire de Bresse.* — CHIESA, *Couronne royale de Savoie.* — *Mémoires pour servir à l'histoire ecclésiastique du diocèse de Chambéry,* par le cardinal BILLIET. — Comte de FORAS — Arch. de la maison des Orphelines.

II

Les Dames de Charité.

En vertu de l'arrêt du souverain Sénat (24 octobre 1823), l'Administration des Orphelines devait être choisie parmi les Dames de la Congrégation de Charité, trois de première classe et deux de seconde classe.

L'apôtre saint Paul, au cœur magnanime, recommandait à ses bien-aimés frères de Philippe, *sa joie et sa couronne*, de saluer avec effusion les saintes femmes Évodie, Syntique, Epaphrodite et autres, dont les noms sont écrits dans le livre de vie, parce qu'elles avaient travaillé avec lui et Clément pour l'Evangile, et parce qu'elles l'avaient assisté dans ses diverses tribulations.

« O mon Dieu, s'écriait-il…, remplissez-les des richesses de vos bénédictions et couronnez-les de gloire par Jésus-Christ. »

Il est donc dans l'esprit de l'Evangile de ne point couvrir du linceul de l'oubli, mais bien d'environner de l'auréole de l'admiration reconnaissante les noms des personnes charitables à la foi vive et agissante, toujours prêtes à se sacrifier pour le soulagement de la souffrance ; car elles sont l'espérance, la consolation et l'honneur de la sainte Eglise de Dieu.

C'est pourquoi nous nous plaisons de redire les noms bénis de celles et de ceux qui se sont montrés des mères et des pères pour les orphelines.

Voici d'abord les noms des Dames qui ont fait partie de l'Administration des Orphelines :

Comtesse d'Andezeno, épouse de l'intendant général de Chambéry, fondatrice d'une œuvre pie à la Métropole, en l'honneur de Notre-Dame des Sept-Douleurs ;

Marquise de la Chambre, née de Cernex, grand'mère du marquis William et de la comtesse Régis Fernex de Montgex ;

Noble Thérèse de la Chavanne, légendaire par sa charité ;

Dame Didier, née Borrel, et dame Marianne Roch, née Dardel.

Tel fut le premier bureau créé d'office par le roi Charles-Félix pour l'Administration de la Maison des Orphelines.

Puis, par voie du sort, furent ensuite nommées :

Marquise Marie d'Oncieu de Chaffardon, née Favier de la Biguerne.

Mademoiselle Agnès, fille de Jean-Antoine Dardel.

Baronne Polixène d'Athenaz, née du Bourget.

Comtesse Césarine de Boigne, née de Montbel, de Saint-Pierre de Soucy. Elle était la mère du comte Ernest de Boigne, ancien député, de pieuse mémoire, et des comtes Eugène, Octave et Benoit, tous les trois dignes de la plus grande estime.

Comtesse Perrin de Lépin, née Dancet, grand'mère du comte Tancrède de Chambost.

Madame Victoire Dunand, épouse du sénateur Coppier.

Madame Françoise Pillet, née Gariod, de Grésy-sur-Aix, aïeule de M. l'avocat Charles Pillet et de M. Albert Pillet, chanoine de la Métropole et doyen de la Faculté de théologie de Lille.

Baronne Aurore-Dorothée du Clôt, mariée en août 1818, à noble Christophe-Hippolyte, baron d'Alexandry d'Orengiani, commandeur de justice des Saints Maurice et Lazare, avocat général, puis président de chambre au Sénat de Savoie, mort en 1850.

— C'était le père du baron Frédéric, né le 9 mars 1829, marié le 16 août 1855 à Mademoiselle Camille, fille de M. Jules Cuillerie-Dupont et de Madame Claire-Caroline Schouller. Le baron Frédéric, homme de distinction personnelle comme de race, remplit avec succès les importants mandats de maire de la ville de Chambéry, de sénateur et de conseiller général.

Ses fils Lucien, Humbert et Michel transmettront à leur postérité ces traditions d'honneur, de dévouement à l'Eglise et à la patrie. Les d'Orengiani, dont l'ancienneté remonte historiquement à Humbert Orengiani d'Ivrée, seigneur de Roman, qui vivait en *1090*.

Michel-Antoine d'Alexandry d'Orengiani, venu en Savoie comme sergent-major du fort de Montmélian, acheta, le 8 août 1624, le château de Montchabod, où il est mort de la peste en 1632.

Madame Camille Constantin, épouse de M. Sylvin de Mouxy.

Madame Jeanne Dupasquier, née Chapperon.

Madame Louise Burgos, épouse du docteur Guilland.

Madame Caroline Laracine, née Chamoux.

Madame André, née Buchard.

Mademoiselle Marie Dubois, fille de l'avocat Dubois.

Madame Caroline Antonioz, née Buisson.

Baronne Noémie de Châtillon, née d'Anglejan [1].

Madame Claudine Portier, née Désarnod.

Marquise de la Planargia, épouse de l'intendant général de Chambéry.

Mademoiselle Jeanne-Françoise-Amélie Flocard de Mépieu, fille d'Abel-Christophe Flocard de Mépieu, et de Mélanie de Monthoux du Barrioz, née le 28 septembre 1809 au château de Marteray (Isère), décédée le 8 novembre 1856, épousa, le 5 décembre 1836, le chevalier Charles-Joseph-Evase-Camille Courtois d'Arcollières (né à Casal, en Piémont, le 16 juillet 1794, mort le 31 décembre 1866).

— M. d'Arcollières fut chargé d'affaires de Sardaigne près la Confédération Helvétique de 1819 à 1843, chevalier de l'Ordre des Saints Maurice et Lazare le 8 novembre 1843, sénateur au Sénat de Savoie le 28 janvier 1831, et président à la Cour d'appel de Savoie le 15 avril 1849; il prit sa retraite le 18 avril 1851.

Son digne fils Eugène, secrétaire perpétuel de l'Académie de Savoie, marié à Mademoiselle de Boigne, conserve les traditions de dignité et de courtoisie de la vraie noblesse.

Le duc Charles-Emmanuel III donna, le 28 octobre 1517, des lettres de noblesse à messire Etienne Courtois et à ses frères François et Louis, pour récompenser leurs nobles actions et leurs services éclatants.

Pas de parchemin plus glorieux.

Etienne Courtois, *criblé de blessures, se laissa briser la mâchoire* pour sauver la vie à François Ier, tombé deux fois de cheval à la bataille de Pavie : « Courtois de nom,

---

[1] Voir livre II, *Histoire de la Providence*.

vous l'êtes *d'effet*, lui dit le roi ; à l'avenir, au lieu d'un griffon, il y aura dans vos armoiries des fleurs de lis d'or entre deux épées d'argent sur un champ de gueule. »

Victor-Emmanuel II, sans déroger *en rien aux droits des Dames de Charité*, pour l'Administration des Orphelines, le 9 février 1854, adjoignit au Conseil un président et deux directeurs, nommés pour cinq ans.

Sa Majesté nomma alors d'office M. Pierre Dullin, conseiller à la Cour d'appel, chevalier des Saints Maurice et Lazare ;

M. le chanoine Morand Noël, économe diocésain et aumônier de l'hôpital militaire ;

M. Marthe Joseph, notaire ;

Madame Caroline Antonioz, née Buisson ;

Baronne Noémie Rambert de Châtillon, née d'Anglejan ;

Comtesse Céline de Buttet, née de Boigne ;

Madame Eugénie Grand-Thorane, née Marin ;

Madame Asténie Forest, née Gruat.

Le bureau ainsi composé était encore en vigueur en 1863.

Le premier préfet de la Savoie, oubliant que l'annexion à la France devait respecter tous les droits acquis, débouta les Dames de Charité des droits qu'elles tenaient du roi, réorganisa radicalement l'Administration et la compléta avec le Maire de Chambéry, président-né, et cinq Messieurs nommés par le préfet pour cinq ans.

A ce Conseil, il annexa une Commission *consultative et de direction intérieure*, composée de cinq dames patronnesses, également nommées par le préfet du département.

Voici les noms des Dames qui ont bien voulu continuer leur dévouement à la directi   de la Maison, malgré la privation de leurs droits administratifs :

Madame Caroline Antonioz.

Baronne Noémie Rambert de Châtillon.

Comtesse Céline de Buttet.

Madame Eugénie Grand-Thorane.

Madame Asténie Forest.

Mademoiselle Franceline Nicollet, fille du conseiller de ce nom à la Cour d'appel.

Madame Françoise Milan, née Mollard, de Chambéry.

Madame Déage, née Perrin, de la Motte.

Comtesse Alix de Travernay, née de la Place.

Madame Pierre Goybet, née Désarnod.

Madame Julie Fayolle, veuve de M. François Chaboud, ancien vice-président du Tribunal civil de Chambéry.

Mademoiselle Anna Laracine, sœur de M. l'avocat Hector et de M. Edouard, ancien conseiller à la Cour d'appel de Chambéry.

Comtesse Césarine de Montbel, veuve du baron Angleys.

Mademoiselle Victoria Borson, sœur du général de division Borson, président de l'Académie de Savoie.

Voici maintenant les noms des Administrateurs de la Maison des Orphelines de 1854 à 1898 :

M. Pierre Dullin, conseiller à la Cour d'appel.

M. Noël Morand, chanoine honoraire de la Métropole, aumônier de l'hôpital militaire.

M. Joseph Marthe, notaire.

M. le baron Albert de Tours, conseiller à la Cour d'appel.

M. l'abbé Donat Ferroud, chanoine titulaire de la Métropole.

M. Auguste Finet, avoué à la Cour d'appel.

M. l'avocat Pierre Pillet, d'affable et gracieuse mémoire.

Marquis Edouard de Faverges, parent de la fondatrice des Orphelines.

M. Joseph Longue, ancien banquier.

M. Hector Duvernay.

M. François Gabet, notaire.

M. Joseph Favier, banquier. '

M. Bertet Laurent, ancien secrétaire de la Maison.

M. l'avocat Charles Pillet.

M. le comte Eugène de Boigne.

M. Joseph Ponet, ancien notaire.

M. Edouard Laracine, ancien magistrat.

M. Ernest Arminjon, ancien magistrat.

III

Supérieures de la Maison des Orphelines.

Il nous plairait de signaler à l'admiration du public le dévouement caché et infatigable de toutes les religieuses qui ont consumé leur vie à l'éducation des Orphelines et des élèves de la Providence. Pour ne pas sortir de notre cadre, nous rappellerons seulement la pieuse mémoire des Supérieures des deux Communautés.

Sœur **Marie-Thérèse,** née Quoirat, fut la première Supérieure, de 1851 à 1854. Sa vie est racontée ailleurs, livre second, chapitre Ier.

A Mère Marie-Thérèse succéda, en 1854, Sœur **Marie du Sacré-Cœur,** appelée, dans le siècle, Louise-Joséphine Monnet. Elle naquit à Annecy, le 10 août 1810, des mariés Dominique Monnet et Marie Favre. Elle fut baptisée le lendemain dans l'église de Saint-Maurice par M. l'abbé Bouvet, curé de la paroisse, ancien missionnaire en Chablais, confesseur de la foi pendant la Révolution. Ce fut encore ce saint prêtre qui la prépara à sa première communion et qui lui délivra son acte de baptême à son entrée dans la Congrégation de Saint-Joseph.

La jeune enfant se fit remarquer dès ses premières années par un excellent caractère et une piété précoce. Elle grandissait sous le regard vigilant de sa mère quand elle entendit, dans le secret de son cœur, la voix de l'Epoux divin qui l'invitait à contracter avec Lui une alliance éternelle. L'ouverture qu'elle fit de son projet à ses parents ne les surprit point, mais contrista leur tendresse. Sa vertueuse mère, ayant fait son sacrifice, s'estima heureuse du choix que le Seigneur avait fait de sa fille unique et le regarda comme un honneur et une bénédiction pour sa famille.

Ce fut en 1828 que Louise fit son entrée dans la Congrégation de Saint-Joseph. Elle avait dix-huit ans et brillait de tout l'éclat de la beauté et de la jeunesse. Elle revêtit l'habit religieux, le 29 juillet 1828, sous le nom de Sœur Marie du Sacré-Cœur de Jésus. Son noviciat s'écoula dans une ferveur soutenue, et au jour de sa profession, le 3 août 1830, elle s'offrit à Dieu sans réserve et sans partage.

Le soin avec lequel la jeune professe remplissait ses devoirs et l'ardeur qu'elle apportait à la pratique des vertus religieuses firent juger qu'elle serait un jour une des plus fermes colonnes de l'Institution.

Sœur Marie du Sacré-Cœur fut d'abord placée à la Maison des Orphelines, lorsque cet établissement fut confié à la Congrégation de Saint-Joseph en 1831. Elle partagea avec sa jeune Supérieure, Mère Marie-Thérèse Quoirat, les travaux et les sollicitudes d'un pénible début. Sa conduite pleine de maturité et sa parfaite régularité engagèrent la vénérée Mère Saint-Jean, de pieuse mémoire, à la choisir pour son assistante.

Partout et toujours, Sœur Marie du Sacré-Cœur a été le devoir personnifié. Les maximes de l'Evangile étaient l'unique mobile de sa conduite. Elle s'était tellement habituée à ne parler, à ne juger que par l'esprit de Dieu, qu'elle pouvait dire en toute vérité : Ce n'est plus moi qui vis, c'est Jésus-Christ qui vit en moi.

Supérieure en 1845 de la Communauté de Saint-Pierre d'Albigny et maîtresse des Novices à la Maison-Mère en 1851, elle fit fleurir dans ces deux Maisons la régularité, la piété et le dévouement de la vie religieuse.

A cette époque, Sœur Marie-Thérèse, Supérieure de l'Orphelinat, ayant été désignée pour fonder la Maison de Cusset (Allier), Sœur Marie du Sacré-Cœur fut choisie pour occuper ce poste important. C'est là qu'elle déploya toutes les ressources d'une charité qui s'alimentait à la source du divin amour. Les heures libres de la journée ne suffisant point à la dévotion de la fervente Mère, elle prenait sur son sommeil pour venir au pied du Saint-Sacrement. Combien de fois n'a-t-elle pas passé les nuits entières dans ces pieux colloques, où elle ne rencontrait cependant aucune douceur sensible ; mais sa foi suppléait à tout. Aussi l'administration des Orphelines l'appréciait grandement et la vénérait comme une sainte. C'était vraiment la femme forte qui ne mange point le pain de l'oisiveté. Aucun travail ne la trouvait absente. Elle était à tout et partout, faisant marcher de front les emplois et l'observance.

Mère Marie du Sacré-Cœur fut un beau modèle de la vie religieuse. Après avoir bien fait toutes choses, elle s'endormit dans la paix du Seigneur le 3 décembre 1881.

Sœur **Marie-Charlotte**, Jeanne Martinet, fille de Hyacinthe Martinet et de Pernette Bernard, née à Aix-les-Bains le 20 novembre 1816, professe le 2 février 1837, gouverna la Maison des Orphelines de novembre 1861 à octobre 1864 avec une sagesse et un zèle digne d'éloges.

Quand cette fervente religieuse fut envoyée à une autre Mission, Sœur **Marie-Célestine** devint la quatrième Supérieure de la Maison. La notice nécrologique suivante révèle ses qualités :

« En adorant les décrets du Seigneur, et en nous soumettant de tout notre cœur à sa divine volonté, nous nous écrierons aujourd'hui : O mort ! que tes conseils sont salutaires et que tes enseignements sont précieux ! C'est à la lueur de ton flambeau qu'il faut considérer toutes choses ici-bas et voir partout gravée cette sentence : « Tout passe. » Notre existence, comme un torrent rapide, précipite sa course à travers les années ; heureuse si elle s'écoule dans le sein de Dieu pour y reprendre une vie pleine d'immortalité !

« Ainsi a passé notre bien-aimée Sœur Marie-Célestine, environnée du cortége des vertus religieuses, et nous laissant pour héritage le souvenir de ses exemples et sa protection au Ciel.

« Cette bien chère Sœur naquit à Saint-Michel de Maurienne le 1er mars 1808 ; à dix-huit ans, elle frappait à la porte de notre Communauté et était admise au nombre des novices. D'une santé robuste, d'un caractère gai et ouvert, elle embrassa avec ardeur les pratiques de la vie religieuse et en surmonta généreusement les premières difficultés. Elle revêtit le saint habit le 6 avril 1826, et, le 19 mars 1828, elle prononçait ses vœux perpétuels. Elle fut successivement placée dans nos Maisons de Rumilly, où sa santé subit un rude échec ; de La Motte, où elle rendit de grands services, soit pour l'instruction des enfants, soit pour la tenue d'une pharmacie. Ses connaissances variées, ses soins intelligents auprès des malades, sa charité et son dévouement sans bornes la firent justement apprécier, et, en quittant cette localité, notre chère Sœur y laissa bien des regrets et emporta bien des bénédictions. Elle fut ensuite placée comme adjointe dans l'Orphelinat de cette ville, peu de temps après que cet établissement fut confié à notre Congrégation. Son habileté pour les travaux à l'aiguille, son ordre, son soin à instruire les jeunes filles de leurs devoirs religieux et à les former à la vie chrétienne rendirent ses services bien précieux.

« Rappelée à la Maison-Mère, elle y remplit les fonctions d'infirmière avec toute la charité et le zèle qui la distinguait et fut aussi chargée de divers autres emplois, jusqu'au moment où elle fut mise à la tête de notre Maison d'Aix-les-Bains. Ce fut là qu'elle déploya toute son activité et qu'elle se dévoua tout entière. Elle ouvrit son petit Orphelinat qui, sous l'influence des divines bénédictions, continue à prospérer. Elle établit aussi dans cette ville l'œuvre de la visite des pauvres à domicile ; elle contribua au bon ordre de l'hôpital et au développement des écoles qui prirent sous sa direction un accroissement considérable. Notre bien chère Sœur fut ensuite appelée à diriger l'hospice des vieillards de Sainte-Hélène, et enfin la Maison des Orphelines de cette ville. Dans ses diverses charges, elle gagna l'estime et la sympathie des personnes avec qui elle fut en rapport, soit à l'intérieur, soit avec les administrateurs.

« La charge de Supérieure était pour elle un lourd fardeau ; sans cesse, elle nous suppliait de l'en décharger, se jugeant incapable de faire aucun bien et n'ambitionnant que le bonheur de vivre dans l'obéissance et l'humilité. Pendant de longues années, notre chère Sœur goûta Dieu d'une manière sensible, et puisa à cette source de toute douceur la force et le courage de marcher jusqu'à la fin dans la voie de la Croix et du sacrifice.

« Se trouvant l'automne dernier à Myans à l'époque de la retraite, elle la fit dans ce sanctuaire avec une grande consolation et un pressentiment de sa fin prochaine. Elle était tout heureuse d'entrevoir le terme de sa carrière ; sa confiance en Dieu et son abandon entre ses mains furent sans bornes ; elle passa à l'infirmerie une partie de l'hiver, puis elle en sortit pour quelques semaines, mais ne comptant point sur une guérison apparente ; elle disait souvent qu'elle ne tarderait pas d'y rentrer et qu'elle était près de terminer sa course. En effet, le dimanche 30 mars, elle passa au jardin une partie de la récréation ; mais ce fut sa dernière sortie ; le même jour, elle s'alita pour ne plus se relever. Vendredi soir, 4 avril, elle reçut le Saint Viatique et l'Extrême-Onction, et samedi, à 10 heures du matin, Notre-Seigneur lui ouvrait les portes de la Jérusalem céleste. Elle fut enterrée le dimanche 6 avril, jour de sa fête et anniversaire de sa vêture religieuse. »

Personne n'est nécessaire aux desseins miséricordieux du Seigneur. En enlevant aux orphelines la bonne Mère Marie-Célestine, Il leur en donna une autre non moins charitable et dévouée qui leur consacrera les trésors de son intelligence et de son cœur jusqu'à son dernier soupir :

« La mort vient de frapper un coup aussi douloureux qu'inattendu, en enlevant à notre religieuse affection la Supérieure de la Maison des Orphelines, notre très chère Sœur **Marie-Colombe**, née Vuillermet. En adorant les desseins de Dieu, nous redisons avec une pleine soumission à sa volonté sainte : C'est vous, Seigneur, qui nous éprouvez ; mais nous savons que vous êtes plein d'une miséricordieuse tendresse pour vos enfants.

« Notre chère Sœur appartenait à une famille patriarcale d'Aix-les-Bains, où elle naquit le 12 avril 1835. Elle reçut au baptême le nom de Philomène, qu'elle échangea à sa vêture contre celui de Sœur Marie-Colombe. Son père, M. Georges Vuillermet, et sa mère, Mme Marie Martinet, eurent la consolation de donner à Dieu deux de leurs filles : notre jeune Philomène et sa sœur aînée : notre regrettée Sœur Marie-Octavie.

« Mlle Vuillermet entrait dans notre Maison à seize ans et revêtait l'habit religieux le 19 mars 1852. Dieu lui avait départi dans une large mesure les dons de l'intelligence et

du cœur et ses premiers pas dans la carrière religieuse
firent pressentir qu'elle serait une personne de devoir ;
aussi était-elle proposée pour modèle à ses jeunes compagnes, dont elle était l'émule et l'édification. Le soin avec
lequel elle s'acquittait de ce qui lui était confié, sa fidélité
à l'observance régulière, son obéissance et sa charité,
toute sa conduite, en un mot, donnait les plus belles espérances ; sa tante, notre très honorée Sœur Marie-Charlotte,
actuellement encore Supérieure à La Bauche, était heureuse de voir cette enfant qui lui était si chère, entrer ainsi
généreusement dans le chemin de la vertu. Tous les suffrages lui étaient acquis, et, après deux ans de noviciat,
elle consommait son sacrifice par la profession religieuse.

« A cette époque, notre Congrégation avait accepté une
fondation à Cusset, dans l'Allier ; il y avait là un pensionnat qui réclamait un sujet intelligent et instruit ; notre
Révérende Mère Marie-Félicité fit choix de notre jeune
professe, persuadée que sa vertu, jointe à ses talents, la
rendrait très apte à cet emploi. Elle la conduisit elle-même
à Cusset un mois après sa profession ; nos Sœurs la reçurent avec joie, elle leur fut d'un grand secours par son
aptitude pour l'enseignement et la bonne direction qu'elle
imprima aux études ; aussi fut-elle grandement appréciée
au dedans et au dehors. Elle savait attirer les enfants et
gagner leurs cœurs pour les porter à Dieu.

« Bien que son éloignement de la Maison-Mère lui eût
été fort sensible, elle sut faire généreusement à Notre-
Seigneur le sacrifice qu'Il lui ménagea en cette circonstance, et s'attacha à la vie religieuse dont elle fit le point
capital de son existence. Il y avait une année qu'elle
travaillait dans cette portion choisie de la vigne du Sei-

gneur, lorsque, écrivant à notre Révérende Mère Marie-Félicité à l'occasion de sa fête, elle lui avouait confidemment que sa petite Colombe, au lieu de voler chaque jour à la perfection, ne faisait que ramper dans ses misères, qu'elle découvrait chaque jour plus clairement : « Cette vue « ne me décourage pourtant pas. C'est l'arbre qui porte « son fruit ! Je suis très occupée ; mes moments libres « sont employés à l'étude et au travail de préparation de « ma classe. Je tâche de purifier mon intention et de tout « faire en esprit de pénitence. Quant à mes méditations, je « ne puis plus faire comme autrefois beaucoup de raison- « nements, tant mon cœur a besoin de s'épancher auprès « de notre bon Sauveur. J'ai tant de choses à lui dire et « tant à lui demander ! Malgré mes imperfections, et peut- « être à cause d'elles, je sens un grand besoin de m'unir à « mon Sauveur par la Sainte Communion. Priez pour moi, « ma Révérende Mère, afin que je devienne une bonne et « fervente religieuse. »

« On voit par ces lignes que le souci de son avancement spirituel était dominant en notre jeune professe.

« Après huit ans de séjour à Cusset, une circonstance particulière la ramena au milieu de nous. Ce ne fut pas sans déchirement de cœur qu'elle quitta, et la Communauté de Cusset, à laquelle elle s'était attachée, et ses chères enfants du pensionnat. Mais sa foi lui fit voir la même main de Dieu qui l'avait conduite au diocèse de Moulins, la ramener à son berceau religieux. Elle fut placée près de nos élèves internes, et nos Sœurs, qui l'ont vue à l'œuvre, ont gardé le souvenir de sa ponctualité, de son exactitude à l'accomplissement de ses devoirs de maîtresse de classe et de surveillante des enfants, dont elle savait tout à la fois se faire craindre et aimer. Toujours on la voyait agir par la foi et la raison ; elle trouvait son plaisir dans le fidèle accomplissement de son devoir.

« Après avoir été employée plusieurs années au pensionnat, elle fut chargée en même temps de la direction de l'Ecole payante et de celle de la Salle d'Asile ; partout elle a laissé le souvenir de son dévouement et de l'ordre qu'elle apportait à ce qui lui était confié.

« En 1870, des raisons de santé nous obligèrent de retirer la Supérieure de la Maison des Orphelines, et notre chère Sœur Marie-Colombe fut nommée à sa place et installée le premier vendredi de février. Ce ne fut pas sans crainte qu'elle accepta ce fardeau, et sans avoir représenté à ses supérieures combien elle le trouvait au-dessus de ses forces ; mais elle compta sur le secours de Dieu qui ne lui fit pas défaut. Ferme et bonne, judicieuse et impartiale, elle sut tenir en toute chose le milieu et entra dans les vues des fondateurs en maintenant les jeunes filles dans l'esprit de modestie et de simplicité, dans l'amour de l'ordre et du travail. Intelligence supérieure, le cœur ne le cédait point à l'esprit ; pleine de sollicitude, elle avait pour ses chères enfants de l'Orphelinat une tendresse de mère ; elle les aimait, veillait avec un soin jaloux à la conservation de leur innocence ; et lorsqu'elles quittaient l'établissement, elle leur cherchait une position à l'abri des dangers que courent souvent dans le monde les jeunes filles de cette condition. Elle prenait des informations, et exigeait toutes les garanties possibles pour leur assurer un avenir tel que le souhaitait pour ses enfants son cœur de religieuse et de mère. Puis elle continuait à leur donner à propos les leçons et les encouragements qu'elle croyait leur être utiles.

« Que de vocations elle a dirigées dans diverses Communautés, suivant les aptitudes et les attraits de chacune ! Son œil clairvoyant discernait leurs dispositions ; rarement elle se trompait dans son choix. Cet essaim de vocations, écloses en son colombier, était la consolation et la récompense de sa pieuse sollicitude pour les âmes. « C'était « touchant », nous dit une de nos anciennes missionnaires, « de voir ces jeunes Sœurs dans les Missions restées « si attachées à leur Mère Colombe ! Elles ne manquaient « pas de lui écrire pour le nouvel an, et toujours elles en « recevaient des réponses, pleines d'intérêt, d'affection et « de bons conseils. »

« Notre Révérende Mère Marie-Félicité, de douce et pieuse mémoire, appréciait fort le soin avec lequel elle cultivait les jeunes vocations. Se trouvant à Cusset en juillet 1873, et répondant aux vœux de bonne fête de notre regrettée Sœur, elle lui écrivait avec autant d'amabilité que d'affection : « Ma bien chère petite Colombe, « puisque vous vous signez ainsi, c'est aussi de cette ma- « nière que je vous nomme. Soyez donc la bienvenue, ma « Colombe ! Je vous remercie de votre bonne et chère « lettre, et de tout ce que vous me dites de bon et d'aima- « ble, et surtout des prières que vous dites pour moi...

« Merci de préparer à Notre-Seigneur de fidèles ser- « vantes, et à la Congrégation des âmes généreuses et « dévouées. Je n'ai plus qu'un seul désir, c'est de voir « toutes celles que Dieu m'a données marcher d'un pas « ferme dans le sentier de la vertu. Une seule chose est « nécessaire, c'est de servir Dieu de tout notre cœur. »

« Saluez affectueusement vos filles de ma part. Je prie « Notre doux Sauveur Jésus de vous renfermer toutes dans

« son divin Cœur ; en qualité de Colombe, c'est votre
« place, ma fille, faites-vous bien petite ; l'entrée est
« étroite, il faut donc être petit pour y entrer, et là, appre-
« nons toutes la douceur et la sainte humilité. Puisse cet
« aimable Maître faire pénétrer bien avant dans nos âmes
« ses divines leçons et nous les faire sérieusement réduire
« en pratique. »

« En 1874, notre chère Sœur était élue Conseillère,
charge qu'elle exerça pendant six ans et dans laquelle on
put remarquer ses qualités administratrives.

« Avec les années, elle sentait son âme se détacher de
plus en plus des choses du temps que la vivacité de sa foi
lui faisait apprécier à sa juste valeur. Nous ne mentionne-
rons pas les peines et les croix que notre regrettée Sœur
rencontra sur le chemin de la vie ; Notre-Seigneur est
jaloux de dérober à l'œil humain le ciseau divin qui
façonne ses élus, dans le sanctuaire intime de l'âme.

« Après les croix de l'esprit et du cœur viennent celles
des souffrances corporelles, et notre chère Sœur en a eu
une grande part. Atteinte d'un rhumatisme depuis de longues années, elle a constamment joint ensemble le travail
et la souffrance, sans que cette dernière lui ait fait négliger
ses devoirs

« La Providence, qui veille sur ses enfants, avait voulu
préparer ainsi de loin notre chère Sœur au voyage de
l'éternité. Elle redoutait fort les jugements de Dieu ; la
pensée de ce dernier passage était pour elle un sujet de
crainte ; Notre-Seigneur voulut lui en dérober la vue en
l'enlevant presque subitement à l'affection de sa Communauté. Le dimanche des Rameaux, elle était un peu souffrante et ne put assister aux offices. Le lundi, le malaise

continua sans plus d'intensité ; ce ne fut que le mardi,
vers les deux heures de l'après-midi, qu'il prit un caractère plus alarmant. Les médecins appelés en consultation
essayèrent de conjurer le mal ; ce fut en vain : à quatre
heures du soir, une congestion cérébrale annonçait une fin
très prochaine. Notre chère Sœur reçut le Saint Viatique
et, peu après, M. l'Aumônier de l'Orphelinat lui adminis-
trait les dernières onctions des mourants. A dix heures,
elle rendait son âme à Dieu au milieu de ses filles éplorées.
C'était le mardi 5 avril, et notre chère Sœur touchait à
la fin de sa soixante-troisième année.

« Le lendemain matin, cette douloureuse nouvelle fut
annoncée aux Orphelines qui éclatèrent en pleurs. Pendant toute la journée, elles prièrent tour à tour auprès
de leur Mère bien-aimée, et le jeudi, à l'heure des funérailles, on ne voyait que des larmes, on n'entendait que
des sanglots. Chacune voulut témoigner de ses regrets et de
son affectueuse reconnaissance en faisant célébrer, pour le
repos de son âme, des messes dont le nombre s'éleva à
plus de cent.

« Sa Grandeur, Monseigneur Notre Archevêque, dans sa
paternelle bonté, a daigné se rendre auprès du lit funèbre
de notre défunte pour bénir sa dépouille mortelle ; d'un
mot, il fit son éloge : « C'était, dit-il, une femme de tête
« et de cœur ; ce qui se rencontre rarement. »

« Les anciennes élèves de la Maison écrivirent des lettres
pleines de regrets ; nous n'en citerons qu'un passage :
« Notre chère et digne Mère Marie-Colombe a donc pris
« son vol vers le Cœur de Jésus ! Quelle désolation pour
« cette sainte Maison, pour nous dont elle a été depuis
« tant d'années la mère tendre et dévouée... Oh ! comme

« elle aura été bien reçue au Ciel, celle qui a servi de
« mère à tant d'orphelines et qui en a tant donné au bon
« Dieu !... Nous aimons à nous rappeler cette tenue si
« digne, ce regard et ce sourire si doux et si bons, ces
« paroles si bienveillantes qu'elle nous adressait, quand
« nous la rencontrions ; enfin, cet intérêt si vraiment
« maternel qu'elle nous portait, cette bonté, cette fermeté
« dans ses réprimandes à travers lesquelles nous sentions
« sa main et son cœur maternels !... »

Sœur **Béatrix,** dans le siècle Elisabeth Collet, de
Rumilly, fille de Claude Collet et de Jacqueline Mathieu,
connue très avantageusement dans la Maison depuis 1856,
succéda immédiatement à la très regrettée Mère Colombe.
On ne pouvait faire un meilleur choix.

CHAPITRE XVII

Signe de prédestination.

———

LE juste recevra à la fin de sa carrière militante la couronne de justice. La volonté suprême manifestée par un acte de charité en est le gage.

Fidèle à la recommandation de saint Paul : « *Tenete traditiones* », conservez les traditions, nous publions celles de la Maison des Orphelines. Comme l'étoile scintille au firmament dont elle est la parure, la Charité des anciens envers les Orphelins scintille à nos yeux, éclaire la voie à suivre pour obtenir la couronne de gloire, la rémission des péchés, la vie éternelle, et pour laisser à l'édification de la postérité cette épitaphe : *Il a passé en faisant le bien.*

1728.

FONDATION DUCHÊNE.

Il y avait deux ans que l'Œuvre de la marquise de Faverges fonctionnait à l'ombre de l'humilité et de la confiance en la Providence des orphelins, lorsque Madame

Thérèse Duchêne, veuve de Claude Bertholus[1], disposait
de sa fortune en faveur de l'Orphelinat naissant. Par son
testament du 15 septembre 1728, ouvert le 27 février 1733,
cette pieuse Dame légua pour l'entretien des Repenties et
subsidiairement pour celui des Orphelines son hôtel du
faubourg Montmélian, où pendait l'image de Notre-Dame,
avec cours, jardins, appartenances et dépendances[2], « voulant que des loyers et revenus de la première année de son
décès il en soit donné cent livres à la Confrérie de Saint
Antoine de Padoue, et cent livres à l'Hôpital général pour
prier pour le repos de son âme. » Elle chargea les Dames
de l'Humilité de faire dire pour cinquante livres de messes
à perpétuité dans la chapelle qu'elles avaient l'intention
de faire bâtir.

Le 16 juillet 1820, l'Administration des Orphelines vendit
l'ancien logis, dépendances et appartenances, pour le prix
de 27.500 livres, à M. Guillaume Forest, fils de Pierre, qui
le tenait en location.

1738.

DONATION CUENOT.

Nicolarde Cuenot, en 1738, donna, sans charge, toute sa
fortune, notamment les trois créances qui lui étaient dues
par les frères Brochu, bourgeois de Rumilly; plus celle que
lui devait Joquet, maître d'hôtel au faubourg Maché, et une
autre due par R[d] Vissol, chanoine de la Sainte Chapelle.

[1] Claude Bertholus, fils de Jean, était fermier des poudres du
Duc de Savoie. Il est mentionné dans le travail de MM. DUFOUR
et RABUT sur les *Armuriers.*

[2] C'est là que descendit la duchesse de Ventadour à son arrivée
à Chambéry pour y fonder l'Ordre du Carmel.

C'est la comtesse Métral de Châtillon, trésorière des Orphelines, qui retira le montant des créances et autres délaissés de la pieuse Nicolarde, décédée dans la Maison des Orphelines, qu'elle avait constituée son héritière.

Mademoiselle Grégoire, première maîtresse des Orphelines, leur consacra son dévouement et ses jours dès l'année 1726.

1738.

Après elle, Mademoiselle Corcellet se voua, sa vie durant, à l'instruction des Orphelines et leur a donné deux cents livres, le 3 août 1738.

1740.

Mademoiselle Vallet se lia, pour toujours, par contrat (1740) à l'éducation des Orphelines, moyennant 40 livres pour vestiaire, et leur laissa, à son décès, 400 livres et tous ses effets.

Mademoiselle Jacquemard Jeanne, en s'engageant à cette même obscure et pénible mission, versa, en entrant en fonctions, entre les mains de la comtesse Métral de Châtillon, six cents livres, et céda, par contrat du 26 juin 1740, une obligation portant une rente constituée de deux mille cinquante livres.

1744.

Une personne qui aimait à faire dans le secret ses bonnes œuvres fonda une place le 1er mai 1744.

1746.

Mademoiselle Jeanne-Marie Venant ou Venat s'engagea ausssi à jamais par contrat à l'enseignement des Orphelines, moyennant 40 livres annuelles, et leur laissa toutes ses économies.

1758.

Madame de Châtillon reçut en 1758 des aumônes assez importantes, entre autres deux cents livres de la comtesse Bonne avec prière de ne pas révéler son nom ; d'autre part, elle reçut, sous le voile de l'anonyme, deux cents livres le 18 juin, et quatre cents livres le 13 juillet suivant, l'an 1758.

1759.

Fondation Vêpres.

Le 15 novembre 1759, Marie, fille de Joseph Vêpres, bourgeois de Chambéry, veuve de Joseph Fromin, conseiller de ville, voulant dans sa maison, rue Croix-d'Or, disposer des biens qu'il plut à Dieu de lui donner, légua des aumônes pour messes aux Pères Conventuels de Saint-François, aux Observantins de Sainte-Marie-Egyptienne, aux Dominicains, aux Carmes déchaussés, aux Capucins de Cognin, et à la Congrégation des Dames de l'Humilité. Elle laissa deux mille cent livres à la charge d'employer le revenu pour subvenir aux besoins des pauvres vieillards malades. Elle légua aussi aux dites Dames de l'Humilité trois grangeries, sises à Aillon, pour les Incurables, et subsidiairement pour l'Orphelinat, à la condition d'y recevoir à perpétuité deux orphelines de dix à dix-huit ans[1].

1766.

Le comte Joseph Amédée de la Tour, général de cavalerie, chevalier de l'Ordre suprême de l'Annonciade, signataire avec le marquis Costa du traité de Cherasco, 26 avril 1796, fit don de 55 livres à l'Orphelinat.

1767.

M. de Beaufort donne à l'Œuvre un louis d'or.

— Les patentes de noblesse des Gantellet de Beaufort, datées du 1er mars 1615, confirmées le 27 avril 1629, n'ont rien que de très honorifique. Elles sont dues à leurs bons services dans l'armée et les lettres[2].

Noble Pierre, fils d'Anthelme-Barthélemy Gantellet de Beaufort, notaire, eut de son mariage avec Zénaïde Rivoire :

1° Flavien, actuellement sous-inspecteur d'enregistrement à Oran ; 2° Athanase, né à Chambéry en 1856 ; 3° Jules, né à Chambéry le 9 novembre 1860, prêtres distingués.

Les de Beaufort honorent leur nom et leur diocèse par la dignité de la vie.

---

[1] Le 19 février 1763, Rᵈ Alex, chanoine de la Sainte Chapelle, official du décanat, et Rᵈ Antoine-Dominique Garrelaz, promoteur, ont renoncé, en qualité d'administrateurs des Incurables, au legs des grangeries, en faveur des Dames de l'Humilité, administratrices des Orphelines.

[2] Comte DE FORAS, *Armorial.*

1770.

M. de Morand, baron de Grilly, de l'ancienne maison des Morand, distingué dans la magistrature et l'armée, a fait un legs de cent livres.

Le marquis de Faverges, la même année, a donné six cents livres.

1771.

Mademoiselle de Rostaing, une aumône de cent livres. La comtesse Métral de Châtillon, trésorière, a reçu quatre cent vingt-deux livres, dons anonymes, qui sont les plus agréables à Dieu.

1773.

Charles-Emmanuel III fit un don de cinq cents livres ; et, en 1775, le bon prince donna encore la somme de mille livres pour l'agrandissement de la Chapelle.

1775.

DONATION DE FRANÇOIS VÊPRES.

M. François Vêpres, de la haute bourgeoisie de Chambéry, domicilié à Lyon, est un des insignes bienfaiteurs des Orphelines. Aussi bien son portrait, qui montre toute la bonté de son âme, fait l'harmonieux pendant de celui de la fondatrice dans la grande salle de la Maison. Le 1er juillet 1775, cet homme inoubliable, qui ne rêvait que de bonnes œuvres, se rendit chez la comtesse Thérèse de Châtillon, et par acte notarié donna à la vénérable administratrice les trente-deux mille livres que lui devait messire Alexis-

Barthélemy Costa, marquis de Saint-Genix. Selon le prudent désir du donateur, le capital resta entre les mains de ce type admirable de la noblesse. Sans cette précaution, la somme eût été emportée par la tempête révolutionnaire, ainsi que nous l'avons dit dans une notice qui précède [1].

1776.

DEUXIÈME DONATION DE M. FRANÇOIS VÊPRES.

M. François Vêpres, à la charité inépuisable, par acte du 21 octobre 1776, Girard et Delhorme, notaires, a compté à l'Hôpital général de Lyon la somme de quarante mille livres, à la condition qu'après son décès, le dit hôpital paierait à la Maison des Orphelines de Chambéry annuellement la rente de mille livres, franche et exempte d'imposition et retenue, sous les clauses suivantes :

[1] Formaient alors le bureau des Orphelines : Mesdames : Christine-Thérèse de Châtillon ; Adélaïde, sa sœur, comtesse d'Elvieu, toutes deux filles de Victor de Bertrand de la Pérouse, marquis de Thônes ; — Amédée de Mellarède, épouse de Bertrand de la Pérouse, marquis de Chamousset ; — Marquise Gabrielle de la Chambre, fille de Vibert, baron de Saint-Marcel ; — Anne-Marie, fille de François Favier du Noyer, veuve de Jean-Pierre de Morand, baron de Saint-Sulpice, capitaine au régiment du Chablais ; — Marguerite, fille de Louis Brun de Cernex, épouse de Crimpigny, marquis de Saint-Vincent ; -- Noble Jeanne-Françoise, fille de Joseph de Motz-la-Salle, mariée au major de la Chavanne ; — Dame Anne-Amédée, veuve du comte de la Val-d'Isère de Sainte-Hélène ; — Dame Louise Falquet, veuve du seigneur de Marcelaz ; — Dame Marguerite, fille de Louis de Conzié, épouse du comte de Vars ; — Dame Catherine, fille de Jean-Pierre Maximin, veuve du seigneur de Gantellet de Vectier, native de Santal en Piémont ; — Dame Anne-Catherine, fille de Louis Barral de Montauvrard, veuve du marquis de la Rocca.

Ces Dames de la Congrégation de Sainte-Elisabeth, administratrices des Orphelines, étaient toutes alors domiciliées à Chambéry et formaient les deux tiers du Conseil.

1° La Maison des Orphelines fera dire chaque année une messe *de Requiem* pour le repos de son âme ;

2° M. Joseph Vêpres, fils de Georges, ci-devant procureur à Chambéry, et la famille Reydet au nombre de cinq, la mère, un fils et trois filles, jouiront, la vie durant, chacun d'un sixième de la rente de mille livres ; mais cette pension devra s'éteindre proportionnellement au décès des ayant-droit, au profit des Orphelines ;

3° La Maison des Orphelines gardera la petite Molingal, infirme, jusqu'à sa mort, et l'admettra à la table des maîtresses.

M. Vêpres compta, en dehors de ces donations, quinze mille livres à Madame de Châtillon, administratrice.

1779.

Il fut fait un don de quinze cents livres, que la main gauche ignora, mais que la main de l'Ange gardien écrivit dans le livre de vie.

1782.

Sur l'ordre de Victor-Amédée III, les Messieurs de la Grande-Congrégation ont donné aux Orphelins soixante-cinq livres.

1783.

Le duc de Genevois, Charles-Félix, fit un don de trente livres, lors de son passage à Chambéry.

1784.

Le prince de Piémont, Charles-Emmanuel, donna cent cinquante livres.

1787.

Le roi Victor-Amédée III a fait une aumône de deux cents livres, et, l'année suivante, une nouvelle aumône de cent livres.

1788.

Le prince de Piémont, Charles-Emmanuel-Ferdinand-Marie de Savoie, marié à Chambéry le 6 septembre 1775 à Marie-Clotilde-Xavière de Bourbon, sœur de Louis XVI, donna quatre-vingt-six livres le 20 septembre 1788, et, le même jour, son illustre père, cent soixante livres.

1789.

Sa Majesté voulut encore faire deux libéralités coup sur coup, l'une de cent trente livres, l'autre de deux cent cinquante.

S. A. R. Marie-Anne-Caroline-Gabrielle de Savoie, duchesse de Savoie, duchesse de Chablais, a donné cent livres.

La comtesse Sallier de la Tour, cent livres ; une main inconnue, soixante livres ; Révérend Thouvex, cinquante livres ; un anonyme, mille livres.

1790.

Le prince de Conty fit un don de deux cents livres ; la même année ; le secrétaire, M. Dupuy, versa cinquante livres d'aumônes dans la caisse de la Maison.

1790.

Dame Marie-Antoinette, fille de Jean-Baptiste Gallice, veuve de Joseph de Barral de Montauvrard, d'origine dauphinoise, par acte notarié du 18 décembre 1790, a remis à la comtesse Métral de Châtillon cinq cents livres pour une messe *de Requiem* chaque mois et à perpétuité.

1791.

L'année suivante, 4 mars 1791, la pieuse veuve de Barral donna encore cinq cents livres pour douze messes par an, et, le 6 février 1792, elle compta sept cents livres, à la condition de faire célébrer quatre messes dans la chapelle des Orphelines. L'administratrice plaça lesdites sommes en rente constituée.

On était en 1791. L'Assemblée nationale avait décrété la confiscation des biens ecclésiastiques, des biens des nobles, des déportés, des émigrés et des hôpitaux, et l'abolition complète du Christianisme en France. La Révolution est déchaînée, ivre de pillage et de sang. Soixante mille voix de forcenés vocifèrent : Sus aux prêtres ! Sus aux nobles ! aux riches ! Les échos de nos montagnes répètent bientôt ces cris barbares. La Charité, mère des pauvres, proscrite, se réfugie dépouillée sur la terre étrangère. Les Orphelines resteront quatorze ans privées de son assistance.

1814.

FONDATION DU GÉNÉRAL DE BOIGNE.

Aussitôt que la Savoie fut rendue à ses princes légitimes, le général Benoît de Boigne, le plus grand bienfaiteur de Chambéry, sa ville natale, s'empressa par donation entre vifs, en date du 15 octobre 1814, de fonder deux places d'indigents malades à l'Hôtel-Dieu et une place pour l'éducation d'une fille à la Maison des Orphelines à sa nomination et à celle de sa famille pendant 99 ans, à commencer au 1er janvier 1815.

— Benoît de Boigne, second fils de Jean-Baptiste et de Hélène Gabet, naquit à Chambéry, le 8 mars 1751. Nature d'élite, Benoît sortit du collège de cette ville à l'âge de 16 ans et préluda au rôle d'homme de guerre qu'il devait plus tard jouer glorieusement. A 22 ans, il avait déjà parcouru l'Italie, la Grèce, les iles de l'Archipel et vu Constantinople. Il passa aux Indes par la mer Rouge, servit la Compagnie Anglaise de Madras, apprit la langue de l'Indoustan à Lucknow et devint généralissime des armées du prince Maratte Madadji Sciudiah. A la tête de six mille hommes, il défit, en 1790, une armée de quarante-six mille soldats, à la bataille de Jannah-Pannah, où il remporta une victoire signalée sur Ismaël-Bey, uni aux Radjepoutes. Il s'empara de deux canons, de deux cents drapeaux et fit quinze mille prisonniers.

Cette victoire valut d'immenses trésors au prince vainqueur et des présents considérables au fameux général. Il unit les armoiries de son pays à celles de son souverain qu'il servit de 1781 à 1796. M. de Boigne, revenu dans son pays avec une grande fortune glorieusement acquise, passa ses dernières années dans sa ville natale qu'il fit embellir et qu'il dota de fondations nombreuses[1].

Nous croyons être utiles à nos compatriotes, en reproduisant ici les principaux dons faits par le grand général de Boigne :

---

[1] Voyez la *Biographie moderne*, t. Iᵉʳ, p. 552, et la *Statistique du Mont-Blanc*, par DE VERNEILH, p. 552.

Pour la construction d'un portail à l'Hôtel-Dieu.	65.000 fr.
Fondation d'une place aux Orphelines.........	7.300 »
Fondation de trois lits à l'Hôtel-Dieu pour les pauvres...............................	22.400 »
Fondation de quatre lits pour les voyageurs malades, de quelque nation ou religion qu'ils soient.	24.000 »
Fondation d'une succursale de quinze lits à la Charité pour les maladies contagieuses.......	175.000 »
Fondation du Dépôt de Mendicité à Chambéry...	649.250 »
Fondation de Saint-Benoît, hospice des vieillards...............................	900.000 »
Fondation de l'Hospice des Aliénés.............	400.000 »
Fondation d'un Collège de Jésuites.............	270.000 »
Don à la Ville ; diverses rectifications des rues...	300.000 »
Don pour aider à la construction du Théâtre......	300.000 »
Don pour reconstruire la façade de l'Hôtel-de-Ville..............................	30.000 »
Don à la Société Royale Académique de Savoie..	20.000 »
Don à la Compagnie des Chevaliers-Tireurs de Chambéry..............................	25.000 »
Dons pour secours aux malades et blessés du Corps des pompiers...........................	24.000 »
Don aux Capucins pour bâtir leur église.........	30.000 »
Fondation pour les enfants de chœur et le maître de chapelle..............................	130.000 »
Fondation pour secours aux prisonniers.........	33.000 »
Fondation pour les pauvres honteux.............	24.000 »
Fondation pour les Frères des Ecoles chrétiennes.	3.000 »
Pour diverses constructions à la place de Lans...	200.000 »
Construction d'un clocher au Petit-Barberaz.....	3.000 »
TOTAL.......	4.034.950 fr.

Quel génie que ce général de Boigne! Quelle grandeur de caractère et quelle bonté d'âme! Il est, sans conteste, le plus généreux bienfaiteur de sa ville natale. Avec son lustre, il a transmis sa bonté d'âme à sa descendance.

1810.

FONDATION DU BARON DE CANDIE.

Le plus bel éloge de ce grand chrétien, c'est la reproduction textuelle de ses dernières volontés. Le baron de Candie croyait pratiquement aux surprises de la mort.

« L'an 1810, en ma maison à Chambéry, située sur la place Saint-Léger, quoique sain de corps et d'entendement, je soussigné Henri Sarde, baron de Candie, ancien lieutenant-colonel au service du roi de Sardaigne, sachant qu'il n'y a rien d'aussi incertain que la mort, j'ai fait mon testament de ma propre main.

« J'invoque la très sainte Vierge, saint Joseph, saint Henri, mon patron, tous les saints et les saintes, vierges, martyrs, tous les bienheureux, qu'ils veuillent intercéder miséricorde de Dieu et m'assister à l'heure de ma mort. »

Quelle piété !

« Ignorant le lieu où j'habiterai à mon décès, je ne puis établir l'endroit de ma sépulture, quoique ma famille eut un tombeau dans l'église de Sainte-Marie-Egyptienne (maintenant l'hospice des Incurables a transféré les malades dans celui de la Charité), s'il eut été possible d'être unis à eux *(sic)*. Je prie que mon enterrement soit décent et non fastueux, léguant mon âme à Dieu et mon corps à la terre. »

Après avoir fait des legs à sa sœur Josephte, veuve de Lescheraines, à son frère Charles, qui s'était fait religieux, à son neveu Félix de Lescheraines, à sa nièce Méraldine du Noyer, née de Lescheraines, à son autre nièce Elise de Lescheraines, née de Manuel, à son neveu Albert du Noyer, fils de Méraldine, à sa petite-nièce Stéphanie du Noyer, et aux deux fils cadets du Noyer, le baron de Candie institue

usufruitière générale et sans rendement de compte, avec
défense aux légataires d'exiger un inventaire, sa chère et
bien-aimée épouse, Joséphine Sarde de Candie, née Capré
de Mégève [1].

Puis le baron de Candie institue Maurice de Capré de
Mégève, époux de Madame veuve de Buttet, exécuteur
testamentaire.

Le pieux de Candie croyant à l'existence du vestibule du
Ciel, le Purgatoire, chargea spécialement son mandataire
de faire distribuer 200 messes à la Cathédrale ; 200 à Notre-
Dame ; 50 à Lémenc ; 50 à Saint-Pierre de Maché ; 50 à
l'église d'Apremont ; 50 à celle de Saint-Alban, et 100 à
celle de Saint-Ombre.

« J'institue pour mes héritiers universels l'Hôpital,
l'Hôpital de Charité, l'Hôtel-Dieu et l'Hospice des Orphelines, avec la charge, lorsqu'ils entreront en possession, ce
qui ne sera qu'après le décès de ma chère épouse, Joséphine

---

[1] La baronne Henri de Candie descendait de la maison de
Capré déjà connue à Flumet au XII⁰ siècle par plusieurs fondations pies. Alliée aux anciens seigneurs de Riddes, de Bieux, de
Cornillon, de Chissé, cette famille, qui se perpétue, s'est illustrée
dans la littérature, la poésie, la magistrature et l'armée.

1° François de Capré, seigneur de Mégève, de Bellecombe, de
Crestvolant et de Bomport, président de la Chambre des Comptes,
joignait aux qualités de docte magistrat un goût particulier à
rechercher tout ce qui pouvait faire connaître les usages et la
législation du duché de Savoie.

2° Hyacinthe, son fils, littérateur et poète, travailla avec de
Solar et de Mellarède à négocier le traité qui assura la couronne
de Sicile au duc de Savoie. Victor-Amé II accorda pour lui et
ses descendants le titre de comte.

3° François de Capré, comte de Bomport, fut successivement
colonel des dragons, général de cavalerie, président de la commission militaire pour réorganiser l'armée piémontaise. La
famille Capré de Mégève existe toujours.

de Capré de Mégève, qu'il soit établi quatre lits à l'Hôpital des malades, cinq lits à l'hospice de la Charité, et six places à la Maison des Orphelines[1]. Je lègue la nomination de toutes les places à mon neveu Félix de Lescheraines qui pourra en disposer après lui.

« Si ma chère épouse trouvait une somme excédant les charges, je veux qu'on la place pour le compte du Grand-Séminaire de Chambéry.

« Je lègue à M. le curé de la Cathédrale cinq cents francs pour ses pauvres ; cinq cents à celui de Notre-Dame ; cinq cents à celui de Maché ; deux cents à celui d'Apremont ; deux cents à celui de Saint-Alban ; deux cents à celui de Saint-Ombre.

« Je lègue à la paroisse de Saint-Ombre quinze cents francs pour faire le clocher.

« Je lègue à la femme Sadoux une augmentation de cent francs par an, pendant sa vie, de pension, et cent francs une fois seule.

« Je lègue à Joson Boglie, sa fille, cent francs, après sa mère, payable six mois à l'avance pendant sa vie.

« Je lègue à Jean Pollet, mon domestique, une pension de deux cents francs par an, jusqu'à son décès, et tous mes vêtements et autres objets que j'ai portés.

« Je lègue à Dodon Brenca, ma cuisinière, cent francs, une seule fois, si elle se trouve à mon service à ma mort.

« Je lègue à la veuve Fontaine, ancienne domestique, cent francs et cent francs à chacune de ses filles.

---

[1] Le tiers échu à l'Orphelinat fut le domaine de Candie, composé du château et dépendances, le tout de la contenance de cent onze journaux et demi, évalué cent treize mille francs vingt-deux livres.

« Je lègue à l'Hôpital des pauvres de la Charité cent francs pour le repos de l'âme de François Picas, mon ancien domestique. »

Oh ! l'admirable modèle du parfait chrétien ! ! !

1822.

Révérend Antoine Dépommier, curé-archiprêtre de Notre-Dame, remit le 18 février 1822 à la direction des Orphelines six cents livres données par une anonyme pour commencer le capital nécessaire à la fondation d'une place gratuite. Voilà l'excellente manière de faire une œuvre durable [1].

1825.

FONDATION GABET.

L'avocat Jean-François Gabet, époux de Caroline Revillod, considérant que la bonne éducation est le bien le plus précieux qu'on puisse laisser aux enfants, et que beaucoup de parents sont hors d'état de les faire élever chrétiennement, créa par testament solennel, en date du 14 juillet

---

[1] Dépommier Jean-Antoine, né aux Clefs (canton de Thônes), le 3 avril 1778, a été ordonné prêtre le 24 avril 1802 ; nommé vicaire à Divonne le 1er mai 1802, vicaire à Gex le 10 décembre 1805, vicaire à Thonon le 5 décembre 1806, vicaire à Notre-Dame de Chambéry le 1er mai 1808, vicaire à Saint-François de Sales de la même ville le 6 juillet 1808, curé de Chindrieux le 13 mars 1812, curé-archiprêtre de Notre-Dame de Chambéry le 1er juillet 1816, chanoine honoraire le 24 juin 1828, curé-archiprêtre de la Métropole le 1er juillet 1828, mort à la brèche le 23 avril 1858, à l'âge de quatre-vingt ans vingt-deux jours. C'était un modèle de popularité évangélique dont la douce mémoire vivra longtemps à Chambéry.

1828, une place pour une orpheline dès l'âge de dix ans, sans en réserver la nomination à ses héritiers[1].

1826.

FONDATION FILUET.

Spectable Filuet, fils de Charles, de Serrières (Chautagne), par acte notarié du 4 juin 1826, a créé au profit des Orphelines une rente de deux cent cinquante francs.

---

[1] C'est le lieu de rappeler le nom de nos plus pures illustrations. Au milieu du magnifique plateau du Mont-Cenis, en face du lac, s'élève un monument civil et religieux, destiné à procurer les secours de l'hospitalité la plus généreuse aux voyageurs et aux troupes qui traversent cette montagne.

Dom Gabet Claude-Antoine, élu abbé de Tamié, en 1789, fut chargé de la direction de l'hospice, depuis le 22 septembre 1801. Ayant demandé une institution canonique et le pouvoir de perpétuer son administration par le moyen d'une communauté religieuse, dom Gabet reçut, par l'intermédiaire du ministre des Cultes et du cardinal Caprara, légat *a latere* du Saint-Siège auprès du gouvernement français, un bref, en date du 11 décembre 1801, conforme à sa supplique et à ses desseins. Le gouvernement convaincu alors que la religion est nécessaire comme les assises à tout édifice et, en conséquence, que les motifs purement humains, sans des encouragements d'un ordre supérieur, ne sont pas capables de soutenir un établissement de cette nature, a autorisé dom Gabet, 1er abbé de l'hospice du Mont-Cenis, à perpétuer, sous la direction de l'évêque de Chambéry, la nouvelle maison religieuse, suivant la règle primitive de saint Benoît. L'illustre abbé portait la croix pectorale et ses dignes coopérateurs, anciens religieux de Tamié, avaient revêtu l'habit de leur nouvel institut.

Pour attester à la postérité la munificence de Napoléon Ier, fondateur de l'hospice du Mont-Cenis, auquel ont été réunies les abbayes de la Novalaise et de Selve en Piémont, etc., les religieux résolurent de faire placer une inscription qui en perpétuât le souvenir.

L'hospice existe encore, mais les passagers n'y reçoivent plus l'hospitalité d'autrefois, A la dernière annexion de la Savoie à la France, il est devenu, hélas! la possession du royaume italien. C'est une faute que l'histoire imputera au gouvernement français.

1827.

Le receveur de la Maison, M. Marie-Antoine Guy, mérita par ses largesses de figurer parmi les bienfaiteurs de l'Orphelinat.

1828.

Un don de six cents francs fut fait par une personne qui voilait ses charités aux yeux des hommes.

1829.

Par son testament olographe, fait à Paris le 20 octobre 1828, spectable Antoine Dupuy, décédé à Chambéry, le 18 décembre suivant, a laissé dix mille livres à la Maison des Orphelines sans désignation d'emploi. Cette somme a été payée par Madame Marianne Dupuy, femme de M. Paul Jacquemard.

1830.

Fondation Rivod.

Madame Charlotte-Marguerite Rivod, veuve Domenget, par son testament, sous la date du 7 octobre 1829, déposé au Sénat le même jour, ouvert le 23 août 1834, a institué pour son héritière universelle Madame Henriette Dupuy, épouse de M. l'avocat Arminjon, et fondé une place en la Maison d'éducation des Orphelines, conformément à ses règlements, pour une jeune fille, orpheline ou non, choisie de préférence dans les familles dites bourgeoises.

Le 15 février 1835, dame Henriette, fille de Pierre-Marc Dupuy, héritière de dame Charlotte-Marguerite Rivod, assistée de son époux, M. Arminjon, sénateur, avocat des pauvres, a soldé : 1° Sept mille trois cent livres nouvelles, pour le capital de la fondation ; 2° trois cent soixante-cinq livres, pour frais de premier établissement d'un lit, entre les mains des Dames directrices qui formaient alors le bureau :

Comtesse d'Aviernoz, fille de défunt le baron Albert du Noyer [1], épouse du seigneur Claude-François de Menthon, comte d'Aviernoz ; noble Marie, fille du défunt Sylvestre Favier de la Biguerne, épouse du seigneur Paul d'Oncieu, marquis de Chaffardon ; dame Victoire-Madeleine, fille d'Aimé Trolliet de Maison-Forte, épouse du seigneur président Portier du Belair, née à Brides en Tarentaise ; dame Joséphine, fille de l'intendant général Joseph Fernex, née à Thonon, épouse du sénateur Anselme, et Mademoiselle Agnès, fille de Jean-Antoine Dardel ; la première, présidente ; les quatre autres, conseillères.

[1] La famille Favier du Noyer a pour titre de noblesse une origine très honorable, l'exercice de la magistrature au souverain Sénat de Savoie. Pierre Favier du Noyer, conseiller de S. A. R., nommé le 6 mars 1600 avocat général, puis en 1610 président au Sénat, est le chef illustre de cette ancienne famille, établie d'abord à Curienne au mandement de la Bâtie-Seyssel. Dès lors, les seigneurs Favier du Noyer, soit par leurs charges au Sénat, leurs services dans les armées, soit par d'heureuses alliances qui les mirent en possession de belles et importantes seigneuries, titrées ou non, ont conquis et occupent dignement un rang très distingué dans notre noblesse. Le chef actuel de cette maison est Frédéric, baron du Noyer, marquis de Lescheraines, veuf de noble Adèle de Boigne. Il fut décoré de la croix de la Légion d'honneur pour brillants faits d'armes pendant la guerre de 1870.

1840.

Mgr Alexis Billiet, lors de sa translation de la Cathédrale de Saint-Jean de Maurienne au siège archiépiscopal de Chambéry, le 27 avril 1840, s'empressa de faire un don de joyeux avènement à la Maison des Orphelines, comme gage de son particulier et paternel dévouement.

— Alexis Billiet naquit le 28 février 1783, aux Chapelles, dans la Haute-Tarentaise, d'une famille honorable de paysans. Doué des dons de l'intelligence les plus rares, le jeune Alexis pénétra, à l'école de son curé, M. l'abbé Péronnier, en moins de quatre ans, et avec un succès étonnant, les arcanes des belles-lettres, de la philosophie, de la théologie. Le 5 octobre 1806, il se présenta au Grand-Séminaire de Chambéry et subit un examen brillant sur toutes ces sciences ; si bien que, six mois après, il fut chargé de l'enseignement de la philosophie. Ordonné prêtre le 23 mai 1807, il devint successivement, par son seul mérite, professeur de théologie, supérieur du Grand-Séminaire, vicaire général en 1818, vicaire capitulaire en 1823, évêque de Maurienne en 1825, archevêque de Chambéry en 1840, sénateur du royaume en 1848, cardinal du titre de Saint-Alexis le 27 septembre 1861, commandeur de l'Ordre des Saints Maurice et Lazare le 11 juillet 1834, chevalier grand-croix le 3 avril 1840, commandeur de la Légion d'honneur en 1861.

La puissante intelligence de S. Em. le Cardinal Billiet, son esprit clair, méthodique, son assiduité infatigable au travail en firent en même temps qu'un pontife distingué un savant autorisé et profond. L'illustre prélat fut en même temps l'homme de Dieu, l'homme du travail, l'homme du devoir. Après une vie constamment exemplaire, S. Em. le Cardinal Billiet, dont s'honorent l'Eglise et la patrie, mourut le 30 avril 1873, à l'âge de quatre-vingt-dix ans, deux mois et deux jours.

1844.

Noble Hortense Gui de Revel a fait don de trois mille francs sans charge spécifiée.

1850.

Le chevalier Jérôme Bagutti, architecte, par son testament mystique, donna quatre mille francs sans condition.

1856.

Mademoiselle Péronne Costel, par son testament, en date du 6 mars 1856, avait légué quatre mille francs pour une place en faveur d'une fille de la paroisse de Lémenc ; mais les héritiers naturels s'étant prévalus de la nullité légale du legs, ne comptèrent que deux mille francs.

1866.

FONDATION ANTONIOZ.

M. Antonioz, banquier, par son testament du 3 mai 1866, a créé une place gratuite.

1869.

FONDATION MARTHE.

M. Joseph Marthe, notaire à Chambéry, décédé en 1875, dans son testament du 23 décembre 1869, a légué la somme de quatorze mille francs pour deux lits, en faveur de deux orphelines du Bourget-du-Lac, et à défaut pour deux filles de Saint-Baldoph, dans les conditions réglementaires de la Maison.

1870.

Mademoiselle Louise Pillet, ancienne maitresse des Orphelines, a légué, par testament du 4 septembre 1870, la somme de cinq cents francs sans charge.

1871.

Révérend Donat Ferroud, né à La Compôte, le 14 janvier 1800, ancien archiprêtre de Châteauneuf et du Pont-Beauvoisin, décédé le 3 mai 1871, chanoine, promoteur de l'Officialité métropolitaine, a fait donner par l'abbé Dumoulin, son neveu, mille francs, à la charge d'une messe.

1872.

Il fut fait un don manuel anonyme de cent francs, sous la réserve d'une messe basse célébrée chaque année à l'intention de la donatrice.

1877.

M. Laurent Bertallot, en son testament olographe du
1er mars 1877, a légué quatre cents francs.

1881.

FONDATION FLANDIN.

Monsieur Flandin Humbert, dit Hubert, architecte à
Chambéry, décédé le 7 mars 1882, a légué par son testa-
ment en date du 21 mai 1881, dix mille francs aux
Orphelines pour une place gratuite.

1883.

Monseigneur François Gros, ancien évêque de Tarentaise,
dans le bienveillant intérêt qu'il portait à l'œuvre des
Orphelines, a fait remettre à l'ordonnateur la somme de
cinq cents francs qui a été encaissée par le receveur sur
l'ordre de recevoir visé par la préfecture, le 19 août 1883.

— Mgr François Gros, dont la note dominante fut la
bonté, est né à Saint-Offenge-Dessous, le 28 février 1801.
Ordonné prêtre le 23 décembre 1826, il fut successivement
nommé directeur du Grand-Séminaire de Chambéry le 26
du même mois, professeur de 3me et de 4me au Collège de
Rumilly le 1er novembre 1827, vicaire à Aix-les-Bains le 10
septembre 1828, curé de Trévignin le 20 avril 1830, curé
de Cognin le 1er avril 1832, curé-archiprêtre de Saint-Genix
le 17 mai 1839, curé-archiprêtre d'Aix-les-Bains le 16 avril
1842, chanoine titulaire et vicaire général le 6 novembre
1850, chevalier de la Légion d'honneur le 29 août 1860,

doyen du Chapitre le 26 mars 1866. Elu évêque de Tarentaise le 23 septembre 1866 et préconisé le 21 mars 1867, il fut sacré dans la Cathédrale de Chambéry par S. Em. le cardinal Billiet, assisté de NN. SS. Vibert, évêque de Saint-Jean de Maurienne, et Mermillod, évêque d'Hébron, vicaire apostolique de Genève.

Ayant démissionné en 1872, Mgr François Gros fut nommé chanoine de Saint-Denis le 21 octobre de cette même année ; retiré à Chambéry, il mourut dans le baiser du Seigneur, le 8 décembre 1885, en laissant l'exemple de toutes les vertus sacerdotales et d'une parfaite amabilité.

1884.

Fondation Longue.

M. Longue Joseph-Marie, banquier en cette ville, par son testament olographe, en date du 12 juillet 1884, ouvert le 2 mars 1886, donne et lègue à la Commission administrative de la Maison des Orphelines la somme de sept mille francs, payable dès que cette Commission sera autorisée à recevoir cette somme, à devoir être employée à la fondation à perpétuité, et pendant 365 jours par an, en faveur d'une jeune fille qui soit dans les conditions d'admissibilité prévues par le règlement. Cette fondation portera, aux termes du testament, le nom de la famille, et sera à la nomination du plus âgé de ses neveux et arrière-neveux, enfants ou descendants de ses frères Charles et Ferdinand, avec pouvoir de substituer.

Les demoiselles Longue, sœurs du défunt et légataires universelles, désirant s'associer à la générosité de leur frère, ont bien voulu payer les frais de mutation.

1887.

Madame veuve Duport, par son testament, en date du 24 juillet 1885, a légué sans condition deux mille francs

1887.

Fondation Chaboud.

M. Chaboud François, ancien vice-président du Tribunal civil de Chambéry, en son testament olographe du 5 janvier 1887, a légué à l'Orphelinat des filles la somme de deux mille francs, sans condition particulière d'emploi, payables après le décès de sa femme.

Madame Julie Fayolle, veuve de M. François Chaboud, dans un sentiment de foi et de générosité évangélique qui l'honore, s'empressa, en 1891, d'ajouter au legs de son très regretté époux la somme nécessaire pour créer une place gratuite et à perpétuité, à la condition : 1° Qu'elle portera le nom de fondation de M. et Madame Chaboud ; 2° que la nomination lui sera réservée, et après elle, à la personne qu'elle désignera, ou à défaut, à la Commission administrative.

1893.

Il fut fait un don de trois mille francs avec cette simple souscription : Pour la Maison des Orphelines. Cette libéralité, rehaussée par la forme modeste et délicate, a été placée en rente sur l'État.

1898.

Une personne, désirant demeurer inconnue, a fait une aumône de quatre cents francs, sans charge ni condition.

Sous l'administration économique des Dames de l'Humilité de 1724 à 1793, et des Dames de la Charité qui leur ont succédé avec les mêmes droits jusqu'à 1863, l'Orphelinat fut successivement doté de cinquante places gratuites. En ces temps de foi, le gouvernement favorisait de précieux privilèges l'exercice de la bienfaisance ; la bureaucratie et le fisc n'en ralentissaient point l'essor.

De la dernière annexion à ce jour, cinq nouvelles places cependant ont été créées, chacune par trois cents francs de rente annuelle. Malgré le capital nécessité aujourd'hui pour constituer une fondation à perpétuité, espérons que la Charité triomphera des difficultés des temps, augmentera peu à peu le patrimoine des Orphelines. Laisser aux pauvres quelques parcelles des biens que l'on ne peut emporter au-delà de la tombe, c'est une œuvre des plus agréables à Dieu et des plus salutaires pour soi-même, car ainsi on continue à réparer et à mériter, à glorifier la la divine Providence et la sainte Eglise.

Il est bon de noter, en finissant, que l'Orphelinat n'est pas un hospice proprement dit, ni un ouvroir ; c'est une maison d'éducation gratuite, destinée aux Orphelines au moins de père ou de mère chrétiennement mariés, dans les conditions d'âge, de santé et de bonne vie prévues par le règlement, mais qui ne trouvent pas chez elles le moyen de s'instruire pour occuper une position avantageuse à elles-mêmes et aux leurs.

Les admissibles ne sont donc pas de la catégorie des abandonnées, des vagabondes ; elles ont toutes ou père ou mère, ou un tuteur, une famille qui s'intéresse à elles. Elles ne sont pas même absolument pauvres ; il n'est pas exigé pour l'admission un certificat d'indigence. Il y a même des places qui doivent être réservées pour les Orphelines de la classe aisée. C'est ainsi que M. l'avocat Gabet, en 1828, créait un lit pour être donné de préférence à ses parents : de même, Madame Domenget, née Marguerite Rivod, destinait sa fondation du 7 septembre 1829 à une orpheline choisie particulièrement dans la bourgeoisie.

Livre Second

VUE DE LA PROVIDENCE

LIVRE II

La Sœur cadette : La Providence.

CHAPITRE PREMIER

Origine de la Providence.

LA ville de Chambéry possédait déjà en 1724 un établissement spécial pour les orphelines de père ou de mère catholiquement mariés ; mais il ne pouvait en recevoir qu'un nombre très limité et dans les conditions prévues par le règlement de la Maison.

Comme le soleil qui, sans s'épuiser, dispense la lumière, la chaleur, la vie à toute la nature, ainsi la Charité évangélique s'épanche avec tendresse sur toute souffrance ; A la vue des jeunes filles à qui l'Orphelinat ne peut ouvrir ses portes, elle créera pour elles, à son ombre, un asile où elles partageront le bonheur de leurs sœurs aînées.

Chose digne d'admiration ! Pour faire les œuvres qui demandent les délicatesses de l'amour divin, les dévouements sans défaillance de la maternité, Dieu semble s'adresser de préférence au cœur de la femme.

Les femmes, redirons-nous avec Maxime du Camp, sont seules capables de ces dévouements prolongés qui ne reculent ni devant les difficultés et les dégoûts, ni devant les déceptions et les ingratitudes ; et parmi les femmes, principalement celles qui gardent le deuil permanent du veuvage, et qui, à travers le crêpe, ne voient que les misères à soulager ; puis les vierges vouées au culte du Céleste Epoux.

Ainsi, pour créer dans notre ville les asiles de la Madeleine, des Orphelines, des Sourdes-Muettes, du Bon-Pasteur et de la Providence, Dieu s'est servi de veuves comme Madame Eynard Romanet, la marquise de Sigismond de Faverges, Madame Tulie Rey et la baronne Noëmi de Châtillon, et aussi de Mademoiselle Barthélemy, de Mademoiselle Laurence Guittaud et de Mère Thérèse.

Cependant, de nombreux exemples démontrent que le Père des déshérités du monde suscite également des hommes pour accomplir ses desseins de miséricorde.

Pour l'encouragement des âmes d'élite qui reçoivent du Ciel les inspirations des saintes audaces, citons des exemples :

Jeanne Jugan, à la mort de sa maîtresse, loue une mansarde ; elle avait 600 francs ramassés en vingt-cinq ans de labeur. Pendant l'hiver de 1839, elle fit transporter chez elle la vieille Anne Chauvin, infirme, aveugle, qui mourait d'inanition ; puis, Isabelle Quercu, devenue tellement impotente qu'elle ne pouvait plus aller mendier. Les

trois lits se touchaient, faute de place. Jeanne travaillait
sur le palier. Confiante en la Providence, elle s'établit
dans un nouveau domicile le 1er octobre 1841. Dès le 1er
novembre, elle y accueillit vingt vieilles femmes, brisées
par l'âge et les infirmités. Pour les nourrir, Jeanne résolut
d'aller mendier. Elle ne refusait rien, ni la croûte de pain,
ni la croûte de fromage, ni le vêtement usé, ni le soulier
éculé. A la fin de 1842, Jeanne avait trente personnes
à nourrir; en novembre 1843, cinquante; au 31 décembre
1844, soixante-cinq. L'humble servante de Saint-Servan est
aujourd'hui la Mère de quarante mille religieuses, nourrissant et sanctifiant vingt-sept mille vieillards, abrités
dans deux cent cinquante-deux maisons, sans compter
celles qui ont été fondées en Australie, au Portugal, au
Chili et ailleurs [1].

Dans le courant de décembre 1841, Dom Bosco, de
sainte mémoire, allait célébrer la sainte messe, et le sacristain cherchait un enfant qui pût la servir. Un vagabond de
seize ans, Barthélemy Garelli, se promenait dans l'église
regardant les tableaux ; le sacristain le requit ; le jeune
homme refusant, on en vint aux gros mots. Dom Bosco
intervint, calma le vagabond, l'interrogea et constata
qu'il ne savait pas même faire le signe de la Croix.
Dès ce moment, le nouveau Vincent de Paul se promet
de se vouer à la jeunesse abandonnée. Il a tenu parole.
Plus de quatre-vingt mille enfants lui doivent aujour-
d'hui d'être des hommes probes, travailleurs et bons
chrétiens.

[1] Voir *La Charité privée*, par MAXIME DU CAMP.

Un soir, à la fin de l'hiver 1865, l'abbé Roussel aperçut un enfant qui fouillait dans un tas d'ordures : « Qu'est-ce que tu fais là ? — Je cherche de quoi manger. » L'abbé prit l'enfant, l'emmena, le fit dîner et le coucha. L'Orphelinat d'Auteuil venait de naître ; le lendemain, le prêtre se mit en quête et rentra avec un autre abandonné. Huit jours après, l'abbé Roussel en hébergeait six autres qui encombraient sa maison.

La Providence de Chambéry eut une origine pareille.

Les Orphelines étaient à la promenade sur le chemin de Montagnole. Une petite fille, malheureuse, mais à l'air intelligent, descendait. La Sœur Marie-Charlotte, qui accompagnait la Communauté, l'interroge avec douceur : « D'où viens-tu ? — De la montagne. — Où vas-tu ? — Je ne sais pas. — Veux-tu venir avec nous ? — Oui. » La maîtresse l'emmena. C'était au mois de mars 1846. La jeune Sœur Colette (Jeanne Beauregard, de Chambéry), vivante encore, fut chargée par Mère Félicité de présenter l'intéressante vagabonde, Dominique Morisot, à Mère Thérèse, Supérieure de l'Orphelinat. Elle lui dit timidement : « Nous avons trouvé cette petite sur le chemin. » Sans hésiter, Mère Thérèse répondit dans l'ardeur de sa charité : « C'est une enfant de la Providence ; nous partagerons notre pain avec elle ; nous lui apprendrons à aimer le bon Dieu, et nous travaillerons pour lui faire un avenir : ce sera notre bonne œuvre du Carême[1]. »

---

[1] Mère Thérèse, dans le siècle Octavie Quoirat, est née le 24 avril 1808 d'une des premières et des plus anciennes familles d'Albertville. Son père, M. Jacques Quoirat, et sa mère, Madame Marie Anselme, donnèrent une éducation soignée à leur intelli-

Dominique n'étant pas dans les conditions voulues pour
être admise gratuitement au nombre des orphelines,
l'ingénieuse Mère Thérèse se dit : Nous la mettrons coucher
sur la soupente de la cave, à la garde de son Ange
gardien. Tel fut le premier berceau de la Providence à la
première Maison des Orphelines.

L'intelligente et inoubliable Supérieure venait de jeter,
à l'ombre hospitalière de l'Orphelinat, le grain de sénevé
qui, arrosé par les eaux intarissables de la Charité, allait

gente et pieuse fille. Octavie puisa dans cet intérieur chrétien
des sentiments élevés et délicats, une piété solide et aimable, qui
lui valurent dans les phases diverses de sa longue carrière
l'estime et les sympathies de tous ceux qui eurent des rapports
avec elle.

Ayant entendu l'appel divin, sacrifiant ses plus tendres et légitimes affections, elle vint demander humblement l'entrée en
religion à la vénérée Mère Saint-Jean, fondatrice en Savoie de
l'Institut des Religieuses de Saint-Joseph. Mademoiselle Octavie revêtit le saint habit le 14 octobre 1828 ; elle prononça ses
vœux perpétuels le 27 octobre 1830 et, l'année suivante, la jeune
Sœur fut nommée Supérieure de la Maison des Orphelines. Elle
était à sa place. Aimant passionnément Dieu et les petits, elle se
dévoua tout entière, pendant vingt-trois ans, à l'œuvre de la
Marquise de Faverges, et à celle dont elle fut la première initia-
trice. Elle les fit fleurir par son esprit d'ordre et d'organisation,
de foi et d'humilité, de zèle et d'immolation.

En 1854, l'obéissance lui confia une autre mission : elle dut
quitter son cher Orphelinat de Chambéry pour se rendre en
Bourbonnais, afin de prendre la direction du Pensionnat Saint-
Pierre que Mademoiselle Solignat, de pieuse mémoire, venait de
céder aux Religieuses de Saint-Joseph. Cet éloignement lui fut
extrêmement sensible : « Quoique vous m'ayez vu trop sensible
au moment du départ, écrit-elle à Mère Félicité, Supérieure
générale de l'Institut, je puis vous assurer que, par la grâce de
Notre-Seigneur, je suis calme et soumise, bien que je me sente
faible et impuissante. » A Cusset, comme à Chambéry, Mère
Thérèse eut bientôt gagné l'estime et la confiance de tous ; les
premières familles de la localité aimaient à lui confier leurs enfants ; les pauvres, les ouvriers venaient à elle comme à une

devenir le bel arbre de notre Providence : « Mère Thérèse, est-il dit dans sa biographie, a commencé cette œuvre en 1846 avec le concours empressé de Madame Rey, née Gariod. Cette institution annexée à l'Orphelinat, si modeste à son début, est devenue florissante grâce aux libéralités de Madame la baronne de Châtillon. La pieuse dame estimait beaucoup la Supérieure, qui d'ailleurs avait les sympathies générales. »

mère toujours disposée à leur faire du bien, à partager leurs difficultés et à adoucir leurs peines. Le local du Pensionnat Saint-Pierre ne tarda pas à devenir insuffisant ; le Noviciat venait d'y être établi. Il fallait donc trouver une maison plus spacieuse. La Providence vint au secours de la confiante Supérieure qui, de concert avec Monseigneur de Conny, aumônier, put acheter la maison occupée aujourd'hui par la Communauté. Mère Thérèse fonda successivement les Maisons de Busset, de Ris, de Chatel-Montaigne, de Saint-Nicolas des Biefs, d'Aronne, de la Chabanne, et enfin l'Orphelinat de Gannat.

Frappée d'une demi-cécité, elle quitta avec larmes son cher Etablissement, et se retira à Busset où elle passa de longues années sous le poids de cruelles épreuves. Complètement aveugle, elle revint à la Maison-Mère de Cusset, et, le 14 février 1891, l'admirable religieuse s'endormit dans la paix du Seigneur, à l'âge de quatre-vingt-deux ans quatre mois, dont soixante-deux ans quatre mois de vie religieuse.

CHAPITRE II

Au jour le jour.

C E titre est suggestif, comme l'on dit dans le langage moderne ; au regard de la foi, il réveille dans l'esprit un ensemble d'idées qui émeuvent le cœur : l'idée de misère et d'abandon, l'idée de compassion et d'adoption, l'idée de dévouement et de suffisance journalière, l'idée d'action créatrice du bon Dieu à l'origine et de son intervention continuelle dans la suite. A ces mots : Au jour le jour, ne semble-t-il pas qu'on entend des voix crier : Ah ! donnez-nous aujourd'hui notre pain.....

Telle était la prière des premières élèves de notre œuvre naissante.

Madame Aimé Rey, à la flamme de son ardente charité, entrevit dans l'initiative de Mère Thérèse le commencement d'une institution de la plus grande utilité ; elle s'y précipita tête baissée et en devint l'âme et la pourvoyeuse. A l'exemple de Jeanne Jugan, elle se fit mendiante, treize années durant, à travers la ville de Chambéry.

On dirait que ces deux vaillantes chrétiennes connaissaient la maxime de Marc-Aurèle : « Regarde en toi-même et tu trouveras une source qui toujours jaillira, si tu creuses toujours. »

Confiantes aveugles en Celui qui s'appelle le Père des Orphelins, les deux initiatrices donnèrent bientôt à Dominique quelques compagnes.

Mademoiselle de Lamouroux, fondatrice du Refuge et de la Miséricorde de Bordeaux, en 1801, disait : « Avec un écu et une semaine de travail, on peut commencer une œuvre. »

M. l'abbé Mercier, curé-archiprêtre de Notre-Dame, en même temps aumônier des Orphelines, avait bien donné l'écu de cinq francs, mais la semaine de travail restait à venir ; Dominique et ses quatre premières compagnes ne savaient manier ni l'aiguille ni le fuseau.

Cependant l'entretien des fillettes ne tourmentait point nos fondatrices ; elles comptaient sur la charité légendaire de Chambéry. Le difficile, c'était d'abriter ces enfants pendant la nuit ; impossible d'établir cinq couchettes sur la soupente de la cave. L'Administration de l'Orphelinat, à qui revient la plus large part dans la fondation de la Providence, céda gratuitement l'usage de l'ancienne *farinière* du premier établissement de l'œuvre de la Marquise de Faverges. Dans ce réduit creusé dans le roc, éclairé par deux lucarnes qui existent encore, on établit un dortoir pour cinq ou six enfants. Les cavités et les aspérités de la roche leur servaient d'armoires et de crochets. On mit aussi gratuitement à la disposition des chères pauvrettes la salle de travail qui avait servi aux huit premières Orphelines.

Y a-t-il une institution qui ait une origine plus humble, un berceau plus ressemblant à la grotte de Bethléem ?

Les esprits forts et grincheux, qui ne croient pas à la fécondité du grain de sénevé dont parle l'Evangile, disaient : Voilà une témérité, une folie ; ces dames manquent de jugement et de sens commun. Pourquoi ne placeraient-elles pas ces filles chez des paysans honnêtes pour garder les troupeaux ?

L'Œuvre avait reçu le baptême de contradiction, qui présageait les bénédictions du Ciel. Elle vivait et peu à peu elle se développait dans la pauvreté. En attendant le travail rémunérateur, le nécessaire ne lui manquait pas. Madame Rey y subvenait par ses quêtes ; Madame Caroline Antonioz envoyait des provisions en nature ; la Baronne de Châtillon donnait des pièces d'or ; et l'Orphelinat apprêtait la nourriture et faisait l'appoint.

La charmante Dominique voyait avec joie augmenter le nombre de ses compagnes ; l'obscur dortoir de la grotte ne pouvait plus contenir de nouvelles couchettes. Sœur Colette vint dire à la Supérieure des Orphelines : « Ma Mère, il n'y a plus de place pour la dernière venue. — Ma fille, répondit Mère Thérèse, souvenez-vous de la leçon de Jésus à ses apôtres : Si vous aviez de la foi comme un grain de sénevé, vous diriez à cette montagne : déracine-toi, transporte-toi au milieu de la mer, et elle vous obéirait. Allez pousser la muraille. »

Avec la confiance du thaumaturge qui fit éloigner la montagne de Néo-Césarée, l'humble religieuse et Sœur Gertrude, avec la foi de l'obéissance, poussèrent de l'épaule la muraille de l'étroit réduit. La muraille ne recula point sur-le-champ ; mais l'intervention céleste ne se fit pas longtemps attendre.

Le surlendemain, M. Antonioz passant visita fortuitement la *farinière*. Emu à la vue des couchettes entassées, vite il s'entendit avec le propriétaire voisin, loua deux chambres pouvant contenir chacune six lits, et pour y arriver fit percer la muraille poussée par les deux maîtresses. Jamais, dans sa longue vie de financier, cet homme de bien n'avait prêté à meilleur intérêt. Avec sa baguette d'or, il avait fait jaillir la source de ces richesses que la rouille ne peut atteindre, ni la mort les ravir. Sa charité procura l'espace, l'air et la lumière à l'intéressante famille qui étouffait; elle y fit rayonner la vie et l'espérance.

La plante de sénevé put dès lors étendre ses rameaux que les eaux de la Charité ne laisseront point flétrir. Quand de nouveau la pauvre tribu se trouvera trop à l'étroit, la bienfaisance des Pères Chartreux convertira le galetas en dortoir. Alors, la Providence pouvait coucher trente élèves.

Les prudents du siècle ne criaient plus : C'est une utopie ! l'œuvre ne vivra pas ! Elle ne vécut pas longtemps, il est vrai, dans ce logis d'emprunt gratuit ; car il est rare qu'une institution de ce genre atteigne son but là où elle a commencé. S'il est permis de comparer les petites choses aux grandes, la Providence quittera comme Abraham sa terre natale et ira chercher ailleurs l'espace et l'hospitalité que réclamait sa destinée.

Il y avait douze ans qu'elle avait dressé timidement sa tente sur le sol de l'Orphelinat, elle devait en suivre le sort. Le 19 décembre 1854, le second établissement des Orphelines avait été vendu à la Compagnie chargée de construire le chemin de fer Victor-Emmanuel. Le 30 avril suivant, la Communauté dut quitter à regret sa vieille et

charmante demeure[1] et alla s'installer dans les dépendances de la Salle d'Asile encore inachevée, en attendant
l'appropriation de la maison qu'elle occupe maintenant
dans l'ancien clos des Carmes déchaussés. Alors, M. Antonioz voulut bien donner à quinze élèves de la Providence
un abri dans les combles de son appartement, rue Croix-
d'Or. Celles qui étaient capables de gagner leur vie furent
placées comme domestiques[2]. Lors de l'installation des
Orphelines dans le bel établissement d'aujourd'hui, la
charitable Administration recueillit les hospitalisées de
M. Antonioz dans une petite maison, sise sur la limite du
jardin de la grande cour de l'Orphelinat. C'était en octobre
1856 ; cinq mois après, le 19 mars 1857, Madame Rey est
emportée par une mort foudroyante, laissant après elle un
grand enseignement et un grand exemple.

Madame Rey, veuve du docteur Aimé Rey, était le type
admirable de la femme chrétienne, dévouée sans ostentation à toutes les bonnes œuvres ; les pauvres la pleurèrent
comme une mère charitable dont la porte leur était toujours
ouverte, et son souvenir restera vivant à la Providence.
Elle avait puisé ces saintes traditions dans l'exemple de
son mari, cet excellent citoyen dont la mémoire sera
toujours si vénérée et regrettée. C'est un véritable titre de
noblesse pour une famille que d'avoir de tels parents ;
car le souvenir des bienfaits qu'ils ont répandus autour
d'eux suffit pour concilier à leurs enfants l'estime et la
reconnaissance publique.

---

[1] Aujourd'hui maison Tardy, au Reclus.
[2] Un ouvroir avait été annexé d'abord à l'Orphelinat, puis à la
Providence ; ce qui a fait dire que Madame Rey avait entretenu
à elle seule plus de soixante élèves.

Jusqu'ici, la Providence, qui n'avait ni toit ni fonds, ni existence assurée, pouvait s'attribuer ce que disait le Sauveur à ses disciples : Les renards ont des tanières, les oiseaux du ciel des nids ; le fils de l'homme n'a pas une pierre pour reposer sa tête.

LA BARONNE DE CHATILLON

CHAPITRE III

Madame de Châtillon et la Providence.

———

L'HOMME propose, Dieu dispose ; les destinées de ses enfants sont entre ses mains ; Il sauve tout, quand tout semble perdu ; Il envoie Mère Thérèse en Bourbonnais et appelle à lui pour la récompenser Madame Rey qui ne pouvait achever ce qu'elle avait commencé ; alors Il inspire à Madame de Châtillon [1] le noble projet de

---

[1] La baronne de Châtillon Henri-Xavière-Joséphine-Noémi, fille du baron Antoine d'Anglejan, officier de cavalerie, chevalier de la Légion d'honneur, et de noble Pierrette Thiroux de Médavy, est née le 5 novembre 1819 à Autun (Saône-et-Loire).

Le 6 mars 1841, elle épousa le baron Rambert de Châtillon, membre distingué du Sénat de Savoie, qui fut le dernier de son illustre race.

Ce mariage présageait tous les bonheurs. Avec de la fortune, de la beauté et de la santé de part et d'autre, il y avait égale distinction de naissance et de manières, de cœur et d'intelligence. Mais les alliances les mieux assorties ne sont pas toujours sans épines ni sans nuages. Quelques divergences d'idées, d'opinions, de pratiques et de convictions religieuses, peuvent susciter des contradictions pleines quelquefois de secrètes amertumes. La mission de la femme est d'établir au foyer, insensiblement, sans en avoir l'air, une parfaite concorde. Comment ? Par l'exemple de sa vie, faite de piété aimable, de douceur, de

constituer le patrimoine de la Providence. Dieu avait donné à cette noble femme, avec la passion de la charité, un esprit élevé, un cœur héroïque et une fortune relativement considérable.

patience, d'à-propos, de silence, de sacrifices cachés, d'affectueuses et délicates attentions.

Un soir, le jeune Baron revenait à Châtillon d'Aix-les-Bains fort maussade et sombre; sa femme en devine la cause : « Anténor, combien avez-vous perdu ? — Cinquante mille francs. — Mon ami, plaie d'argent n'est pas mortelle; vous prendrez la somme sur mon paraphernal; qu'il n'en soit jamais question. Ce n'est pas payer cher le bonheur que je vous souhaite. »

« Heureux, dit le Saint-Esprit, le mari d'une épouse vertueuse !

« Elle doublera le nombre de ses années et remplira de paix les jours de sa vie.

« Comme le soleil se lève sur le monde dans les hauteurs du ciel, ainsi la femme forte est l'ornement et la joie de sa maison.

« Sa grâce surpasse toutes les grâces ; elle réjouira le cœur de son époux, le sanctifiera et le *conquerra pleinement à son Dieu.* »

Notre héroïque chrétienne ayant fait pénétrer doucement, rayon par rayon, les splendeurs de son âme dans celle de son époux, goûta la joie ineffable de le voir vivre en fervent chrétien.

Le baron de Châtillon, dans la force de l'âge, mourut pieusement à Lyon, le 14 décembre 1860. Si jamais époux ne fut plus surnaturellement aimé, jamais époux ne fut plus chrétiennement pleuré.

« Le baron Rambert de Châtillon, conseiller à la Cour impériale de Chambéry, vient de mourir à Lyon après une longue et douloureuse maladie. Si l'heure de l'honorable conseiller n'avait été marquée par la Providence, les soins qu'il avait reçus dans cette ville auraient assurément triomphé de son mal. On avait espéré que le changement d'air et un régime différent pourraient neutraliser les effets de la maladie ; mais, hélas ! les espérances ont été vaines ; il y a deux jours que M. de Châtillon s'éteignait en fervent chrétien, entre les bras de son épouse désolée. Le corps, ramené de Lyon à Chambéry, a été inhumé ce matin, à neuf heures. Une foule nombreuse, dans laquelle toutes les classes de la société étaient représentées, se pressait à ses funérailles, donnant au magistrat distingué non moins qu'à

Pour la Providence, à laquelle depuis longtemps elle s'intéressait généreusement, elle sacrifiera tout ; elle renoncera aux relations de société et de famille, et même au séjour prolongé qu'elle faisait chaque automne à Châtillon.

l'homme privé un témoignage de vive sympathie. Le convoi funèbre était ouvert par toutes les Confréries ; les cordons du poêle étaient tenus par MM. Girod, premier président de la Cour, Millevoye, procureur général, les conseillers Mareschal et Fosseret. A la suite marchait la Cour en robe rouge, précédée des huissiers et suivie des membres du Tribunal en robe et d'une foule sympathique. » *(Courrier des Alpes.)*

A l'audience de la rentrée de la Cour d'Appel, le 4 novembre 1861, M. Diffre, avocat général, fait l'éloge du baron de Châtillon en ces termes :

« Si, dans le sanctuaire de la justice, de hautes convenances interdisent en pareille solennité l'éloge des vivants, afin que la vérité même ne puisse jamais, dans la bouche d'un magistrat, être suspecte de flatterie, un pieux usage commande, au contraire, d'honorer les membres de la famille judiciaire pour lesquels l'éternité a commencé. Hélas ! il faut ouvrir déjà ces tables funéraires, et le nom de M. le conseiller baron Rambert de Châtillon est le premier que nous y devions graver !

« Je ne vous parlerai ni de la haute et générale estime dont sa famille jouissait à l'égal des plus honorées, ni de son passé judiciaire, énoncé dans cette Compagnie où il trouvait les exemples et les souvenirs de deux de ses ancêtres[1], et où successivement substitut de l'avocat fiscal général et sénateur il a déployé les plus brillantes qualités oratoires et la plus solide érudition. Je ne vous rappellerai pas ce que furent cette imagination étincelante, cet esprit amoureux des arts, cette aménité de mœurs et cette exquise politesse qui rendaient son commerce si attrayant et si recherché. Le portrait que j'en pourrais faire serait au-dessous du souvenir que vous en avez gardé.

« Mais ce que j'ai besoin de vous dire, c'est l'ineffaçable impression que m'a laissée cette franche et généreuse nature. De tous les fils de la Savoie qui ont salué l'Annexion comme l'heureux accomplissement de leurs plus chères espérances, aucun ne

_____

(1) L'aïeul paternel et l'aïeul maternel de M. de Châtillon ont été l'un et l'autre présidents du Sénat de Savoie.

« Je vais sur mon rocher, disait-elle, uniquement pour mes affaires ; ma vie et mes œuvres sont à Chambéry. » Aussi bien, à moins d'impossibilité, elle revenait chaque semaine visiter sa famille adoptive et les pauvres, mangeait

l'a fait avec plus d'élan et d'enthousiasme que M. de Châtillon. Quand sa main loyale s'est ouverte pour presser la mienne, le jour où pour la première fois je pénétrai dans cette *France nouvelle*, j'ai senti que son cœur passait dans cette étreinte, et mon amitié a spontanément répondu à la sienne, comme si quelque mystérieux instinct m'avait fait pressentir qu'il fallait me hâter. La poignante impression que j'éprouve à ce souvenir est bien naturelle. Je ne puis oublier que nous avons ensemble, lui comme président, moi comme procureur impérial, ouvert les premières assises de la Haute-Savoie.

« Cette communauté de travaux, en m'imposant la plus haute estime pour le zèle et pour le mérite du magistrat, avait corroboré les vives sympathies que j'éprouvais pour sa personne. A la manière remarquable dont il dirigea cette première session, on devait augurer qu'il compterait bientôt au nombre de nos meilleurs présidents de Cours d'assises. Vain espoir ! il était atteint déjà du mal qui devait l'entraîner si prématurément au tombeau ! Je l'ai vu, confiant dans la Miséricorde divine, supporter avec une résignation toute chrétienne de cruelles souffrances ; et j'ai pu admirer la sérénité de cette âme prête à s'envoler vers sa céleste patrie, et qui ne semblait retenue sur la terre que pour consoler et bénir l'épouse désolée dont les soins dévoués luttèrent courageusement jusqu'à la dernière heure pour défendre et prolonger une existence si chère, mais, hélas ! irrévocablement condamnée. »

Le baron Anténor Rambert de Châtillon, dont le nom illustre revit dans son neveu et filleul, Robert d'Anglejan, baron de Châtillon, capitaine d'artillerie, est le dernier descendant de cette ancienne famille de Chambéry qui honora la patrie, l'église, la magistrature, l'armée et les beaux-arts.

La maison Rambert a produit plusieurs personnages d'un rare mérite :

1. — Jacques Rambert, le premier que mentionne Grillet, jurisconsulte profond et d'un savoir très étendu, fut chanoine de la Sainte-Chapelle, *vicaire général* et official de l'évêque de Grenoble dans le décanat de Savoie. Après le Concordat de 1727

pour vivre, repartait en troisième classe, portant elle-même
ses colis.

La nouvelle Administration des Orphelines, qui n'avait
pas les latitudes de la précédente, avait résolu en Conseil

entre la Cour de Turin et celle de Rome, le roi Victor-Amé II le
nomma évêque d'Aoste; il fut sacré par Benoît XIII.

M⸱ᵉʳ Rambert prit possession de son siège le 8 février 1728, et
mourut dans sa patrie la même année.

Son successeur fut Jean Grillet, de Montmélian, célèbre docteur de Sorbonne.

M⸱ᵉʳ Rambert a laissé: *Mémoires sur les actions les plus écla-
tantes et les droits les plus précieux des Princes de la R. Maison
de Savoie;* M⸱ˢˢ dont fait mention le baron Vernazza dans sa
Bibliotheca patria, n° 1452.

II. — Nicolas Rambert, très versé dans les sciences abstraites
de la jurisprudence, a été avocat des pauvres au Sénat de
Savoie et conseiller de S. A. R.

III. — Jean-Louis Rambert, fils du précédent, dut à sa valeur
d'être nommé colonel de cavalerie et gouverneur des pages de la
Cour de Turin.

IV. — Jacques Rambert, sénateur au Sénat de Savoie, mort
dans la paix du Seigneur le 8 août 1745, était un magistrat que sa
piété et sa charité, sa justice et son intégrité rendirent recom-
mandable à sa patrie.

V. — Rambert Jacques, Cordelier de la *Stricte Observance,* professeur de théologie au Collège royal de Chambéry, possédait à
un haut degré les charmes de l'éloquence naturelle. Il prêcha
à Paris, à Lyon, à Turin avec les plus heureux succès; sa logique était pressante, sa diction pure, ses discours pleins d'érudition et d'entraînement. Accablé de douleurs et d'infirmités par
les suites d'une goutte opiniâtre, il rendit son âme à Dieu le 13
août 1775.

Il avait vendu à M⸱ᵉʳ Laurent de Saint-Agnès, archevêque de
Tarentaise, ses manuscrits, contenant des sermons, des disser-
tations théologiques et des recherches sur les mœurs et les progrès de la civilisation des différents peuples des Alpes qui portèrent ensuite le nom de Savoisiens.

VI. — Amédée Rambert de Châtillon, curé de Saint-Léger,
chanoine-trésorier de la Sainte-Chapelle, visiteur des Collèges
de Savoie et préfet de celui de Chambéry, mort le 8 mars 1765.

la démolition du dernier refuge gracieusement accordé aux élèves de la Providence, et partant c'en eût été fait de l'Œuvre.

En présence de cette éventualité désolante, la Baronne de Châtillon consulte son directeur spirituel, à qui elle avait promis une obéissance absolue. Elle lui révèle son projet de faire construire une maison pour la Providence.

Héroïque et sublime inspiration ! Nous la bénissons de toute l'ardeur de notre foi : « Mais il faudra un capital énorme pour la construction, le mobilier et l'entretien. — N'importe, si vous me le conseillez, c'est résolu. Quand

VII. — François-Joseph Rambert, président du Sénat de Savoie.

VIII. — Hyacinthe Rambert se distingua pendant la guerre de 1742 à 1748. Il fut colonel de cavalerie, *brigadier* dans l'armée sarde et reçut de Charles-Emmanuel III et de Victor-Amé III les témoignages les plus flatteurs d'une estime particulière justement méritée.

IX. — François-Joseph Rambert, baron de Châtillon, né le 7 décembre 1707, fut juge-mage du Faucigny et président du Sénat de Savoie. Il acheta des seigneurs de Seyssel, le 22 février 1750, la baronnie de Châtillon, composée des seigneuries de Chindrieux, de Ruffieux et de Vions.

De son mariage, contracté le 23 janvier 1744, avec noble Marie-Rose de Livron de Beau-Séjour, il eut :

Hyacinthe-Rose-Baptiste, baron de Châtillon, qui fut baptisé le 15 juillet 1758 dans l'église de Saint-Léger.

Le baron Hyacinthe de Châtillon épousa noble Adélaïde d'Alexandry d'Orengiani, dont il eut Balthasar-Louis-Antonin, dit Anténor, qui fut le mari de Madame Noëmi de Châtillon.

Le baron Hyacinthe mena, les vingt dernières années de son existence, une vie d'ermite dans son vieux manoir de Châtillon. Il sentait son bonheur et il le chantait. Il écrivit un poème intitulé : *Mon Lac et mon Rocher*. C'était l'Horace rustique de ce nouveau Tibur. Ses vers ne manquaient ni de grâce, ni de sentiment; ils réfléchissaient la sérénité de son âme, calmée par le soir de la vie, comme le lac réfléchissait lui-même son donjon festonné de jasmin et de lierre.

il ne me restera rien, l'Asile de Saint-Benoît m'ouvrira bien sa porte. »

. La Providence va donc avoir son asile, son lendemain assuré, son rang marqué parmi les institutions de bienfaisance où les filles du peuple recevront une précieuse éducation chrétienne et professionnelle.

Madame de Châtillon, *vouée corps et âme* à l œuvre de Dieu, s'empressa de communiquer son projet à son cousin, M. le baron Frédéric d'Alexandry d'Orengiani, président du Conseil des Orphelines en qualité de Maire de Chambéry.

Le 20 février 1864, M. d'Alexandry dit à la Commission administrative de la Maison :

« Messieurs et Mesdames, je suis honoré et heureux d'avoir à vous faire une proposition qui certainement intéresse votre dévouement admirable aux bonnes œuvres. Une personne, *qui ne veut pas être connue,* a l'intention de faire construire à ses frais un établissement pour la Providence dans le clos des Orphelines ; elle demande l'approbation du Conseil. »

La Commission, étonnée, applaudit avec joie et vote de chaleureux remerciements pour cette offre aussi généreuse et magnanime que délicate et évangélique. Sur-le-champ, on désigne, pour fixer le choix du local, MM. le baron Ernest de Tours, conseiller à la Cour d'appel, Pierre-Victor Pillet, avocat, Michel Dénarié, architecte, le docteur Revel, médecin des Orphelines, et Mère Célestine, supérieure.

L'emplacement étant choisi, l'architecte dresse le plan, le devis descriptif et approximatif des travaux à exécuter ; l'adjudication, par voie de soumission, est donnée à l'entrepreneur Pierre Lachenal. Les fondations se creusent, les

matériaux arrivent, et le 25 octobre 1865 M. le chanoine
Mercier bénit la première pierre, dans laquelle la Baronne
avait fait incruster une statuette de Saint Joseph, comme
gage de sa confiance au puissant protecteur de l'enfance
ouvrière.

La première Maison de la Providence s'élève assez rapidement ; elle est vaste, sans ornementation, mais très bien
disposée pour la santé des maîtresses et des élèves.
La section appelée l'Espérance, destinée aux enfants de
cinq à huit ans, aura sa salle et son dortoir ; les filles plus
âgées occuperont les autres pièces de l'Etablissement.

A mesure que la construction avance, l'humble chrétienne savoure la manne cachée sous l'écorce de la maxime :
Il y a plus de bonheur à donner qu'à recevoir. Son conten-
tement intime n'est point troublé par la prévision des
dépenses imprévues, d'ameublement, d'entretien et de
pensions à payer, résolue qu'elle est de tout donner pour
l'amour de Jésus-Christ.

CHAPITRE IV

Madame Rambert de Châtillon reconnue officiellement Fondatrice.

En 1874, le 20 décembre, M. de Travernay, maire de Chambéry et en cette qualité président de la *récente Commission administrative*, souleva le voile qui cachait encore officiellement le nom de l'insigne bienfaitrice. En présence du Conseil réuni, à l'exception de Madame de Châtillon : « Je saisis, dit-il, l'occasion de rappeler les bienfaits de la Baronne de Châtillon pour les asiles confiés à votre administration : *soins assidus et dévoués,* direction *constante et intelligente,* largesses sans nombre, elle a tout prodigué à ces asiles, dès le 16 janvier 1857, date de son entrée effective dans l'administration.

« L'Œuvre si utile et si intéressante de la Providence *a été* et est encore son œuvre de prédilection.

« Cet établissement doit à Madame de Châtillon sa position florissante, le développement qu'il a obtenu, la possibilité d'y recevoir et d'y instruire un nombre considérable de jeunes filles au moyen des constructions faites de ses deniers.

« C'est à elle aussi, c'est aux secours qui manquaient et
qu'elle a fournis, qu'est dû l'avantage d'avoir un aumônier
logé dans la maison.

« Nous devons à Madame de Châtillon le tribut de notre
reconnaissance et l'expression du vif désir de la voir
continuer ses soins généreux et son bienveillant appui à
des établissements pour lesquels elle a déjà tant fait.

« C'est pourquoi j'ai l'honneur de vous proposer la
délibération suivante :

« Considérant que Madame de Châtillon a construit cet
« asile de la Providence, en a assuré l'existence par des
« secours pécuniaires considérables qu'elle a fournis, soit
« pour l'entretien des jeunes filles, soit pour les construc-
« tions des bâtiments qu'elle a à sa charge, et qui servent
« de logement aux élèves ainsi qu'à l'aumônier ;

« Considérant que Madame de Châtillon doit être
« regardée non seulement comme *bienfaitrice insigne,*
« mais comme *fondatrice de l'Œuvre de la Providence;*

« Sans elle, sans la grande dépense qu'elle a faite, cette
« Œuvre n'existerait pas dans l'état prospère où elle est
« maintenant,

« LA COMMISSION,

« Après en avoir délibéré,

« Prie Madame de Châtillon d'agréer l'expression de sa
« profonde gratitude, la reconnaît *Fondatrice* de l'Œuvre
« de la Providence, annexée à l'établissement de la Maison
« des Orphelines, et déclare qu'en cette qualité et comme
« directrice de l'Œuvre, qu'elle a fondée, elle aura, durant
« sa vie, droit d'assister aux séances avec *voix délibéra-*
« *tive;* elle aura aussi le droit de désigner sa survivante
« pour la direction de l'Œuvre par elle fondée. »

« Le Préfet de la Savoie,

« Vu cette délibération du 20 décembre 1874, le décret
« du 30 juillet 1806, l'ordonnance ministérielle du 8
« février 1823, approuve, dans toute *sa teneur,* la *délibé-*
« *ration* du 20 décembre 1874, reconnaît la Baronne de
« Châtillon *Fondatrice* de l'Œuvre de la Providence,
« annexée à la Maison des Orphelines, et déclare qu'en
« cette qualité et comme directrice de l'Œuvre précitée,
« par *elle fondée,* elle aura droit, durant sa vie, d'assister
« aux séances de la Commission administrative, avec voix
« délibérative, et de désigner sa survivante pour ladite
« Œuvre[1]. »

Cette reconnaissance, qui dissipa des craintes légitimes,
réjouit le cœur de la Fondatrice, non point à cause de
l'honneur qui en rejaillissait sur elle, car elle fuyait les
louanges, mais à cause de l'assurance qu'elle en recevait
de pouvoir, jusqu'à la mort, travailler à la prospérité de la
Providence, et à cause du privilège qui lui était accordé de
se nommer une survivante pour la direction de son œuvre
de prédilection.

Voici la lettre de remerciement qu'elle adressa à l'Administration des Orphelines, le 24 février 1875 :

« Monsieur le Président,

« Je m'empresse de répondre à la lettre que vous m'avez
fait l'honneur de m'adresser touchant la délibération de
l'Administration des Orphelines qui veut bien me nommer
directrice pendant mon vivant.

[1] Archives de la Maison.

« Je vous prie, Monsieur le Président, de faire agréer à
l'Administration mes sentiments de reconnaissance pour
l'honneur qu'elle a bien voulu me faire.

« L'intérêt que je porte à l'Œuvre de la Providence ne
pourra pas s'accroître, mais je n'en suis pas moins profondément touchée de la démarche que l'Administration a bien
voulu faire en ma faveur.

« En dotant l'Orphelinat du bâtiment destiné à la succur-
sale, *la Providence*, et de celui nécessaire au logement
d'un aumônier, exclusivement attaché au service et à l'instruction religieuse de la Maison, je n'ai eu qu'un but, celui
de concourir, dans la mesure de mes forces, au développement et au véritable progrès de cet établissement si utile et
auquel je me suis depuis longtemps vouée.

« Le résultat a dépassé mon attente, grâce à la paternelle sollicitude de Messieurs les Administrateurs et au
parfait accord qui a toujours régné parmi les Dames directrices de la Maison, avec lesquelles il est si facile de faire
le bien.

« Je vous prie, Monsieur le Président, d'agréer l'assurance de mes sentiments de haute considération.

        « B^onne DE CHATILLON,
        « *Directrice de la Providence.*

« Chambéry, ce 24 février 1875. »

Mais, hélas ! il ne lui fut pas donné de désigner sa
survivante pour la direction de la Providence.

Le matin de la solennité de la Toussaint, en sortant de
l'église de Notre-Dame, Madame de Châtillon, d'édifiante
mémoire, est surprise par la mort, qui ne lui laissa que la

force de regagner son domicile, et le temps de recevoir, avec connaissance, le Sacrement de l'Extrême-Onction et l'Indulgence plénière. La pendule de sa chambre marquait sept heures et demie, quand le très doux Jésus lui a dit : « Venez, fidèle servante, possédez le royaume, qui vous a été préparé depuis la constitution du monde ! Car j'ai eu faim, et vous m'avez donné à manger ; j'ai eu soif, et vous m'avez donné à boire ; j'ai été nu, et vous m'avez vêtu ; j'ai été sans logement, et vous m'avez abrité ; j'ai été malade, prisonnier, et vous m'avez visité. »

« La Baronne de Châtillon, Sœur Marie-Madeleine de Saint-François d'Assise, est décédée le 1ᵉʳ novembre 1885, après vingt ans de profession.

« Sa mort, arrivée le jour de la Toussaint, semble nous consoler de cette perte immense par le souvenir des joies du Ciel, récompense de sa vie entière consacrée aux bonnes œuvres.

« Depuis son veuvage, elle a vécu dans la retraite et dans l'exercice d'une charité incessante et dévouée sous toutes les formes. Elle a employé la plus grande partie de sa fortune à fonder la Providence, destinée à recueillir les jeunes du peuple et à leur procurer les moyens de gagner honorablement leur vie.

« Elle a créé l'Œuvre de Sainte-Chantal en faveur des ouvrières et dans le but d'établir entre elles un lien de prières et d'assistance mutuelle pour les tristes jours de la maladie et de l'indigence.

« Cette vaillante chrétienne a reproduit admirablement dans le monde la pieuse *tertiaire* par sa ferveur, par la simplicité de sa toilette et par l'esprit de pauvreté, qui lui

imposait même de dures privations, pour donner plus largement à toutes les misères.

« Suivant son désir, exprimé bien de fois, elle a été
ensevelie avec l'habit de l'Ordre, le crucifix et le chapelet
entre les mains.

« Son nom béni par les pauvres restera un enseignement et un précieux souvenir d'édification pour le Tiers-
Ordre de Saint-François d'Assise. »

(Les Annales Franciscaines.)

CHAPITRE V

L'Action salutaire de Madame de Châtillon sur les élèves dans l'établissement et dans le monde.

———

NOTRE héroïne passait ses plus doux loisirs au milieu de ses enfants. Dans la douloureuse prévision d'une cécité menaçante, pour être près d'elles, elle se fit faire un très modeste appartement, dans les rustiques de la maison, en face de la belle aumônerie construite avec ses deniers. Cette humble habitation nous rappelait de loin l'exemple étonnant de saint Alexis, qui logea dix-sept ans sous l'escalier du palais paternel.

Les visites quotidiennes de Madame de Châtillon à la Providence apportaient toujours une joie nouvelle et l'édification.

« Rien n'est plus délicieux pour moi, écrivit une élève, que le souvenir des joies que nous causait sa présence. On guettait son arrivée par le jardin, et nous volions autour d'elle comme une couvée de poussins. Mais il y a un souvenir qui me fera toujours le plus grand bien : c'est le recueillement de Madame à la Sainte Messe et aux Vêpres, sa ferveur visible dans la communion quotidienne, son assistance à toutes nos retraites. La voir dans tous ces exercices nous excitait à la piété. Dans notre admiration mutuelle, nous nous disions les unes les autres : Madame la Baronne nous représente sainte Jeanne Françoise de Chantal. »

Dans les salles, elle s'informait surtout auprès de la Directrice principale de la conduite, des aptitudes, des manquements et des besoins personnels de chaque élève. En visitant le travail, elle félicitait celle-ci d'un regard, encourageait celle-là d'une bonne parole, changeait les mauvaises dispositions de cette autre en se montant attristée. A toutes, elle recommandait le respect, l'obéissance, l'affection et la reconnaissance envers les maîtresses qui se sacrifient jour et nuit à leur éducation. Les meilleures preuves de ces sentiments, disait-elle, sont l'amour du devoir, l'application à la tâche de chaque jour, la soumission sans murmure aux observations, aux avis et aux réprimandes, même imméritées.

Esprit supérieur et pratique, Madame de Châtillon connaissait le genre d'éducation propre aux diverses conditions sociales. Elle savait que, si l'enseignement de la classe populaire exige des maîtres ou maîtresses moins de science, il leur demande plus de dévouement et non moins de délicatesse, de discernement des caractères et des aptitudes. Elle regardait l'uniformité inflexible dans l'éducation comme une flagrante contradiction de la nature ; car, vouloir faire passer tous les caractères dans un moule commun, c'est briser, au lieu de former.

Faire l'éducation de la jeunesse en l'appropriant aux dispositions, au caractère, au tempérament de chacun, est une œuvre longue et difficile, faite de patience et de sacrifice ; la foi seule peut soutenir ce labeur sans défaillance et arriver au succès.

Dans ses visites fréquentes chez les pauvres, la Baronne avait connu leurs besoins et l'éducation qui convient à leurs enfants. Aussi, tandis que, d'une main maternelle, elle subvenait aux besoins matériels des nécessiteuses, de l'autre, elle distribuait les fruits de son expérience aux maitresses pour les aider dans l'importante mission de former les élèves à l'amour de la religion, du travail et de leur condition ; par la simplicité parfaite de sa mise et par ses paroles, elle les prémunissait contre l'entrainement du luxe, si périlleux surtout pour les jeunes filles. Aussi exigeait-elle que chaque élève, en entrant, ne changeât pas de costume ; elle défendait rubans et chapeaux et ne voulut pas d'uniforme.

Madame de Châtillon redoutait, non sans raison, le confortable relatif de toute Communauté ; en effet, la régularité de la journée, du lever, du travail, des repas, des récréations et du repos entraine, pour l'avenir, des inconvénients imprévus et pénibles.

« La Providence, répétait-elle souvent, est un paradis terrestre. Ici, les jours sont sans nuage, sans surprise ; dehors, il n'en sera pas ainsi. Il faut vous préparer aux difficultés, aux traverses, aux contradictions qui vous attendent dans le monde. On ne devient pas tout-à-coup capable de porter avec un courage chrétien le poids du jour ; il est nécessaire de s'y exercer longtemps par la fidélité à tous ses devoirs, par la résignation dans les peines, par l'immolation de l'amour-propre, par l'application constante au double apprentissage et de la vie militante et de la vertu qui mérite le Ciel. »

17.

On dit : *Loin des yeux, loin du cœur*. La Baronne ignorait cette maxime. La bonté, ce grand bienfait de Dieu, qu'elle épanchait à flots pressés, semblait devenir plus ardente encore à l'époque de la sortie de chaque élève. Comme la plus tendre des mères, elle se préoccupait anxieusement de son avenir ; elle lui cherchait une place en rapport avec ses aptitudes et son caractère, où son innocence serait à l'abri des périls, sous la garde de maîtres chrétiens. Elle préférait les voir en service dans le voisinage, parce que sa vigilance, comme celle des maîtresses, était plus facile, plus prévenante et plus efficace. S'il fallait envoyer à distance la chère enfant, la bonne mère préparait le départ, le voyage et l'arrivée à bon port. En la bénissant, elle lui faisait promettre de la tenir au courant de sa position. Dès qu'elle la savait en danger ou sans une surveillance suffisante pour sa vertu, elle la retirait chez elle ou à la Providence, en attendant un asile assuré.

La bonté *est plus forte que l'épée ;* celle-ci blesse et donne la mort ; celle-là pénètre le cœur et lui donne la vie. N'est-ce pas le souvenir de la bonté qui retient souvent sur le bord de l'abîme ou retire de ses profondeurs ? Combien de jeunes filles doivent leur honneur et leur innocence à la bonté de Madame de Châtillon !

Quelques exemples seulement :

Il y avait six ans que Madame de Châtillon avait fait entrer Anne-Marie D. à l'Orphelinat. Anne était naïve, innocente, affectueuse, inconséquente, irréfléchie. Sa mère selon la grâce, la confia en qualité de servante à une pieuse demoiselle demeurant toujours à la campagne. La Baronne ne la perdait pas de vue, s'informait souvent de ses tendances et de ses allures. Dès le jour où ses craintes pour la conservation d'Anne-Marie furent fondées, Madame de Châtillon arrive en voiture chez Mademoiselle Lathoud, sa maîtresse. Après s'être entendu avec elle, elle dit à Marie : « J'ai pour toi une excellente place, fais vite ta malle ; la voiture est là. » On y monte, on cause et, une heure après, le cheval s'arrête devant la porte d'un refuge. Anne-Marie, déçue, s'assombrit et pleure ; mais bientôt ses larmes de tristesse sont changées en larmes de joie et de gratitude.

C'est là que Dieu la voulait. Elle y est heureuse, elle aime cette vie paisible, régulière. Après quelque temps passé dans cette retraite, à l'abri des dangers du monde, Anne-Marie était Sœur Madeleine.

Une autre jeune fille est aux prises de la plus fascinante séduction, celle qui se cache sous l'apparence de la sincérité et de la vertu. Elle était sur le point de devenir victime de sa confiance. Elle en parle à Madame de Châtillon : « Venez vite chez moi, lui écrit-elle, je suis votre mère. » Quelques semaines de calme suffisent pour rasséréner son esprit et son cœur. Elle lui trouva une place moins lucrative, mais si elle y gagne moins d'argent, sa vertu, plus précieuse que l'or, est en pleine sécurité.

Un jour, Madame de Châtillon passait par le boulevard de Chambéry avec son frère, le baron d'Anglejan. Elle voit venir du côté de la gare une jeune fille accompagnée d'une femme suspecte : « Edgard, laisse-moi, je soupçonne une infamie. » Elle ne se trompait pas. Elle suit la vendeuse et sa victime ; elle les voit entrer dans une taverne de mauvais renom, où le marché avait été conclu d'avance. La Baronne entre dans le bouge. Sa présence interloque et confond la maîtresse du logis, et, autant par l'émotion que cause une parole du cœur qu'à prix d'argent, elle obtint d'emmener chez elle la jeune étrangère, à peine âgée de seize ans. Elle la fit élever ; aujourd'hui, cette fille gagne honnêtement sa vie. « Que de fois, m'écrivit le baron d'Anglejan, j'ai vu chez ma sœur des filles affolées, qui venaient sans la connaître ou ne la connaissant que de réputation et qui paraissaient, en sortant, raffermies et consolées ! »

Sa porte était toujours ouverte pour ces sortes de visites secrètes ; et pour les faciliter et les dérober au regard de la curiosité, elle indiquait le jour et l'heure aux intéressés, afin d'éviter toute rencontre pénible.

Les obstacles, les difficultés ne la faisaient pas hésiter ; avec le secours du Ciel elle atteignait heureusement le but. Sa maternelle sollicitude et son action accompagnaient ses protégées de loin comme de près. Elle les dirigeait par ses conseils, ses avis, ses observations ; elle les soutenait par ses encouragements, le secours de ses prières et par les recommandations qu'elle adressait à leurs maîtresses respectives.

Ainsi, le 22 novembre 1876, Madame de Châtillon écrivait en Lombardie à F. G. qu'elle venait de placer pour la dix-huitième fois :

« Ma chère enfant,

« Ta lettre vient enfin calmer mes anxiétés. J'ai beaucoup souffert de ton silence ; je craignais un déplacement encore et sans m'avoir consultée. Je suis heureuse d'apprendre qu'il n'en est rien, que tu es contente et que tes maîtres sont satisfaits de ton service et de ta conduite. Restes-y longtemps. Partout il faut gagner son pain à la sueur de son front. C'est la loi du bon Dieu. Le divin Sauveur nous a donné l'exemple de la pauvreté, du travail, de l'obéissance et de la parfaite soumission à la volonté du Père céleste qui dispose de toute chose en vue de notre sanctification. Quiconque veut sauver son âme, doit porter le poids du travail ; les uns d'une façon, les autres d'une autre. Partout aussi il y a des peines à supporter, de la patience à prendre, de la violence à se faire. Rien de bon sans peine, ni pour ce monde, ni pour l'autre. Là-haut, on aura le temps de se reposer. L'essentiel, c'est de gagner le Ciel. Sois fidèle à demander à Dieu chaque jour de ne pas succomber dans la tentation ; invoque souvent la très sainte Vierge, fréquente les Sacrements et tu seras bénie, protégée, heureuse, autant qu'on peut l'être en ce monde où jamais personne n'a rencontré le vrai bonheur.

« La douce satisfaction de faire la volonté de Dieu et d'accomplir son devoir pour l'amour de lui, c'est déjà une bien précieuse récompense.

« N'envie pas les gros gages qui sont, hélas ! trop souvent gros en périls. Tu es chez des maîtres chrétiens où tu as toute facilité d'être pieuse ; ne songe jamais à les quitter. Je compte d'ailleurs que tu ne prendras aucune détermination avant de m'avoir consultée.

« Avant de te bénir et de t'embrasser, je veux encore te donner un conseil : celui d'être bien modeste dans ta toilette et très réservée avec les personnes de sexe différent. Défie-toi de toute flatterie, c'est le serpent caché sous les fleurs.

« Adieu, ma chère enfant, celle qui t'aime comme sa propre fille. »

Florentine G. a écouté les conseils de Madame de Châtillon, correspondu à ses bontés. Grâce à sa conduite et à l'appui de ses maîtres, elle a fait un excellent mariage.

A la nouvelle de la mort de sa bienfaitrice incomparable,
Florentine nous envoya une généreuse aumône de messes
pour le repos de son âme avec les lignes suivantes qui sont
une élogieuse confirmation des prodiges de charité dont la
vie de Madame de Châtillon était remplie : « Je voudrais
raconter toutes les bontés de cette sainte dame à mon
égard, comme envers mes compagnes de la Providence. Le
récit en ferait un gros volume. Mais bien que je n'ai appris
qu'à tenir l'aiguille et non la plume, la reconnaissance me
fait un devoir d'essayer de tracer ces quelques lignes. Je
sais que vous comprendrez les sentiments que mon ignorance
ne saurait pas suffisamment exprimer.

« Absolument orpheline, Madame de Châtillon m'a servi
de mère dès ma plus tendre enfance. J'ai passé mes premières années dans les rues de Chambéry. Libre comme
l'oiseau, je faisais ce que ma petite tête chantait : étourderie
sur étourderie. Mon bon ange gardien m'a protégée, sans
que je le susse. Madame de Châtillon m'a placée à la
Providence. Je m'y trouvais trop contrainte, trop surveillée,
trop gênée dans mes caprices. Dans mon enfantillage, je me
suis échappée de l'Etablissement pour aller je ne sais où.
Madame courut à ma recherche et, sans me gronder, elle
me reconduisit dans sa Maison. Quelques années plus tard,
je lui disais : Madame la baronne, j'ai fait réflexion, maintenant, je suis grande, je sais travailler, je puis gagner ma
vie. Son cœur, plein de tendresse et de charité, me répondit :
« Mon enfant, savoir travailler, c'est nécessaire pour gagner
son pain ; mais il faut encore apprendre à marcher dans le
monde... Pour toi, ma bourse ne sera jamais vide ; il y a
au fond une médaille de saint Joseph qui la remplit
toujours.

« Depuis mon départ de la chère Providence, la sainte
Baronne m'a suivie partout de sa maternelle affection.
Malgré mes nombreuses étourderies, elle ne m'a pas un
seul instant abandonnée. Elle m'a toujours accueillie avec
une aimable tendresse, oubliant dans sa charité, comme le
père du prodigue, les réprimandes méritées. A ces souvenirs, de douces larmes coulent de mes yeux. En regardant
sa chère photographie, je suis profondément touchée ;
toutes ses bontés me reviennent à la mémoire ; je la baise
souvent avec un filial amour. Je trouve dans ce baiser,
lumière, force, consolation. Je renouvelle la résolution
d'être fidèle à ses conseils en disant : Bonne mère, vous
ne vivez plus sur cette terre, mais dans mon cœur vous
vivrez toujours. Je pleure en lui parlant, et je me console
dans l'espérance que je la verrai au Ciel où nous serons
unies à jamais.

« En attendant, je prie le bon Dieu de vous donner la
force d'écrire cette admirable vie, de publier les prodiges
de charité de celle qui fut pour moi et pour des milliers
d'autres la meilleure des mères. »

VUE DU CHATEAU DE CHATILLON

CHAPITRE VI

Un Jour sans cloche à Châtillon.

———

EN la Maison des Orphelines, les élèves n'ont pas de vacances. Par compensation, la récréation du soir .est prolongée, et, de temps à autre, une *journée sans cloche,* dans un coin écarté de nos séduisantes vallées, leur cause plus de jouissance que deux mois au sein de la famille. La Savoie est admirablement riche en sites poétiques et champêtres. Ses paysages variés, riants, pittoresques ou grandioses, émerveillent non seulement les artistes, mais toute âme sensible au spectacle de la belle nature.

C'est dire que la Baronne de Châtillon, en faisant passer à sa chère famille d'adoption une journée dans son charmant séjour d'automne, dont la beauté est au-dessus de toute description, lui a causé d'agréables surprises et des joies inoubliables.

Ce site ravissant entre tous, Châtillon, s'avance comme un dôme de rochers et de verdure, dans le grand lac du Bourget, au milieu de son extrémité septentrionale. Le monticule, qui s'élève gracieusement en pentes abruptes ou arrondies, plantées d'arbres séculaires dont la feuillée

tamise les rayons du soleil sur les clairières semées çà et
là, est surmonté d'un vieux manoir, flanqué de donjons fes-
tonnés de jasmin et de lierre, qui contraste harmonieusement
avec les beautés des alentours. Les jardins, simplement
parés d'espaliers et de berceaux de pampres, échelonnés
en terrasses et reliés les uns aux autres par des petits escaliers dans le roc, couvrent seuls toute la surface.

A la vue de l'immense panorama, qui se déroule aux
regards du spectateur à travers les magnificences diverses
de la création, des belles montagnes du Jura jusqu'aux
neiges éternelles des Alpes, un visiteur enchanté offrait, un
jour, à la Baronne de Châtillon 800.000 francs de son ilot :
« C'est tentant, répondit en souriant la noble châtelaine ;
mais il y a des patrimoines que l'or ne peut payer.....

« Les vieilles demeures rappellent les traditions des races
qu'elles ont abritées ; chacune de leur génération, comme
la vague en se retirant, y a laissé quelque chose de soi. »

Le modeste castel est tel qu'au temps des Castiglioni,
ses premiers maîtres, il y a dix siècles environ. Les de
Seyssel d'Aix et les Rambert de Chambéry, venus ensuite,
ont respecté sa simplicité antique Ces splendides parages
évoquent le souvenir des saints princes de la Royale
Maison de Savoie, et de deux grandes illustrations de notre
pays : Gérard, évêque de Florence, puis élu pape du nom
de Nicolas II au Concile de Sienne en l'an 1058, et Geoffroi
de Châtillon.

Tous les deux ont grandi en science et en sainteté dans
la délicieuse solitude de la célèbre abbaye d'Hautecombe.

C'est dans ce petit château que naquit Geoffroi de
Châtillon, qui devint le pape Célestin IV[1].

[1] Voir *La Couronne Royale de Savoie*, par Mʳ CHIEZA.

Jean Castiglioni, son père, seigneur de Chautagne et de Montluel, avait épousé Cassandre Cruvelli, de Milan, sœur d'Hubert Cruvelli, qui fut d'abord archevêque de sa ville natale et ensuite le pape Urbain III (1185-1187).

Le seigneur Jean Castiglioni envoya son fils Geoffroi, éminemment doué par la nature et par la grâce, faire ses études à Milan. Son oncle Hubert, alors archevêque de cette ville, confia l'éducation du gentilhomme au savant et saint prêtre Galdin, de l'illustre maison de la Scala, très connue dans l'histoire de l'Italie.

Sous la direction d'un tel maître, versé dans toutes les sciences sacrées, et non moins renommé par ses vertus que par ses talents, le jeune Geoffroy fit des progrès rapides dans les sciences et la piété. Aussi, il ne tarda pas à être élevé à la dignité de chanoine et de chancelier de la Métropole de Milan.

Mais son attrait pour la solitude et le désir de la perfection chrétienne le portèrent à renoncer aux honneurs. Il revint en Savoie et se retira dans l'antique abbaye d'Hautecombe, voisine de son berceau, à laquelle son père avait fait des donations considérables des biens qu'il possédait en Chautagne. Là, le fervent Cistercien satisfit pleinement son goût pour la science et la vertu. Ce fut pendant qu'il était religieux à Hautecombe qu'il écrivit l'histoire de l'Ecosse.

Mais la Providence avait destiné Geoffroi à la plus haute dignité du monde.

Grégoire IX, habile à choisir les hommes, appela le noble religieux auprès de lui pour l'aider dans le gouvernement de l'Eglise. Il l'envoya comme légat en Toscane et en Lombardie. Il le nomma successivement cardinal-

prêtre du titre de Saint-Marc et cardinal-évêque de Sabine
(1227). Ce grand Pontife l'avait en haute estime et prédit
qu'il serait un jour son successeur sur la chaire de Saint
Pierre.

En effet, après quatorze ans et cinq mois de travaux
apostoliques et de souffrances chrétiennement supportées,
Grégoire IX rendit son âme à Dieu, le 21 août 1241. Les
cardinaux se réunirent au nombre de dix, dans l'Eglise des
Sept-Trônes, pour procéder à l'élection d'un nouveau pape.
L'évêque de Sabine n'obtint d'abord que cinq voix. Comme
la Constitution apostolique exige au moins les deux tiers
des suffrages, il renonça au bénéfice de cette élection. Il
n'accepta la dignité papale que lorsque tous les suffrages
se furent portés sur lui, le 22 septembre suivant. Geoffroi
de Châtillon prit à son avènement le nom de Célestin IV.

Le monde chrétien eut à peine le temps de sourire aux
espérances que faisait concevoir l'élection d'un Pontife si
savant et si saint. Une mort soudaine, que la rumeur
publique attribua au poison, l'enleva la même année au
gouvernement de l'Eglise.

Nous ne savons résister au plaisir de rapporter un charmant épisode, qui avait amené à Châtillon un hôte né pour
la gloire des lettres françaises, et qui avait enrichi la
bibliothèque du manoir d'un précieux autographe.

Un soir d'orage, Lamartine et deux de ses amis, MM. de
Virieu et de Vignet, s'étaient embarqués dans un petit
bateau de pêcheurs sur le lac du Bourget. La tempête les
chassa au hasard des vagues à trois ou quatre lieues du
point de l'embarquement.

« Après avoir été ballottés toute la nuit, raconte en

substance Lamartine dans ses *Méditations,* les flots nous
jetèrent entre les rochers d'une petite île, surmontée d'un
vieux château. M. de Châtillon, vieux gentilhomme savoisien, nous offrit l'hospitalité. Nous y passâmes deux ou
trois jours entre ses livres et ses fleurs et à écouter la
lecture de son poème intitulé : *Mon Lac et mon Château.*
Il était loin de se douter qu'un de ses trois jeunes hôtes,
sous ses cheveux blonds, était poète lui-même. Quand
notre bateau fut radoubé, nous prîmes congé de l'aimable
gentilhomme. Nous étions déjà amis. Quelques jours après,
je lui renvoyai une carte de visite, par un batelier qui allait
à Seyssel et qui passait auprès de son île, avec ces vers :

LA RETRAITE.

Aux bords de ton lac enchanté,
Loin des sots préjugés que l'erreur déifie,
Couvert du bouclier de ta philosophie,
Le temps n'emporte rien de ta félicité ;
Ton matin fut brillant, et ma jeunesse envie
L'azur calme et serein du beau soir de ta vie.

Ce qu'on appelle nos beaux jours
N'est qu'un éclair brillant dans une nuit d'orage ;
Et rien, excepté nos amours,
N'y mérite un regret du sage.
Mais que dis-je ! on aime à tout âge :
Ce feu durable et doux, dans l'âme renfermé,
Donne plus de chaleur en jetant moins de flamme ;
C'est le souffle divin dont tout homme est formé ;
Il ne s'éteint qu'avec son âme.

Etendre son esprit, resserrer ses désirs,
C'est là le grand secret ignoré du vulgaire :
Tu le connais, ami ! Cet heureux coin de terre
Renferme tes amours, tes goûts et tes plaisirs.

Tes vœux ne passent point ton champêtre domaine ;
Mais ton esprit plus vaste étend son horizon,
    Et, du monde embrassant la scène,
Le flambeau de l'étude éclaire ta raison.

Tu vois qu'aux bords du Tibre, et du Nil et du Gange,
En tous lieux, en tous temps, sous des masques divers,
L'homme partout est l'homme, et qu'en cet univers
Dans un ordre éternel tout passe et rien ne change ;
Tu vois les nations s'éclipser tour à tour,
      Comme les astres dans l'espace ;
      De mains en mains le sceptre passe ;
Chaque peuple a son siècle, et chaque homme a son jour.

      Sujets à cette loi suprême,
      Empire, gloire, liberté,
      Tout est par le temps emporté :
      Le temps emporta les dieux même
      De la crédule antiquité,
Et ce que les mortels, dans leur orgueil extrême,
      Osaient nommer la vérité !

      Au milieu de ce grand nuage,
      Réponds-moi, que fera le sage,
Toujours entre le doute et l'erreur combattu ?
Content du peu de jours qu'il saisit au passage,
      Il se hâte d'en faire usage
      Pour le bonheur et la vertu.

J'ai vu ce sage heureux ; dans ces belles demeures
      J'ai goûté l'hospitalité ;
A l'ombre du jardin que ses mains ont planté,
Aux doux sons de sa lyre il endormait les heures
      En chantant sa félicité.

Soyez touché, grand Dieu, de sa reconnaissance !
Il ne vous lasse point d'un inutile vœu ;
Gardez-lui seulement sa rustique opulence ;
Donnez tout à celui qui vous demande peu !

Des doux objets de sa tendresse
Qu'à son riant foyer toujours environné,
Sa femme et ses enfants couronnent sa vieillesse,
Comme de ses fruits mûrs un arbre est couronné ;
Que sous l'or des épis, ses collines jaunissent ;
Qu'au pied de son rocher son lac soit toujours pur ;
Que de ses beaux jasmins les ombres épaississent ;
Que son soleil soit doux, que son ciel soit d'azur,
Et que pour l'étranger toujours ses vins mûrissent !

Pour moi, loin de ce port de la félicité,
Hélas ! par la jeunesse et l'espoir emporté,
Je vais tenter encore et les flots et l'orage ;
Mais, ballotté par l'onde et fatigué du vent,
Au pied de ton rocher sauvage
Ami, je reviendrai souvent
Rattacher, vers le soir, ma barque à ton rivage. »

Sans doute, ce ne fut pas pour conter ces deux épisodes
à ses filles que la Baronne de Châtillon les avait appelées
sur son rocher solitaire, mais bien pour les récréer délicieusement et leur servir de ses mains un magnifique festin.

Voici le naïf récit d'une élève : « Le ciel était riant
comme nos cœurs. Voir des pays nouveaux, traverser
quatre tunnels en chemin de fer, se promener en barque
sur le lac, c'était des jouissances qui dépassaient les désirs
de notre condition. Madame était montée sur la tour pour
nous voir descendre du train et courir vers elle. Décrire
l'explosion de joie que nous fîmes éclater à notre arrivée,
c'est impossible : « Vous êtes bien contentes, mes enfants,
et moi je suis très heureuse de vous procurer un instant de
bonheur ; ici, vous êtes chez votre mère. » Madame la
baronne s'empressa à nous soigner elle-même, puis à
nous faire visiter le château, les jardins, à nous faire admirer le lac et les alentours. Après un bon déjeuner, nous

allâmes à la belle église de Chindrieux, à trois quarts
d'heure de Châtillon ; nos chants excitèrent la curiosité et
l'admiration des habitants. Au retour, un excellent dîner
nous attendait sous les ombrages de la terrasse. Des prin-
cesses n'eussent pas été mieux traitées. La bonne Baronne
se multipliait pour nous servir. Pour prolonger notre
bonheur, on aurait voulu retarder le départ du train ; mais
si cette journée s'est enfuie trop rapide, elle restera à
jamais dans nos cœurs comme le plus doux mémorial des
bontés de notre mère. »

C'était l'heure de chanter avec le poète :

> O temps, suspends ton vol, et vous, heures propices,
>   Suspendez votre cours !
> Laissez-nous savourer les rapides délices
>   Des plus beaux de nos jours.
>
> O lac ! rochers muets ! grottes ! forêt obscure,
> Vous que le temps épargne ou qu'il peut rajeunir,
> Gardez de ce beau jour, gardez, belle nature,
>   Au moins le souvenir !
>
> Qu'il soit dans le zéphir qui frémit et qui passe,
> Dans les bruits de tes bords par tes bords répétés,
> Dans l'astre au front d'argent qui blanchit ta surface
>   De ses molles clartés.

(Le Lac, LAMARTINE.)

CHAPITRE VII

L'Automne à Châtillon.

———

OTRE pieuse Baronne, sans se distraire de ses œuvres de Chambéry, principalement de la Providence, se retirait quelques semaines de l'automne en son castel de Châtillon, cellule de recueillement, de piété et de bonnes œuvres. Là, elle partageait ses jours entre la prière, l'administration de ses propriétés foncières, l'édification de ses gens et la charité sous toutes ses formes. A peine arrivée, elle voyait accourir à elle les quêteurs et les quêteuses. Tous s'en allaient contents de son gracieux et généreux accueil. Toutefois, elle réservait ses plus larges libéralités aux Ecoles congréganistes et aux pauvres de sa paroisse rurale :

« Sa première visite était à l'église, à son curé et à nous, écrivait la Supérieure des Sœurs de Saint-Joseph. Elle montrait une affection touchante aux maîtresses et aux élèves. Nous admirions sa sollicitude marquée pour les plus nécessiteuses ; elle s'informait de leur conduite et des besoins de leurs parents. Elle ne se contentait pas de s'apitoyer sur leur sort, elle les secourait généreusement.

« Une mère de Chindrieux, après une longue maladie, mourait, laissant cinq enfants en bas âge. Madame de Châtillon se chargea des filles qui n'avaient d'autre attrait que la misère et l'innocence. Elle pourvut à l'entretien de deux garçons auprès de leur père, et fit entrer le cadet dans un Orphelinat. Elle nous pria de prendre en pension les deux filles. Comme nous ne pouvions les loger, elle fit faire à ses frais une chambre dans notre grenier. Pendant les vacances, elle les prenait chez elle, et se constituait leur maîtresse d'école.

« Je pourrais citer beaucoup d'autres traits de ce genre, car sa charité était sans limite ; elle secourait tous les malheureux de la paroisse, habillait les uns, nourrissait les autres, instruisait ceux-ci, consolait ceux-là, en un mot, elle soulageait toutes les misères. Providence des malheureux et des affligés, elle n'allait nulle part sans y faire du bien aux corps ou aux âmes.

« J'avais l'occasion de lui faire de fréquentes visites dans son château. Un jour, je la trouvai triste, abattue, contrairement à son habitude. Devinant ma surprise : Tout ici, dit-elle, devrait me sourire : la vue de ce beau lac et de ses environs, le Saint-Sacrement près de moi, cette charmante solitude loin du bruit du monde ; mais ce qui me désole, c'est que je perds mon temps, *je ne fais aucun bien aux âmes.*

« Je profitai de cette ouverture pour lui faire connaître la situation d'une de nos élèves, qui avait une mauvaise mère. Le visage de Madame devint rayonnant : *Une âme à sauver ! Quel bonheur ! je vais m'en occuper.* — Quelques jours après, elle plaça cette enfant dans une maison d'éducation, moyennant une somme de cinq cents francs et un trousseau : Sauver une âme avec cinq cents francs, aimait-elle à dire, ce n'est pas cher !

« Quant à la malheureuse mère, la pieuse Baronne eut la joie de l'instruire et de la convertir. Ce ne fut pas chose aisée, tout était à faire ; la pauvre femme gisait depuis longtemps dans la boue, dans l'ignorance, dans l'oubli du salut et de toute dignité.

« Madame de Châtillon se mit à l'œuvre. Vers la fin de la mission prêchée par les Missionnaires de Saint-François de Sales, elle conduisit sa néophyte dans la sacristie et dit au Supérieur : « Mon Père, voici une *grosse carpe,* saisissez-la dans vos filets. » Sous l'action de la grâce et des Sacrements, la pauvre femme est devenue bonne chrétienne.

« Maintenant, que dirai-je des bontés de la vénérée Baronne envers notre petite Communauté? Je ne trouve pas de paroles qui puissent les exprimer convenablement. Non seulement nous avions une part privilégiée à ses largesses, mais encore aux faveurs de ses entretiens tout spirituels qui nous faisaient un grand bien. Elle était pour nous un puissant appui, un modèle d'édification. Pour suivre régulièrement tous les exercices de la mission de 1885, elle nous pria de lui céder une chambre. Pendant trois semaines, nous pûmes admirer de plus près les vertus de cette belle âme. Son grand esprit de foi, sa fervente piété, son extrême mortification, son zèle ardent pour la conversion des pécheurs nous édifièrent grandement.

« Dès la première heure, elle se rendait à l'église, entendait plusieurs messes, assistait à tous les exercices de la journée, et passait les temps libres dans le recueillement et

la prière. Elle aurait été prévenue par un ange gardien de
sa mort prochaine qu'elle n'aurait pas apporté plus de
ferveur ; elle ne voulut jamais recevoir d'autres aliments
que ceux que l'on préparait pour la Communauté. Le soir,
elle ne prenait qu'une soupe légère : Je serais heureuse,
répétait-elle souvent, de mourir le jour de la clôture de la
mission. »

Emerveillée des fruits de la mission, et considérant ce
moyen comme le plus efficace pour régénérer une population, Madame de Châtillon légua douze cents francs pour
en faire prêcher une, tous les dix ans, à sa paroisse de
Chindrieux.

Son humilité égalait sa charité. En voici une preuve
frappante : Par convenance sociale, elle avait fait une invitation au château, et ses hôtes avaient beaucoup admiré la
beauté de son portrait (Madame de Châtillon avait été remar-
quablement belle). Aussitôt qu'ils furent partis, la vertueuse Baronne appelle Félix, son domestique, lui fait
décrocher la toile, et le renvoie sans mot dire. Elle jette
alors la peinture au feu et va cacher elle-même le cadre
dans un coin du galetas.

La Charité est faite d'immolation et de sacrifice. Donner
aux pauvres son superflu, c'est la loi de l'Evangile ; pré-
lever sur son nécessaire, entamer même ses capitaux, c'est
la perfection de la reine des vertus ; s'immoler soi-même à
la pratiquer, c'est l'héroïsme chrétien. Une orpheline de
l'Etablissement va nous apprendre avec simplicité que
Madame de Châtillon a cultivé la charité jusqu'au renoncement absolu d'elle-même :

« Madame la Baronne s'intéressa aux infortunes de ma mère et de ses trois filles orphelines de père ; elle se chargea du trousseau de ma sœur Eugénie, et la fit entrer à l'Orphelinat ; elle paya la pension de Claudia, à peine àgée de cinq ans, à l'Espérance. Chaque fois que sa santé était chancelante, elle l'emmenait chez elle pour la fortifier. Quant à moi, je ne sais quel motif retarda mon entrée dans cette chère Maison, où j'ai passé de si beaux jours. Oh ! que ne sais-je raconter toutes les bontés de Madame la Baronne à l'égard de ma famille !

« La meilleure des mères ne peut avoir plus de sollicitude affectueuse et constante pour ses propres enfants.

« Quelque temps après son entrée à l'Espérance, Claudia fut atteinte de la coqueluche. Madame de Châtillon la retira aussitôt, et, pendant deux ans, la garda auprès d'elle, l'entourant de toutes les attentions imaginables. Une princesse n'eût pas été mieux soignée. Madame disait quelquefois dans sa tendresse : *Dieu prend plaisir à me détacher de tout ; Il ne me laissera pas cette enfant parce que je l'aime trop !*

« Une fois, elle m'emmena avec Claudia passer deux mois d'automne à Châtillon : elle nous combla de toutes sortes de gentillesses. Pour varier nos amusements, elle avait préparé balançoires, batterie de cuisine, outils à jardiner. Elle nous conduisait à la promenade, aux bains. Devinant notre envie d'aller sur le lac, elle nous mena même à Hautecombe. La journée ne s'écoulait pas toute en récréations : il y avait le temps de la prière et de l'étude ; c'est elle-même qui nous faisait la classe : Appliquez-vous, mes enfants, répétait-elle souvent, non dans l'espoir d'une

gâterie, mais uniquement pour faire votre devoir et plaire
à Dieu.

« La sollicitude de Madame s'étendait à tout ; aucun de
nos besoins ne lui échappait. Pour faire disparaître une
difformité que j'avais à l'épaule, chaque jour elle me faisait
tourner la grosse roue de la pompe ; puis elle m'obligeait
à marcher en tenant des deux mains un bâton placé derrière les épaules ; il me fallait faire cet exercice jusqu'à
lassitude extrême.

« Madame nous menait à pied visiter les pauvres, les
malades et les affligés du voisinage. Jamais je n'oublierai
les bontés qu'elle témoignait aux uns et aux autres ; elle
s'asseyait auprès d'eux, s'informait gracieusement de
leur santé, de leurs besoins, les encourageait et les
secourait.

« En revenant, elle nous disait : Vous avez vu, mes enfants, des pauvres plus à plaindre que vous ; mais, parce qu'ils
font ce qu'ils peuvent pour gagner leur vie sans murmurer
contre Dieu, sa Providence inspire aux voisins de venir
à leur aide. Dans le Ciel, les pauvres résignés nageront
dans les délices, tandis que ceux qui les auront délaissés,
méprisés sur la terre, seront dans les tourments. C'est
l'enseignement que le Sauveur Jésus nous donne dans la
parabole du mauvais riche et du pauvre Lazare. N'enviez
pas, mes enfants, le sort des riches : ils sont chargés
d'une grande responsabilité ; mais remerciez le bon Dieu
d'être nées dans la classe ouvrière, comme la Sainte
Famille de Nazareth.

« Oh ! je pleure de bonheur au souvenir touchant de
tant de bonté maternelle pour les Orphelines ! »

Chacune d'elles aurait à raconter mille dévouements à son égard, non seulement quand elle était à la Providence, mais aussi dans le monde, où sa sollicitude affectueuse la suivait partout. Quelle est celle qui ne lui doit pas sa persévérance dans le bien, ou son salut dans le malheur? Sans exception, chacune trouvait auprès de Madame la Baronne consolation, courage et secours efficace.

CHAPITRE VIII

La vraie Charité.

L A Charité est patiente, bénigne ; elle ne cherche point ses intérêts, elle ne s'aigrit point ; elle croit tout, elle souffre tout... Elle ne fait pas acception de personne [1].

Telle fut la Charité de Madame de Châtillon.

Elle ne regardait que le besoin à soulager. Elle ne demandait point à l'indigent : Qui êtes-vous ? D'où venez-vous ? Mais elle se disait : Il souffre ; c'est l'enfant du Père éternel ; c'est mon frère ; je suis sa sœur ; et comme le diacre Saint Laurent, *d'un cœur joyeux,* elle laissait tomber quelque parcelle de son trésor dans la main de ce préféré de Jésus, à qui est réservée une place choisie dans le Ciel. Pour l'amour de Dieu, son dévouement était acquis à tout bien à faire, à tout mal à guérir, à toute affliction à consoler. A la vue de la misère, son âme s'attendrissait, ses mains s'ouvraient pour panser les plaies, sa bouche pour raviver la confiance en la divine Providence qui, nourrissant les oiseaux de la forêt, ne

---

[1] Saint PAUL.

laisse pas mourir de faim ses enfants qui l'adorent. Sachant que les vrais pauvres souffrent autant du manque d'estime et d'affection que de la privation de pain et de vêtements, Madame de Châtillon accompagnait l'aumône de ces bonnes paroles, *qui sont la musique céleste de ce monde, dont les accents blessent suavement les cœurs et les embaument un instant des parfums de la bonté.*

Dans la pensée qu'il est utile de rappeler souvent la mémoire des beaux exemples, nous racontons *de nouveau en substance* ce que nous avons vu, entendu, admiré pendant plus de vingt ans. *D'ailleurs, l'histoire de l'Œuvre de la Providence est inséparable de la vie de la Baronne de Châtillon.*

Elle s'intéressait généreusement à toutes les Œuvres catholiques, générales, locales, individuelles ; nulle n'était exclue de son budget. Elle ne se contentait pas de souscrire, de donner de la main à la main ; mais, ce qui est plus méritoire, elle allait dans les demeures pauvres ou désolées. Aussi, à la nuit tombante, au dire de sa domestique Augustine, elle avait peine à monter dans son appartement.

Le 7 du mois de septembre 1867, le choléra répand soudain la terreur dans notre paisible ville de Chambéry. Les fortunés du monde sont en villégiature ; reste dans la cité épouvantée le peuple qui gagne à la sueur de son front le pain de tous les jours. L'impitoyable fléau s'abat avec fureur sur le vieux faubourg de Maché ; en trois semaines, quatre cents familles environ sont visitées par la cruelle mort qui laisse de nombreux orphelins sans père et sans mère. Mais le Père des Cieux ne les abandonne pas : Il leur réservait un sort meilleur.

Une des prémières, Madame de Châtillon accourt auprès d'eux ; elle retire, à ses frais, plusieurs jeunes filles soit à la Salle de l'Espérance, soit à la Providence ; fait entrer à l'Orphelinat celles qui sont dans les conditions réglementaires de l'Etablissement ; et avec le concours généreux du marquis César d'Oncieu de la Batie, à la charité inépuisable, elle en plaça quelques-unes à la campagne, moyennant une rétribution mensuelle de 10 francs.

M. le chanoine Camille Costa de Beauregard reçut gratuitement un grand nombre de petits garçons dans son Orphelinat, auquel il consacra toute sa fortune, sa personne et sa vie.

En 1867, une Société de Sœurs franc-maçonnes venait de se fonder à Chambéry. Madame de Châtillon s'en alarma avec infiniment de raison. Pour conjurer le péril menaçant la foi et la vertu, elle se concerta avec Mesdemoiselles Ract et Exertier sur les moyens à prendre en vue d'assurer à ses enfants, aux ouvrières et aux dames du commerce tous les avantages de l'association catholique et des secours mutuels avec l'appui moral et la direction maternelle de l'Eglise.

Après avoir prié et consulté, les vaillantes chrétiennes convinrent d'opposer à la nouvelle Loge, de fait absolument antichrétienne et antisociale, une association catholique de secours mutuels sous le patronage de Sainte Jeanne-Françoise de Chantal. Elles dressent un règlement plein de foi, de sagesse et de charité évangélique, avec l'aide intelligente de M. l'abbé Albert Pillet, alors directeur de la Société de Saint-François de Sales qu'avait fondée son oncle, M. le chanoine Pillet Humbert, de sainte et illustre mémoire, ancien professeur d'Ecriture-Sainte au Grand-Séminaire et précepteur des princes de la Maison Royale de Savoie.

Cette Société a pour but :

1° De contribuer au bien moral et religieux des femmes du peuple en les protégeant contre les dangers qui les entourent, en les aidant à persévérer dans les devoirs de la vie chrétienne ;

2° De leur venir en aide lorsqu'elles sont malades, en leur procurant gratuitement les soins du médecin, les médicaments et une indemnité pour chaque jour de la maladie et de la convalescence.

La Société comprend :

Les *Membres du Conseil*, qui dirigent et administrent l'Œuvre ;

Les *Membres honoraires*, qui la soutiennent par leur concours sympathique, par leurs dons et une cotisation annuelle ;

Les *Sociétaires participants* ou *actifs*, qui jouissent des bienfaits de l'Œuvre, moyennant le versement de leurs cotisations et l'accomplissement du règlement.

La Société de Sainte-Jeanne de Chantal s'adresse donc à toutes les classes :

Des personnes riches, elle sollicite une obole, un appui moral, et promet, en retour, une prière quotidienne, l'assistance à la sépulture de chaque Membre honoraire et la célébration d'une messe pour le repos de son âme ;

Aux femmes du peuple, elle demande une cotisation annuelle, et leur assure dans la maladie la visite du

médecin et des consœurs, les remèdes et un secours jour-
nalier jusqu'à entière guérison, afin qu'une rechûte ne soit
pas la conséquence d'un travail trop tôt commencé.

Le trait d'union entre les Sociétaires, c'est, avec leur
devise : *Aimons-nous,* la prière, la visite, la célébration de
la fête de leur patronne par une messe solennelle, un
sermon et la bénédiction du Très Saint-Sacrement.

Tels sont le but et l'organisation de cette Société de
secours mutuels, dont Madame de Châtillon exerça la
charge délicate et parfois difficile de présidente pendant
dix-sept ans, c'est-à-dire jusqu'à sa mort.

Cette Association venait à propos : Quatre-vingts femmes
répondirent au premier appel. Bientôt, elle compta près
de deux cents Membres participants et quarante Dames
honoraires.

Madame de Châtillon l'encourageait et la soutenait de
son cœur d'apôtre. Elle veillait sur elle comme sur son
œuvre bien-aimée. Sa joie était de voir régner la plus
parfaite harmonie au sein de la Société. Aussi présidait-
elle avec bonheur les réunions, qu'elle charmait par la
simplicité et l'oubli d'elle-même.

Nous trouvons dans un journal du 23 août 1868 l'appréciation suivante de la première fête religieuse de la Société
de Sainte-Jeanne de Chantal :

« Rien de plus commun que la création des Sociétés de
secours mutuels pour les hommes ; mais, pour les Dames,
cela me semble un phénomène.

« Cependant, d'après leurs statuts et les résultats déjà
obtenus, je ne suis pas éloigné de croire que cette Association féminine ne devienne le modèle de beaucoup d'au-

tres de ce genre. J'en trouve une preuve dans leur premier acte public, qui est une fête religieuse en l'honneur de leur patronne ; dans leur première Assemblée solennelle, où l'on ne parle que de charité fraternelle, et dans leur but, qui est tout dévouement, bonté pour les malades. On sent que c'est le principe fécond : *Aimez-vous les unes les autres* qui anime ces Dames ; tout fait donc prévoir que cette Société fleurira de plus en plus. »

Trois ans plus tard, c'est l'année terrible. Les défaites de Reischoffen, de Forbach ouvrent, hélas ! cette série sanglante de désastres qu'une plume française se refuse à décrire. L'humiliante capitulation de Sedan et la déchéance de Napoléon III amènent la proclamation de la nouvelle République française. C'était le 4 septembre 1870.

A cette nouvelle, la populace de Chambéry, délirante, affolée, envahit la Mairie. Les meneurs décrochent les portraits de l'empereur et de l'impératrice et les traînent à travers les rues.

Madame de Châtillon, sortant de la Maison des Orphelines et de la Providence où elle était accourue pour rassurer ses enfants, se trouva au milieu de la mêlée frémissante. Ecœurée de cet attristant spectacle, elle va droit à l'Hôtel-de-Ville : « Messieurs, dit-elle, tous les pouvoirs sont solidaires ; laisser vilipender l'effigie du Chef de l'Etat, c'est laisser mépriser votre autorité. »

Une paix douloureuse suivit la déroute de notre vaillante armée. Après avoir ensanglanté, pillé, mutilé le sol sacré de la Patrie, le terrible vainqueur reprit triomphalement le chemin de la Prusse. Les soldats de notre malheureuse armée de l'Est qui avaient franchi les frontières de la

Suisse hospitalière, purent enfin rentrer en France par la Savoie : dans quel triste état, grand Dieu ! Il était impossible de regarder ces braves sans être pénétré d'une profonde et respectueuse commisération.

« Si l'année 1870 fut l'année des grandes humiliations, elle fut aussi l'année des grands héroïsmes. Au-dessus des défaites, il y a quelque chose qui a placé la France plus haut encore dans l'admiration du monde : c'est le patriotisme de ses enfants. La Savoie, alors, donna à la mère-patrie un gage de sa valeur et de son amour, plus éloquent que ses cent cinquante mille votes d'annexion ; elle lui donna le sang le plus pur de sa vaillante jeunesse.

« Pendant que les plus nobles de ses fils mouraient ou tombaient glorieusement mutilés sur le champ de bataille, ceux qui gardaient les foyers se dépouillèrent dans un élan magnanime pour égaler les secours aux calamités. Riches, pauvres, prêtres, religieux, communes, écoles, Académies, Sociétés de secours mutuels, soulageaient à l'envi, les blessés, les prisonniers, les malades et les familles des soldats.

« Les Dames de la Congrégation de Marie, créée le 31 mai 1843[1], ne le cédèrent à personne en patriotique dévouement. Toutes contribuèrent aux souscriptions et leurs noms figurent parmi ceux des plus généreux donateurs. Mais, indépendamment de ces aumônes, elles eurent à elles leur œuvre collective : une ambulance volontaire et gratuite qu'elles établirent, de concert avec les Sœurs de Saint-Joseph, dans la Salle d'Asile. Le 30 août 1870, le *Courrier des Alpes* annonçait l'installation de cette ambu-

---

[1] Madame de Châtillon fut des premières Associées.

lance avec vingt-cinq lits. L'autorité départementale l'agréa aussitôt et l'affecta exclusivement aux blessés, tandis que les ambulances des Hospices civils, des Capucins et du Manège étaient destinés aux soldats malades. M. l'abbé Turinaz, alors directeur de la Congrégation, le futur et vaillant évêque de Tarentaise et de Nancy, remplissait les fonctions d'aumônier, visitant les blessés chaque jour et célébrant chaque dimanche la sainte messe à l'autel, qui avait été placé dans le préau couvert. MM. Besson et Gaspard Dénarié étaient chargés du service chirurgical et médical. Les bonnes Sœurs remplissaient l'office d'infirmières. Les Dames de Marie tenaient l'ouvroir qu'elles avaient ouvert à côté de l'ambulance, pour la fournir de linges et d'autres provisions utiles.

« Cet ouvroir était alimenté par le travail des Dames de Marie, par leurs aumônes, par celles des Sœurs de Saint-Joseph et de leurs élèves, par le travail des jeunes filles de l'*Orphelinat* et de la *Providence,* par les envois en nature du Comité départemental de secours pour les victimes de la guerre, institué le 14 août par M. le Préfet, avec le marquis César d'Oncieu de la Batie pour président, et M. le chanoine Léon Rosset, vicaire général, pour vice-président[1]. »

L'Intendance militaire, vu l'insuffisance de son hôpital de Sainte-Claire, organisa une ambulance de cent quatre-vingt lits dans le Manège pour les soldats revenus malades de la néfaste guerre. M. l'abbé Henri Monachon en fut l'aumônier volontaire. Le Comité de secours pour les

---

[1] Voir *La Congrégation des Dames de Marie,* par l'abbé Léon BOUCHAGE.

victimes de nos désastres ne put rien allouer à cette ambulance; mais le dévouement, qui, en fait de charité, regarde l'exclusivisme comme une hérésie, ne laissa point sans soulagement les victimes du devoir. Au premier rang, nous devons signaler Madame la baronne de Châtillon, Madame Nicoud, Mesdemoiselles d'Arcine et Nicollet. Par les mains de l'aumônier, elles firent distribuer vin, sucre, oranges, mouchoirs, caleçons, tricots, souliers, etc. Ces charités gagnèrent à l'aumônier la confiance, le cœur des soldats, si bien que tous, un seul excepté, se réconcilièrent avec le Dieu des armées.

Ces touchantes dispositions lui inspirèrent l'idée d'établir une Œuvre catholique pour les militaires : messe, instruction, cercle, etc. C'était en février 1871. Son Eminence le cardinal Billiet, archevêque, bénit le projet[1].

---

[1] Son Eminence le Cardinal Billiet fit adresser au fondateur de l'Œuvre par son vicaire général, M. le chanoine Léon Rosset, la lettre suivante :

« A notre cher Fils en Notre-Seigneur Jésus-Christ, Henri Monachon, aumônier de la Maison des Orphelines et de la Providence, salut et bénédiction.

« Au milieu des souffrances qui achèvent en Nous l'œuvre de démolition commencée par les années, Nous avons été bien consolé d'apprendre quel surcroît de travail vous vous étiez imposé dans le but de procurer aux militaires de la garnison de Chambéry la facilité de remplir leurs devoirs religieux. Nous bénissons Dieu qui, les rendant dociles à votre invitation, les a réunis en grand nombre dans l'église des Révérends Pères Capucins d'abord, et ensuite dans l'église plus vaste de Saint-Benoît, tous les dimanches et fêtes, pour assister à la messe, entendre une instruction religieuse, et aussi pour se préparer, par des exercices de piété, à l'accomplissement du devoir pascal.

« Désirant de toute Notre âme qu'une Œuvre si bien commencée sous l'influence de votre zèle, et déjà si prospère, soit soutenue et continuée de manière à faire espérer, pour l'avenir, des fruits plus abondants encore, Nous nous sommes déterminé,

Le général Feillet-Pilatrie l'approuva avec empressement. Au premier appel, les militaires de tous grades se rendirent en grand nombre dans l'église des Révérends Pères Capucins d'abord, et ensuite, à cause de l'affluence grandissante, dans l'église plus vaste de Saint-Benoit.

Grâce à l'appui de l'autorité militaire, aux générosités entr'autres de Mesdames la baronne de Châtillon, la marquise Léon Costa de Beauregard, la comtesse Eugène Costa de Beauregard ; de M. le comte Ernest de Boigne, de M. le général de Rolland et de la Congrégation des Mères chrétiennes, cette Œuvre catholique, sociale et patriotique passa, quatorze ans, en faisant le bien dans les rangs de l'armée [1].

après avoir pris l'avis de Notre Conseil, à vous conférer le titre d'Aumônier de la garnison de Chambéry.

« Vous n'avez pas à craindre que les fonctions attachées à ce titre soient au-dessus de vos forces, parce que le concours empressé de tout le Clergé séculier et régulier vous aidera puissamment à les remplir. Vous pouvez, d'ailleurs, compter sur l'appui du Comité catholique, et sur les sympathies des religieux habitants de la Savoie.

« † Alexis BILLIET, *Card.-Archevêque.* »

[1] Voir *La Baronne de Châtillon,* 2ᵉ édition. Ouvrage honoré d'un Bref de Sa Sainteté Léon XIII ; 1ᵉʳ prix à l'Académie Florimontane.

CHAPITRE IX.

La Puissance de la Bonté.

L E doux saint François de Sales disait : « Il y a des caractères aigres et âpres qui rendent aigres et amers tous ceux qu'ils approchent. »

Soyons plutôt ceux qui, en s'éveillant le matin, se trouvent tout allègres, peuvent dire avec notre saint : « Je me trouve plus amoureux des âmes qu'à l'ordinaire. »

Madame de Châtillon tâchait d'imiter le plus aimable et le plus sympathique des saints. A son réveil, après avoir offert son cœur à Dieu, elle s'habillait *seule, contrairement à l'usage de son monde*, en pensant au bien à faire dans la journée, afin de ne pas répéter le soir le louable regret de Titus : *Diem perdidi,* j'ai perdu ma journée. — Ses exercices de piété accomplis : la méditation, la sainte messe, la communion, elle allait à la Providence et visitait les pauvres demeures sans sourire et sans pain, au lieu de consumer la monnaie de l'éternité en lectures frivoles, en visites sans utilité.

Douée de la bonté, le plus séduisant bienfait du Ciel, la vertueuse Baronne se donnait au prochain, à chaque instant, comme en détail, avec une douceur inaltérable, une patience sans borne et une simplicité qui s'ignore. La bonté n'est-elle pas à la charité ce que le sourire est au visage, un charme captivant, une puissance séductrice ? On n'y résiste guère. Orphée, dit-on, apprivoisait les fauves ; les charmeurs de l'Inde enchantent les serpents ; la bonté opère un prodige plus merveilleux, elle ravit les âmes. Un léger, mais gracieux service, une prévenance, une démarche bienveillante, une amabilité, un sourire, un mot, tout cela coûte si peu et cependant donne tant de joie, quelquefois même tant de force au prochain.

Elle aimait ainsi Jésus-Christ dans tous ses frères malheureux. Si elle avait des prédilections, c'était pour ces abandonnés, perdus dans le mystère de leur douleur, qui souffrent plus du manque d'estime et d'affection que du défaut de nécessaire.

Madame de Châtillon respectait en eux le souvenir du bien-être passé, qui rend si pénible l'humiliation présente, et, cette noble pudeur de la misère qui, redoutant d'être découverte, rougit de tendre la main ; elle devinait qu'il est moins dur de souffrir dans le silence que d'être humilié dans le malheur. Aussi saint Ambroise dit avec raison : « Rien n'est plus utile que d'être aimé. »

En donnant aux affligés cette affection dont ils sont affamés, Madame de Châtillon pouvait dire, comme la sœur de saint Louis, roi de France : « Beau sire, cet habit que je confectionne n'est pas pour vous, je le réserve à un prince plus grand que vous et qui m'est encore plus cher, car c'est à un pauvre que je le destine. »

Cette vision de Jésus-Christ dans la personne des pauvres alimentait ce dévouement absolu, et elle pouvait répéter

avec une joie ineffable : « Je vous aime, ô mon Dieu, je
n'ai que mon cœur à vous donner ; ma fortune vous me
l'avez prêtée, le superflu est une dette ; je ne suis que votre
aumônière reconnaissante ; je ne désire qu'une chose,
distribuer votre bien selon votre volonté [1]. »

Par sa bonté toujours au service des indigents, elle
provoquait la confiance, qui est pour le cœur aigri, glacé
par le malheur, ce qu'est la douce haleine du printemps
pour les boutons de rose. Elle accueillait les affligés avec
cette affabilité expansive qui facilite les aveux les plus
intimes ; mais tout ce qu'on lui confiait tombait dans son
cœur comme dans un puits sans fond, d'où rien ne sort.
On peut dire que son salon ressemblait à ces sanctuaires
dont le silence garde l'entrée et qui remplissent de calme
ceux qui y apportent leurs agitations et leurs douleurs.

Dieu seul a compté les cœurs rassérénés, les larmes
essuyées, les lourds secrets dévoilés et les aumônes qui
ont accompagné ces entretiens intimes. Pour conserver
un logis à ce confident, elle en payait la location ; pour
préserver cet autre d'une faillite, elle soldait la facture ;
pour relever cette famille, elle donnait quatre mille francs ;
etc., etc.

« Mes héritiers, disait-elle, loin d'y perdre, y gagneront ;
je prête à Dieu, débiteur royal ; Il rendra aux miens le
centuple de ce que j'ai donné en bénédictions spirituelles
et terrestres, faisant réussir leurs projets, prospérer leurs
entreprises, fructifier leur moissons, régner l'honneur, la
foi, la vertu, la paix dans leurs foyers. »

Extérieurement, le riche donne et le pauvre reçoit. Aux
yeux de Dieu, les rôles sont intervertis dans l'exercice de la

---

[1] Paroles de la prière composée par elle-même.

charité : c'est le pauvre qui donne au riche un accroissement de faveurs temporelles, la grâce plus précieuse que
l'or, et le royaume éternel.

Un père de plusieurs enfants, d'un caractère hautain et
fantasque, perdit sa femme après une coûteuse maladie.
L'habitude de l'ivrognerie dans laquelle il cherche à noyer
son chagrin, entraîne le désordre, l'abandon des orphelins
et la misère noire.

Madame de Châtillon se chargea de l'éducation des filles
dont l'une mourut, en Italie, religieuse de Saint-Joseph ; elle
fait payer, par les mains d'un prêtre, l'apprentissage de
Joseph, et, avec une rare délicatesse, elle remercia ce père
de lui avoir confié sa famille. Pour le faire entrer en relation
intime avec ce prêtre, en vue de le ramener à Dieu, elle lui
remit la clef des cœurs, qu'on appelle aussi le nerf de la
guerre. Ce ne fut pas en vain... Cette façon de pratiquer la
charité n'est-elle pas, en effet, le vrai moyen de réjouir ceux
qui pleurent, de faire aimer la religion et le prochain ? D'ailleurs, l'histoire affirme, l'expérience quotidienne démontre,
l'instinct devine que, de tous les moyens de conversion, il
n'en est qu'un seul qui soit à peu près infaillible : c'est
l'exercice de la charité faite avec douceur, simplicité, abnégation, et embaumée des parfums de la bonté.

Madame de Châtillon, tout en se donnant sans réserve à
l'exercice de la charité, ne négligeait point le gouvernement
de sa maison et le soin de ses domestiques. Elle avait pour
eux une affection tendre et leur en donnait des preuves
touchantes en toute occasion. Fidèle aux traditions de
famille, elle ne les renvoyait pas dans leur vieillesse et dans
leurs maladies ; elle ferma les yeux à la vieille Marie, et pour
Augustine qui lui succéda, elle fut la plus dévouée des mères.

Dès qu'elle s'aperçut que faiblissait la santé d'Augustine, elle appelle son médecin, le spirituel et gracieux docteur Gaspard Dénarié. Ses prescriptions n'ayant pas enrayé le mal, la Baronne conduisit Augustine Massonat à Lyon, auprès du célèbre docteur Teissier, le dernier qui avait soigné le baron de Châtillon, puis à Genève, au renommé docteur Zann. La science humaine se montrant impuissante à conjurer la mort menaçante, l'admirable Baronne accompagne sa domestique à la grotte miraculeuse de Massabielle. La Vierge immaculée, dispensatrice de toute grâce, n'accorda point la guérison tant désirée, mais la sainte résignation, plus précieuse que la santé. Pour prolonger cette existence devenue si frêle, Madame de Châtillon fit encore un sacrifice bien grand pour elle. Loin de la Providence et de ses pauvres de Chambéry, elle alla passer l'hiver avec la chère malade sur son rocher ; l'installa dans sa propre chambre, qui était la plus vaste, la plus aérée, la plus ensoleillée et la plus gaie de l'antique manoir. Elle se constitua garde-malade le jour et la nuit, se reposant sur une paillasse étendue sur le parquet. Par une extrême délicatesse pour Augustine, elle avait appelé sa sœur Jeanne pour le service de sa maison. Ayant recueilli le dernier soupir de sa fidèle servante, elle l'ensevelit de ses mains et la pleura comme une fille unique.

« Celui qui n'a pas soin de ceux de sa maison, dit l'Apôtre, est pire que l'infidèle. »

Madame de Châtillon a mérité l'éloge de la Sagesse : « Elle a veillé sur les siens ; elle n'a pas mangé le pain de l'oisiveté ; elle a ouvert son cœur au pauvre ; elle a tendu ses *deux mains* vers l'indigent.

« Cette femme est revêtue de force et de beauté, son dernier jour est plein de joie.

Les enfants de sa charité se sont levés et l'ont comblée
de louanges, disant : « Plusieurs d'entre les femmes ont
brillé par leurs vertus, mais, toi, tu les as toutes surpas-
sées. »

Encore un trait de généreuse bonté, assez rare dans les
annales de la Charité :

Laurent, de Châtillon, avait grandi dans la piété filiale,
l'obéissance et l'amour du travail. Prévenu par la grâce, il
devint un fils modèle sous tous les rapports. Une modeste
aisance et la paix eussent régné au foyer champêtre, si son
père n'avait pas fréquenté les cabarets. Cette habitude
amenait peu à peu la gêne et troublait la bonne harmonie
du ménage. Laurent calmait sa mère désolée qui lui disait :
« Mon garçon, je prendrai bien patience, tant que tu seras
avec moi ; mais si tu deviens soldat, que deviendrai-je ? —
Pourquoi tant vous tourmenter d'avance, ma mère ? A chaque jour suffit sa peine ; nous avons vécu jusqu'à présent
pas plus malheureux que beaucoup d'autres. »

En prévision du jour redouté et décisif, la mère et le
fils prient avec confiance. La veille du tirage au sort, l'un
et l'autre communient à la sainte messe. Laurent plonge
avec confiance la main dans l'urne mystérieuse. Cruelle
ironie du sort ! il tire le numéro 1. Le pieux conscrit prend
courageusement son parti ; mais il ne se sent pas la force
d'annoncer à sa mère la terrible nouvelle... Par un autre,
se dit-il, ma mère serait sans consolation dans sa double
douleur... L'amour filial l'emportant sur la nature, Laurent aborde sa mère d'un air serein et résolu. La pauvre
femme éclate en sanglots : « Ma mère, ne vous tourmentez
pas tant ; je ne suis pas encore loin. D'ici là, le bon Dieu

arrangera les choses. — Oui, si nous avions de quoi, nous achèterions un remplaçant ; mais c'est impossible ; et rester toute seule avec ton père, c'est affreux, c'est la mort. »

Le Seigneur, fidèle aux promesses qu'il a faites à l'enfant observateur de son commandement : Tes père et mère honoreras afin de vivre longuement, va combler Laurent de ses plus tendres bénédictions. Le vénérable Curé de sa paroisse[1], partageant le chagrin de cette famille, va voir la charitable châtelaine ; il lui raconte les misères de ses ouailles, entr'autres la désolation de la mère de Laurent :

— Ici, dit-elle, il y a un remède.

— Lequel, Madame ?

— Faire un remplaçant.

— Ces gens vivent de leur travail ; il est de toute impossibilité qu'ils puissent réaliser pareille somme.

— Combien faut-il donc ?

— Deux mille trois cents francs.

Spontanément, Madame la Baronne ouvre son bureau, jette sur la table tout son or et dit : « M. le Curé, prenez la somme nécessaire pour acheter le remplaçant ; c'est M. de Châtillon qui vous le donne du haut du Ciel. »

M. le Curé confondu compte les pièces, remercie avec effusion et s'en retourne tout heureux de la joie sans égale qu'il va causer à la mère et à son cher jeune homme : « Et puis, bonne mère, dit-il en entrant dans la maison, prenez votre sort avec courage et confiance en Dieu. — La confiance n'empêchera pas mon Laurent de partir et moi de mourir de chagrin. — Le Seigneur n'attend peut-

---

[1] M. l'abbé Francoz, aujourd'hui chanoine honoraire de la Métropole, retiré au Montcel, son pays natal.

être qu'un acte de résignation parfaite pour conserver votre Laurent. » La pauvre femme pleure et ne répond pas. Alors M. le Curé sort de sa poche le rouleau d'or : « Voilà le prix du remplaçant qu'achète Madame de Châtillon pour récompenser votre fils de sa piété filiale et de sa conduite édifiante. »

La mère ne croit pas à ses yeux. Des larmes de joie trahissent la vivacité de son émotion.

Que l'on devine ici ce qui se passa en ce moment dans le cœur de la mère et du fils ; la plume ne sait l'écrire ! La veuve de Naïm fut-elle plus heureuse de la résurrection de son fils unique ?

Le vieil axiome : « L'homme propose, Dieu dispose », est toujours vrai. Aussi, à l'heure voulue par le Ciel, Laurent quittera sa mère. Après avoir longtemps prié, il s'en va à travers la France, sans savoir où son bon Ange le conduira. Un beau jour, Laurent frappe à la porte du monastère de Pontigny, dans l'Yonne. Il demande la faveur d'y être reçu en qualité de Frère ou de domestique. Le Père prieur lui fait bon accueil et l'admet au noviciat. Laurent édifie ses confrères par sa régularité et par sa ferveur. Comme l'humble Bénédictin avait tout fait en vue de plaire à Dieu, il mourut riche de mérites, après cinq ans de vie religieuse.

Voilà comment le Seigneur bénissait les générosités magnanimes de Madame de Châtillon.

CHAPITRE X

L'Art de gagner les âmes à Dieu.

POUR consoler les cœurs attristés, la Baronne de Châtillon s'efforça d'imiter la conduite du Sauveur. « Toutes les fois, raconte saint Clément, que saint Pierre voyait dormir quelqu'un, il pleurait. Quand on lui demandait la cause de ses larmes : Oh! répondait-il, c'est que cela me rappelle les *délicatesses infinies du bon Maître*. Lui qui n'avait où reposer sa tête, veillait à ce que ses disciples ne manquassent pas du nécessaire. Il se préoccupait de notre nourriture pendant le jour, et de notre sommeil pendant la nuit. Je l'ai vu plus d'une fois, interrompant ses sublimes oraisons, monter dans la chambre où nous prenions notre repos, et comme il craignait que le froid ne vînt à nous saisir, il se dépouillait de son manteau et l'étendait lui-même sur nos pieds, et si quelqu'un s'était découvert en dormant, il avait soin de le recouvrir pour qu'il achevât en paix son sommeil. »

Au souvenir des soins affectueux de la pieuse châtelaine, combien aussi ont versé de douces larmes! Les haillons recouvrent souvent des cœurs d'or.

Dans unes de ses visites quotidiennes au Saint-Sacrement, Madame de Châtillon aperçoit une femme abîmée dans la douleur, prosternée devant l'autel de la Sainte-Vierge : « Vous paraissez bien affligée, ma bonne dame ? — Ah ! mon mari est très malade ; mes enfants vont mourir de faim ; c'est affreux ! — Où demeurez-vous ? — Place Saint-Léger, numéro 13. — J'irai vous voir ; courage. » La pauvre mère, se sentant revivre, rentra chez elle.

Ayant achevé ses prières, la Baronne se rend à l'adresse indiquée, s'assied gracieuse près de l'ouvrier malade, cause familièrement avec lui, caresse les enfants et ramène la confiance dans le sombre réduit.

Pendant qu'elle était là, d'abondantes provisions sont apportées ; elle coupe elle-même un beau morceau de pain et de fromage aux enfants et à la mère ; puis elle fait prendre au malade une pâtisserie et un verre de bon vin, et promet qu'il ne lui manquera pas jusqu'à sa guérison.

Effectivement, elle pourvoit chaque jour aux besoins de tous. Pour activer la convalescence du bon ouvrier, la pieuse dame, qui ne faisait pas les choses à demi, le logea près d'elle, dans un petit appartement salubre, et paya le semestre écoulé de l'humide et désolée demeure.

Lorsque le père put reprendre son travail, Madame de Châtillon lui acheta de nouveaux outils pour remplacer ceux qui avaient été vendus à l'heure de la détresse. La faim ne vint plus visiter le foyer ; la charité l'en avait chassée.

Dans un quartier de Chambéry venait de mourir le père d'une famille qui avait passé des jours heureux. Mais une longue maladie avait épuisé ses ressources. Pour comble

de malheur, sa jeune veuve, mère de quatre petites filles,
était atteinte d'un mal qui ne pardonne jamais. Madame
de Châtillon accourt au soulagement de cette touchante
infortune. Elle fait entrer Marie à l'Orphelinat. Césarine, par
ses accès de colère envers ses petites sœurs, tourmentait sa
mère clouée par la douleur sur son grabat depuis quelques
mois. Il fallait l'éloigner. Mais où la mettre ? Déjà divers
hospices avaient refusé de la recevoir à cause de son âge.
Restait à frapper à la porte de Sainte-Hélène. Mais cet asile,
fondé par le général de Boigne, est destiné à recevoir
cent deux mendiants : cinquante-un hommes, cinquante-
une femmes d'un âge avancé, et Césarine a quinze ans.
Madame de Châtillon présente quand même sa requête à
l'administrateur de service. C'était M. l'avocat P. Goybet,
qui lui dit gracieusement : « *Est-il encore dans notre ville
une misère que Madame la Baronne n'ait soulagée ?* Les
portes de Sainte-Hélène ne s'ouvrent qu'aux vieillards
mendiants ; mais, en votre considération, Madame, il y
aura une place pour votre protégée. » Césarine fut reçue
dans l'asile de Sainte-Hélène. A la mort de la mère, le 25
juin 1876, après deux ans de cruelles souffrance, la Baronne
de Châtillon fit entrer la troisième fille à l'Orphelinat de
Moirans (Isère), moyennant une somme une fois donnée ;
elle fit élever la quatrième à la Providence ; puis, elle
pourvut à l'entretien de la cadette, âgée de sept ans, chez
une brave femme qui l'adopta pour sa fille.

La charité, habitude surnaturelle du cœur, vit d'abnégation, de sacrifice ; elle ranime la foi, la confiance du
malheureux et le conduit à Dieu. On ne résiste pas à son
doux et puissant empire. Elle charme et captive les âmes,
même les plus ulcérées.

Au cœur même d'un hiver rigoureux, Madame de Châtillon sortait silencieusement à cinq heures du matin, une lanterne sourde à la main. Où allait-elle ? L'indiscrétion et l'admiration d'une voisine nous l'a révélé. A travers les ténèbres, dans la neige non encore foulée, elle allait dans une mansarde, où gisait un vieillard infirme. Elle soignait ses plaies, arrangeait son lit, nettoyait le triste réduit, et lui faisait apporter le nécessaire de la journée par un restaurateur du voisinage. Dieu seul sait combien de temps la nouvelle Elisabeth fit auprès de lui l'office de garde-malade. Ce que l'on sait, c'est que l'héroïne voulut recevoir son dernier soupir et lui faire la suprême toilette.

Ce n'est pas la seule fois qu'elle remplit ce pénible devoir, à l'exemple du vieux Tobie, que le Saint-Esprit loue d'avoir enseveli les morts.

Joseph Carraz venait de mourir au faubourg de Mont-mélian des suites de longues souffrances. Madame de Châtillon, qui assistait sa famille depuis longtemps, se trouva auprès du moribond à l'heure de l'agonie. Les deux membres d'une Société de secours mutuels qui l'avaient veillé, n'eurent pas la pensée ou le courage d'habiller le défunt. La Baronne les laisse partir ; surmontant une naturelle répugnance, elle accomplit cet office de piété et de religieux respect pour ce corps qui fut le temple vivant de l'adorable Trinité.

Elle continua de secourir la veuve et les orphelins Carraz ; se chargea de l'éducation des deux filles, dont la cadette est devenue religieuse, et envoya au Séminaire de Saint-Pierre d'Albigny Joseph, actuellement Frère de la Doctrine chrétienne.

La famille G. avait connu des jours prospères. Hélas ! son commerce chancelle et s'effondre, c'est la misère dorée. Le père va se placer comme domestique à Grenoble ; la mère reste à Chambéry avec plusieurs enfants en bas âge. Tant que l'infortunée chrétienne peut travailler, elle suffit à peu près au pain quotidien ; mais les afflictions s'enchaînent ; elle est atteinte d'une infirmité incurable, une espèce de lèpre qui faisait tomber les chairs en lambeaux.

Madame de Châtillon recueille à la Providence les deux filles, trop jeunes encore pour être utiles à leur pauvre mère.

La couche de cette femme de douleurs était devenue un horrible amas d'infection. Que fait notre Baronne ? Elle garnit de son propre matelas et de draps bien blancs, qu'elle renouvellera, le lit de cette intéressante affligée ; elle passera, chaque jour, pour la soigner un temps considérable au milieu de cette atmosphère nauséabonde, où il nous paraissait impossible de rester cinq minutes. Hélas ! nous étions faible, comme les soldats de Saint Louis qui, suffoqués par la puanteur des cadavres qu'ils portaient au champ des morts, tenaient un mouchoir tamponné sur le visage, tandis que Madame de Châtillon imitait le saint Roi : « *Onques ne fut vu le roi estouper son nez, tant le faisait fermement et dévotement.* » -

Si l'Esprit-Saint a dit : « Là, où n'est pas la femme, gémit l'indigent, » on peut ajouter : Là, où se trouvait Madame de Châtillon, l'affligé était consolé.

Encore un trait héroïque de charité parmi tant d'autres qui émaillent la vie de Madame de Châtillon.

La charitable Baronne avait « cet instinct céleste pour

le malheur » qui, sous l'empire de la grâce, conduit à
l'amour de tout ce qui souffre et au sacrifice de soi-même.

Un jour, elle découvrit une vieille domestique, rongée
par un mal incurable, dans une mansarde infectée d'exha-
laisons fétides. Etait-ce une cancéreuse ? On l'a dit, je le
crois. La puanteur était tellement horrible qu'elle nous
soulève encore le cœur après trente-cinq ans écoulés.
Madame de Châtillon venait visiter la martyre, elle la
pansait ; parfois, elle était obligée d'aller sur le palier aspirer
une bouffée d'air et revenait continuer sa sublime besogne.

« Lorsque Job était assis sur son fumier, frappé de
lèpre depuis les pieds jusqu'à la tête, ses amis vinrent le
voir ; ils se placèrent près de lui et, pendant sept jours et
sept nuits, ils le regardèrent sans oser parler. Aucun d'eux,
ni Eliphaz, ni Baldad, ni Sophar, ne pensa à faire couler
de l'eau sur ses plaies vives, à entourer ses ulcères d'un
linge propre ; nul n'imagina de soulager cet homme, le
plus grand de tout l'Orient. »

Madame de Châtillon ne ménagea à sa malade ni la
charpie, ni la bonne nourriture, ni les consolations, ni les
démarches.

Ce n'était pas sans répugnance qu'elle accomplissait cet
office nauséabond ; mais, elle goûtait cette joie que le
Seigneur donne à l'âme comme récompense de la vertu.
J'ai peur, disait-elle quelquefois, *de recevoir ma récompense sur la terre.* Sans doute, pour goûter cette joie, il
avait fallu dompter la nature qui n'abdique jamais absolument ses droits.

Madame de Châtillon possédait vraiment l'art de soulager
et d'élever les âmes à Dieu.

L'admirable chrétienne avait une tendre prédilection pour une vieille femme ; elle la visitait souvent. Un matin, après l'avoir lavée, peignée, elle la coiffa d'un bonnet blanc, puis elle l'embrassa avec joie. « Le baiser de cette sainte dame, racontait plus tard la bonne vieille, m'a rajeuni de vingt ans ; c'est le plus grand honneur de ma douloureuse et pauvre existence. »

« — Lorsque vous m'aurez fermé les yeux, dit-elle un jour à son aimable bienfaitrice, vous prendrez mon petit crucifix qui, avec vous, m'a inspiré la patience, la confiance et la résignation. C'est tout ce que je puis vous laisser en reconnaissance de tant de bonté. »

Madame de Châtillon conserva précieusement le crucifix de la bonne femme.

CHAPITRE XI

L'Intelligence du Cœur.

L'INTELLIGENCE du cœur, *mens cordis,* consiste dans une délicatesse exquise, un tact exercé et un coup d'œil rapide qui saisit les moindres nuances des situations et des choses.

Admirable d'à-propos, Madame de Châtillon avait sur les lèvres le mot qu'il fallait dire et dans la main la clef qui ouvrait suavement les âmes. Sans hésitation, elle voyait comment une affaire embarrassante devait être entamée et conduite.

Une femme des environs de Chambéry, par suite de querelles incessantes, avait quitté le toit conjugal. La Baronne va la voir et l'emmène chez elle. Elle la questionne avec intérêt ; elle écoute ses plaintes avec sympathie. A mesure que la pauvre femme déversait librement ses colères et ses invectives contre son mari, insensiblement la lumière et le calme se faisaient dans cette âme aigrie et troublée. Elle comprit enfin qu'elle a eu des torts, des emportements, qu'elle aurait dû se taire au lieu de que-

reller son mari quand il rentrait ivre... Mais c'est lui qui
m'a chassée ; ce n'est pas à moi à me rendre, c'est à lui à
venir me chercher. — C'est vrai : il y a moyen de tout
concilier sans humilier l'amour-propre. Selon l'ordre que
la dévouée Baronne avait secrètement donné, une voiture
attendait dans la cour ; elle y monte avec sa conquête.
Une heure après, on se trouve à la porte de la modeste
demeure : « C'est moi, dit en souriant la Baronne, qui
vous amène votre femme. » Le mari tout étonné, sans
hésitation, se montre disposé à faire la paix, heureux qu'il
était du retour de sa compagne.

Madame de Châtillon savait répandre dans les cœurs
ulcérés le baume que le poète appelle *le lait de la bonté*.

On n'éprouvait aucune honte à lui découvrir ses misères,
tant elle se montrait contente d'y porter remède.

Une veuve, chargée de deux enfants en bas âge, dissi-
pait ses dernières ressources en tenant un petit magasin.
Madame de Châtillon, qui passait avec rapidité de la
conception à l'action, dit à cette mère : « Un seul parti est
à prendre : vendez le peu qui vous reste ; je vous trouverai
une bonne place et je ferai élever vos enfants. » Maintenant, la mère et sa fille Augustine sont dans une honnête
aisance, et Marie est une édifiante religieuse.

Madame A..., veuve d'un pharmacien, vint demeurer à
Chambéry avec ses trois petits garçons et deux filles.
Romanesque, fainéante, déséquilibrée, elle aimait mieux les
voir grouiller ses enfants auprès d'elle et les laisser vaga-
bonder dans les rues que de s'en séparer. Il fallut toute la
diplomatie intelligente de la Baronne de Châtillon pour les

arracher à la faim, à l'ignorance et à l'influence du mauvais exemple. Il va sans dire qu'en attendant, la Baronne secourait cette misère ; enfin, en novembre 1867, non sans difficulté de la part de leur mère, les garçons apprenaient à connaître Dieu et à travailler dans l'Orphelinat de M. le chanoine Costa de Beauregard, et les filles, dans la Maison des Orphelines et de la Providence. Le plus difficile était de faire pénétrer des idées saines dans la tête de cette pauvre veuve : « Maintenant que vous m'avez enlevé mes enfants, disait-elle, ma seule consolation, c'est de lire et de relire ces lettres et d'y répondre. » La Baronne devine le feu caché et saura en faire disparaître le funeste aliment.

Le lendemain, elle lui apporte d'abondants secours, demande à voir ces lettres qui causent tant de satisfaction. Avec l'empressement de la passion, cette pauvresse les lui remet. La Baronne feint de les lire avec intérêt ; puis, soudain, elle les jette au feu. Impossible de dire l'exaspération de cette dévoyée, et de répéter les injures qu'elle vomit à la face de son insigne bienfaitrice. La nuit ne suffit pas à la calmer ; le matin, folle encore de colère, elle court chez Madame de Châtillon : « *Coquine, vous ne mourrez pas d'une autre main que de la mienne.* »

La Baronne reste calme, et la regarde en souriant. La furie, vaincue, pleure ; la paix est faite. Mais il y avait péril à la laisser seule ; d'autre part, il était excessivement difficile de la déterminer à accepter une place dans un hospice ; car elle préférait manquer de tout plutôt que d'indépendance. A force de bontés, de promesses, de gâteries, la Baronne parvint cependant à la faire entrer à la Charité, en qualité de pensionnaire payante. D'abord, tout alla bien, grâce aux prévenances des Reli-

gieuses ; mais, après quelques mois, les idées de liberté
reprenant leur empire, elle sortit pour courir la campagne.
Elle ne tarda pas à tomber dans un dénuement affreux et
revint solliciter la pitié de Madame de Châtillon. La miséricordieuse Baronne, loin de la gronder, lui manifesta un
dévouement plus tendre encore : « Je vais vous faire habiller, dit-elle, et puis je vous conduirai dans un autre asile,
où vous serez à merveille ; c'est à côté de vos deux filles,
vous pourrez les voir quand vous voudrez. »

Elle y consentit ; mais elle n'y resta pas longtemps :
Il y a des têtes malades qui s'imaginent n'être bien que là
où elles ne sont pas.

Une famille italienne vivait honorablement de l'industrie
de son chef qui exerçait la profession de lithographe.
La mort prématurée du père commença une série de
malheurs. Pour continuer son état, la veuve maria l'une des
filles avec le premier ouvrier de l'atelier. Ce jeune homme,
d'origine dauphinoise, était intelligent ; mais il manquait
d'énergie, d'expérience de la vie et d'esprit d'ordre. La
faillite s'ensuivit bientôt. Discréditée dans le pays, cette
famille, composée de huit personnes : la veuve du lithographe, sa vieille mère, quatre petits enfants, le jeune
mari et son épouse, sur le point d'être mère, vint
demeurer à Chambéry. En arrivant, la jeune veuve, connaissant les charités de Madame de Châtillon, alla auprès
d'elle ; elle lui exposa sa triste situation plus par ses gestes
et ses larmes que par ses paroles, car elle ignorait la
langue française. Madame de Châtillon avait compris cette
grande infortune.

Une chrétienne ordinaire aurait donné une pièce d'or ;

mais, se serait-elle chargée seule de soulager une pareille
indigence ? Il fallait un de ces grands cœurs, qui ne reculent
ni devant les privations personnelles, ni devant les difficultés,
ni devant les plus grands sacrifices ; il fallait cette intelligence surnaturelle du pauvre, cet amour plus fort que la
mort ; il fallait ce feu divin, qui embrase l'âme de la charité
du Christ Jésus et s'étend à tous les besoins corporels et
spirituels des malheureux. Madame de Châtillon pourvoit à
l'entretien de tout ce monde. Par une extrême délicatesse,
elle envoie, en son nom, le jeune marié s'habiller à sa
fantaisie dans un magasin de confection ; puis elle lui procura
une place de commis-voyageur en papeterie ; plus tard, en
vue de lui inspirer confiance à un prêtre et de le ramener à la
religion, elle nous remit trois mille francs pour lui monter
un atelier complet de lithographie. Le seul résultat appré-
ciable fut son retour au Dieu qui avait réjoui sa jeunesse.
C'était ce que désirait principalement l'incomparable
Baronne. De plus, elle loua, pour occuper les femmes, un
magasin de bonneterie et paya la pension d'une des filles à
la Providence. Tant de sacrifices firent sortir cette famille de
la plus profonde misère. Mais le bon Père des Cieux, qui se
plaît à changer les maux de la vie en félicité à l'avantage de
ceux qui l'adorent, appela, en peu de temps, les mères et
les enfants dans le séjour de la béatitude sans mélange.
Le gendre seul survécut et quitta Chambéry.

Un dernier trait digne aussi de mémoire :
C'était en plein hiver. Dans une espèce d'étable, sans
pain, sans linge, ni feu, grelottaient sur la paille humide
trois petits enfants à peine couverts de haillons en lambeaux. Le père, désespéré, se tenait près du grabat, où sa

femme venait de mourir en donnant la vie à deux jumeaux. La Baronne accourt et, sans une minute d'hésitation, elle coupe son châle en morceaux, enveloppe les nouveau-nés et dit au père : « Prenez les autres par la main et suivez-moi. » Arrivée à l'hospice de la Charité : « Ma Sœur, s'écrie-t-elle, c'est toute une famille que je vous amène ; il faut une bonne nourrice pour ces deux petits anges ; vous soignerez tous ces charmants petits, à mon compte bien entendu!!! »

CHAPITRE XII

Le Secret d'être inépuisable.

——————

LE secret de centupler les bonnes œuvres consiste dans l'intelligence de la dignité du pauvre et de la fin des biens terrestres, dans l'esprit de pauvreté, d'ordre et de sacrifice.

Tel est le secret merveilleux des aumônes prodigieuses de Madame de Châtillon.

La charitable Baronne, comprenant la dignité du pauvre dans l'Eglise, il ne fut point nécessaire que Jésus-Christ lui apparut comme à Saint Martin, dans la personne de l'indigent d'Amiens, recouvert d'un pan de la clamyde du soldat. Elle croyait à cette parole du Sauveur : « Ce que vous faites au plus petit des miens, c'est à moi-même que vous le faites. »

L'intelligence de la dignité du pauvre lui révéla la fin des biens de ce monde. A la clarté de la céleste lumière, elle marcha généreusement à la suite du divin Maître, qui voulut naître, vivre et mourir pauvre, plus pauvre que le dernier de tous. Pour cette noble fin, Madame de Châtillon fit vœu de pauvreté et d'obéissance à son directeur spri-

tuel. Aussi a-t-elle fait des « *choses admirables,* » car elle
n'a pas appliqué son esprit et son cœur à ce que l'Évangile
appelle les « *soucis du siècle.* » Bien loin de se laisser
posséder par les richesses, c'est elle qui les a possédées
pour la gloire de Dieu et le bien de ses enfants. Volontairement pauvre, elle usa de sa fortune, comme n'en ayant
pas. Libre de ces mille préoccupations encombrantes, elle
poursuivit sa course sur la montagne de la Charité. Cette
course, c'était une ascension laborieuse ; il va sans dire
qu'elle dût se faire une grande violence pour atteindre le
sommet. Nulle vertu n'entre plus avant dans le vif de notre
existence, que l'immolation de la volonté propre et le
renoncement au libre usage de la fortune.

A l'encontre d'aucuns, qui s'attachent plus fortement
à la matière à mesure que le soir de la vie s'avance,
semblables au naufragé qui se cramponne fiévreusement à
la planche de salut flottant sur l'Océan courroucé, Madame
de Châtillon, pour monter plus haut dans l'amour de Dieu
et du prochain, se dépouillait de la poussière dorée avec le
même empressement que, dans un aérostat, on jette le sable
qui ralentit l'ascension dans les airs. Ainsi, quelque temps
avant sa mort soudaine, devinant l'embarras d'un créancier
qui lui devait trois mille francs, elle lui envoya sous enveloppe le billet qu'il avait souscrit.

Dans toutes les étapes de sa vie, l'héroïne montra que
sa vertu favorite était la charité. Sa pieuse mère et sa tante
Alexandrine, Chanoinesse de Munich, morte en odeur de
sainteté, développèrent en elle cette heureuse inclination,
en la conduisant, dès l'âge de trois ans, visiter les pauvres.
Aussi bien, les aimer à force d'aimer Dieu fut la trame de
toute son existence. En dehors de là, elle ne voyait que le

vide et l'atrophie du cœur, sous l'étreinte glacée de l'égoïsme.

Devenue veuve à l'âge de quarante ans, Madame de Châtillon ne songea point à contracter de secondes noces ; mais, sans hésitation, fidèle aux conseils de l'Apôtre, elle se consacra aux bonnes œuvres avec un zèle infatigable et avec une générosité qui épargnait au besogneux l'embarras d'expliquer sa détresse.

Elle avait dit un éternel adieu aux jouissances et aux maximes du monde. Elle vendit parures, bijoux, diamants au profit de la charité. Elle adopta le régime des petits ménages, tailla ses vêtements dans des étoffes noires et grossières, et s'ingénia à leur conserver jusqu'à extrême usure un air de décence et de fraîcheur. Elle disait en souriant : La simplicité de ma mise, à première vue, me fait prendre quelquefois pour ma bonne ; l'amour-propre en rougit un peu, mais les bonnes œuvres y gagnent ce que la mode dévorerait. Je ne crois pas indigne de ma condition de ne pas dépenser en toilette le dixième de ce que dépense une dame de mon rang. L'habit ne fait pas le moine.

A l'intelligence de « ces choses qu'on ne voit comme il faut qu'avec des yeux qui ont pleuré, » Madame de Châtillon rompit complètement avec les servitudes sociales. Cette rupture complète avec le monde fut une fuite plus profonde en Dieu. Sentant que rien de terrestre ne pourrait combler le vide immense qui venait de se creuser en elle, voyant que tout se brise et nous échappe ici-bas, excepté Dieu en qui on retrouve tout, elle se consacra sans réserve et avec une ardeur sans égale à son service et à celui du prochain.

« Les lampes desquelles l'huile est aromatique, dit gracieusement Saint François de Sales, jettent une plus suave odeur quand on éteint leurs flammes, ainsi les veuves desquelles l'amour a été pur en leur mariage répandent un plus grand parfum de vertu et de chasteté, quand *leur lumière* (mari) est éteinte par la mort. »

Ainsi à la mort du Baron de Châtillon, il se fit une admirable éclosion de vertus dans le cœur de sa veuve.

« Selon la comparaison de Saint François de Sales, elle était la petite violette de mars qui répand une suavité non pareille par l'odeur de sa dévotion. Elle se tient presque toujours cachée sous les larges feuilles de son abjection et sa couleur sans éclat témoigne la mortification. Elle vient en lieux frais et non cultivés, ne voulant être pressée de la conversation des mondains pour mieux conserver la fraîcheur de son cœur contre les chaleurs que le désir des honneurs, des biens et même des amours lui pourrait apporter. »

Quand Noémi de Moab revint à Bethléem voilée de tristesse, les femmes de la ville qui l'avaient vu rayonnante de beauté au jour de son mariage, se disaient entre elles : « Est-ce Noémi ? » La jeune veuve répondait : « Ne m'appelez plus Noémi ; Noémi veut dire belle, gracieuse ; appelez-moi *Amara ;* car le Seigneur a rempli mon cœur d'amertume. » Ainsi Noémi de Châtillon ne parut plus avec les grâces qui charmaient le monde, mais avec cette noble mélancolie qui révélait la beauté de son âme, ne rêvant plus qu'immolation et charité.

Vraie veuve, pieuse, humble, simple, modeste, charitable à l'excès, Madame de Châtillon fut aussi un beau modèle de religieuse dans le monde. Sœur Marie-Madeleine de Saint-François d'Assise, c'était son nom de tertiaire, reproduisit admirablement la vie du séraphique patriarche de l'Ombrie par sa ferveur, par son amour de la pauvreté et son dévouement envers tous ceux qui souffrent. Dès le jour de sa profession, en février 1865, elle ne put rien retrancher de sa toilette ni de sa table déjà dès longtemps monacale. Cependant, quand elle avait des hôtes, elle savait les traiter noblement. Parcimonieuse pour elle, elle était grandement libérale pour les autres.

Elle convertit sa chambre en cellule de Franciscaine : une paillasse dans un lit en fer des plus ordinaires, deux chaises de paille, un modeste prie-Dieu, un petit crucifix, la Vierge en pleurs de la Salette, une grande croix noire et sans art appendue sur un fond bleu de ciel ; c'était tout l'ameublement de sa chambre.

Son intime amie, Madame la comtesse Laure Costa de Beauregard, voulut, un jour que la Baronne de Châtillon était absente, visiter cette chambre, où la bonne n'entrait que pour remuer la paille et balayer ; elle en fut émue jusqu'aux larmes.

Au château de Châtillon, la Baronne laissa sa chambre telle qu'elle était au jour de ses noces ; mais elle prenait son repos sur une paillasse que l'on étendait le soir sur le parquet.

Elle avait l'habitude d'interrompre son sommeil pour vaquer à la prière. Un jour, la présidente de l'Œuvre de l'Adoration nocturne parlait devant elle de la difficulté de trouver une adoratrice d'une heure à deux heures du matin : « Oh ! dit Madame de Châtillon, je désirais précisément cette heure. »

Combien de milliers de francs n'a-t-elle pas donnés

pour préparer à Jésus-Christ des ministres et des adorateurs ! A notre connaissance, elle sacrifia des sommes considérables pour l'œuvre de l'éducation cléricale et religieuse et pour l'ornementation des sanctuaires. Quelqu'un lui raconta confidentiellement les difficultés qu'avait un curé d'une petite pauvre paroisse pour achever la construction de son église, elle lui fit remettre douze cents francs. Elle loua son bel appartement, pour en occuper un autre très modeste, en vue d'avoir mille francs de plus à donner en aumônes. Elle avouait humblement qu'elle faisait toutes les privations et toutes les économies possibles pour satisfaire sa charité.

Sans doute, l'héroïsme religieux est *l'exception* dans l'Eglise de Dieu. Mais bien que ces *actes extraordinaires* de pauvreté volontaire, d'immolation de la volonté propre et de mortification des sens, dont bénéficie le patrimoine des Œuvres catholiques, dépassent le niveau de la foule et ne s'adressent qu'aux âmes d'élite, ils sont pourtant à tous un grand exemple ; l'air des montagnes fait du bien même à qui ne peut les gravir, et la vue des beaux renoncements excite les moins généreux.

D'ailleurs, n'y a-t-il pas un *minimum* de renoncement que doit s'imposer tout chrétien comme une condition absolue de salut ?

Sans doute, beaucoup dans cette ville imitent la générosité catholique de notre héroïne. Et pourtant, combien serait plus riche le trésor des œuvres qui obtiennent la rémission des péchés, les bénédictions du Ciel et la gloire immortelle, si on lui réservait ce *minimum* de la mortification chrétienne ; car, sans manquer aux devoirs qu'imposent la famille, le rang, la situation, que de dépenses pourraient être diminuées ou supprimées au profit de la charité ! Pourquoi subir aveuglément la tyrannie dévorante et insatiable du luxe, de la mode, sous toutes les formes, sépulcre de la richesse, de la paix sociale et de la dignité humaine !

CHAPITRE XIII

Les Aumôniers des Orphelines.

———

N jour mémorable entre tous dans les annales de la chère Œuvre se leva radieux. Le 27 août 1867, l'humble Dame, qui se cachait sous le voile de l'anonyme; mais que les pauvres connaissaient bien, ouvrit à la famille de la Providence, et de l'Espérance les portes de leur première Maison. Le bonheur était à son comble. La Baronne partageait intimement la joie expansive des élèves et des maîtresses.

Les élèves de la Providence n'ont plus rien à envier à celles de l'Orphelinat. Leur héritage est aussi beau. Les unes et les autres possèdent une maison familiale, reliée par la chapelle commune, dans laquelle elles reçoivent également, avec l'instruction évangélique, tous les soins dévoués de la maternité religieuse, la même éducation chrétienne et professionnelle.

Les conditions d'admission sont différentes, les intérêts matériels séparés; mais les deux Œuvres se complètent l'une par l'autre. Les deux familles vivent du même esprit, tendent au même but, sous la même administration et la même direction spirituelle.

Il y avait trente-cinq ans que M. le Curé de Notre-Dame était chargé du service religieux de la double Institution.

Ce n'était pas assez pour atteindre pleinement le but final de toute Œuvre catholique, qui est d'attacher irrévocablement les âmes à Jésus-Christ par la connaissance aussi complète que possible de la religion et par l'amour de Dieu plus fort que la mort.

Il fallait aux deux paisibles Communautés la présence constante du prêtre, qui est de droit divin l'éducateur et le sanctificateur des âmes. Lui seul a reçu la mission divine d'évangéliser toute créature.

Au nom du Sauveur dont il tient la place, le prêtre peut dire : *Personne ne vient au Père des Cieux si ce n'est par moi... Je suis la voie, la vérité et la vie. Celui qui m'écoute et me suit marche dans la lumière, tandis que celui qui me dédaigne méprise mon Père qui m'a envoyé; fermant les yeux à la lumière, il flotte à tout vent de doctrine. Celui qui ignore sa religion est faible, semblable au verre qui se brise, à la cire qui se fond, au roseau que le moindre souffle fait plier.*

En dehors donc de la direction effective et constante du Sacerdoce, on ne rencontre pas la *femme forte* que loue le Saint-Esprit, la vaillante chrétienne aux convictions inébranlables, au cœur de feu par la charité, de granit par la chasteté, à la volonté énergique et soutenue, allant au but avec patience et courage, malgré les obstacles sans cesse renaissants.

C'était la conviction de la Baronne de Châtillon. Aussi bien, pour procurer aux deux Etablissements l'avantage inappréciable de la présence d'un prêtre, elle ne reculera devant aucun sacrifice, pas même devant la pauvreté personnelle, le dénuement absolu D'un cœur heureux, elle fait donc une nouvelle trouée de 20,000 francs dans ses capitaux, déjà profondément entamés par la construction et le mobilier de la Providence.

Une charmante aumônerie est assez rapidement édifiée. Vers la fin de 1867, elle était prête à recevoir l'hôte, par qui Dieu éclairera l'esprit de ses enfants de ses lumières surnaturelles, charmera leur cœur des douceurs de sa loi et fera épanouir les fleurs des vertus qui sauvent. Mais, avec le logement, il faut, au dispensateur des mystères divins, ce qui lui est nécessaire pour vivre.

Jésus, en envoyant ses apôtres évangéliser les pauvres, leur disait : « *Vous avez reçu gratuitement, donnez gratuitement... Allez, et ne possédez ni or ni argent, ni monnaie dans vos ceintures...* » (S. MATTHIEU, X, 9.)

Les successeurs des apôtres, les évêques, ne peuvent plus envoyer ainsi. Leur paternité a le devoir d'assurer à leurs fils une honorable subsistance. Aussi, lorsque la Commission administrative des Orphelines demanda à l'Ordinaire un aumônier résident, S. Em. le Cardinal Billiet, alors archevêque, exprima avec empressement son désir de faire cette nomination, mais à la condition qu'avec le logement et l'usage d'un jardin, l'aumônier aurait un traitement *minimum* de 1,400 francs, payé par le trésorier de la Maison.

Comme la Commission administrative, malgré sa bonne volonté, ne pouvait disposer que de 1,000 francs, Madame de Châtillon, sans hésiter, s'engagea provisoirement à faire l'appoint. Le provisoire dura douze années entières.

Un traitement suffisant étant assuré, Son Eminence,

dans sa haute considération pour son admirable diocésaine, nomma, le 17 décembre 1867, aumônier résident de la Maison des Orphelines et de la Providence, le prêtre qu'elle désirait.

Le 2 janvier 1868, la grande chrétienne voulut bien assister à l'installation de M. l'abbé Henri Monachon, premier vicaire de la Métropole, ancien professeur de rhétorique et directeur-économe du Collège royal de Pont-de-Beauvoisin (Savoie). Pour placer son ministère sous les auspices du Chef auguste de la Sainte Famille de Nazareth, elle lui remit, comme don de joyeux avènement, 1,000 francs pour ériger au milieu de la cour de la Providence, une statue monumentale de Saint Joseph, guide et protecteur de la jeunesse, et 2,000 francs pour décorer la chapelle. Grâce à la Baronne de Châtillon, la Providence, annexée à l'Orphelinat, est désormais une Maison complète et régulière d'instruction chrétienne et professionnelle.

La Maison des Orphelines comprend :

« 1o L'Orphelinat, où les jeunes filles de naissance légitime, privées au moins de père ou de mère, sont reçues gratuitement comme élèves internes, aux conditions prévues par le règlement, en conformité et dans la proportion des fondations faites en faveur de l'Œuvre ;

« 2o La Providence, où sont admises : 1o Des internes, moyennant une pension alimentaire fixée par le règlement, et quelques-unes avec la faveur d'une bourse entière ou d'une demi-bourse, gratuite ; 2o des externes, âgées de plus de douze ans, ayant bonne conduite et bonne santé.

« L'aumônier pour les deux Communautés est nommé par l'autorité diocésaine sur la demande du Président de

la Commission administrative. Il est chargé de l'instruction religieuse, de la préparation aux premières Commu-
nions, en un mot, de tout ce qui concerne le service religieux de la Maison ; il acquitte les messes et les prières de
fondation comprises dans le tableau qui est dressé et
approuvé par l'Ordinaire. Il accompagne les deux Communautés lorsqu'elles sont appelées à assister, en dehors de
la Maison, à une cérémonie religieuse.

« Un règlement, rédigé par l'aumônier de concert avec
la Commission administrative et approuvé par l'Ordinaire,
a déterminé dans les limites du règlement général, les
divers exercices de son ministère. Chaque année, il est
chargé de donner une retraite spirituelle aux élèves de
l'Orphelinat et de la Providence.

« Il pourra prendre trente jours de vacances, à la charge
par lui de se faire remplacer par un prêtre *agréé par le
Président de la Commission*.

« Les religieuses de Saint-Joseph sont chargées de ce
qui concerne l'éducation, l'instruction et l'apprentissage
des enfants, du soin des malades et de tous les services de
l'intérieur. Dans l'accomplissement de la mission qui est
confiée à leur zèle, elles doivent se conformer exactement
au règlement de la Maison, aux ordres et instructions de la
Commission administrative et des Dames patronnesses.
Leur nomination appartient à la Supérieure générale de la
Congrégation ; le nombre des maîtresses est fixé de
concert avec elle par le Conseil administratif de l'Etablissement [1]. »

[1] Règlement de la Maison des Orphelines.

Tel est l'humble bercail que l'aumônier doit garder, instruire et former à l'image du modèle divin des prédestinés à la gloire éternelle.

Un souvenir pieux et reconnaissant est dû aux anciens prêtres qui ont exercé le saint ministère auprès des Orphelines, en qualité d'aumônier.

Il est à croire que les premiers aumôniers des Orphelines furent les Pères de la Compagnie de Jésus, directeurs de la célèbre Congrégation de Sainte-Elisabeth, à qui la Marquise Sigismond de Faverges avait légué la charge d'établir et de gouverner l'Œuvre fondée par son testament solennel ; puis, les Prêtres séculiers et les savants religieux qui remplacèrent les Jésuites dans la direction du Collège royal créé par le duc Emmanuel-Philibert en 1564, transféré par Charles-Emmanuel Ier dans l'ancienne maison de la Société de Jésus annexée à l'église de Notre-Dame. Cet antique Collège est actuellement le Grand-Séminaire.

— L'abbé Jean-Pierre Guigard, né à Chambéry en 1738, professeur dans le Collège de cette ville, remplissait les fonctions d'aumônier des Orphelines à l'époque de la Révolution. Ce prêtre orgueilleux assista plusieurs fois aux assemblées populaires, dès qu'elles furent organisées ; en 1793, il prêta le serment de la liberté et de l'égalité, adhéra au schisme de l'évêque constitutionnel et entretint avec les révoltés des liaisons étroites. Le 4 mars 1794, il prêta publiquement le serment d'Albitte. Continuant d'exercer les fonctions de professeur à l'école centrale, il faisait la classe les dimanches et fêtes, et donnait congé les

jours décadaires. Quelquefois, il allait lire et commenter
les feuilles publiques dans la chaire de la Cathédrale, où il
avait prêché la doctrine catholique. Il persévéra dans ses
égarements jusqu'en 1799. Parvenu à l'âge d'environ
soixante-un ans, et se trouvant atteint d'une grave maladie,
il demanda à se confesser et rétracta tous ses actes, à son
lit de mort, d'une manière très satisfaisante. Cette rétrac-
tation est imprimée et datée du 9 novembre 1799.
(Le Cardinal BILLIET.)

— Pendant une période qu'il faut oublier, les Orphelines
furent privées de secours religieux.

— Les archives de l'Etablissement mentionnent comme
aumônier des Orphelines M. l'abbé Delachenal, qui édifia
grandement le bercail que son prédécesseur avait scan-
dalisé.

Au sujet de cet illustre confesseur de la foi, le Cardinal
Billiet rapporte ce trait digne de mémoire : Le 11 janvier
1800, le président Bavoux interroge un prêtre réfractaire,
amené par la gendarmerie ; il répond : « Je m'appelle
Joseph Delachenal, âgé de quarante-deux ans, né à Faverges, domicilié avant la Révolution à Montmélian, où j'étais
prébendé. Je suis sorti du territoire de la République en
1793, avec un passeport de la Municipalité de Montmélian ;
je suis rentré en 1797. J'ai exercé les fonctions du culte
toutes les fois que j'ai pu ; mon domicile était partout où
mon devoir m'appelait. » Sur cette loyale et héroïque
réponse, l'administration centrale le condamna à la déportation.

Le chanoine Pierre Charbonnier racontait que M. Joseph

Delachenal avait contribué, par ses intelligentes initiatives, à l'érection des Collèges du Pont-de-Beauvoisin (Isère) et du Pont-de-Beauvoisin (Savoie). Curé de Verel-Montbel, ce prêtre, d'une activité dévorante, quitta tout à coup sa paroisse et se présenta à son évêque qui lui dit simplement : Vous auriez dû nous aviser. Retiré à Chambéry, l'abbé Delachenal remplit les fonctions d'aumônier des Orphelines, conjointement avec M. l'abbé Dubois.

— François-Claude-Henri Dubois, né à Meyrin (près de Genève) le 21 avril 1792, ordonné prêtre le 17 avril 1818, fut successivement vicaire à Samoëns le 15 septembre 1818, professeur de rhétorique et d'humanités et directeur spirituel au Collège de Thonon le 28 janvier 1819, professeur d'humanités au Collège de Chambéry le 1er novembre 1820, professeur de rhétorique et d'humanités et supérieur du Petit-Séminaire de Saint-Louis du Mont le 1er novembre 1825, chanoine honoraire de la Métropole le 10 mai 1830, aumônier des Dames du Sacré-Cœur le 1er septembre 1841, chanoine titulaire le 9 janvier 1854, doyen du Chapitre le 16 décembre 1859, archidiacre le 1er juin 1860, prévôt du Chapitre le 12 novembre 1862. M. le chanoine Dubois mourut le 4 juin 1881, en laissant le charme d'une exquise affabilité et le parfum de toutes les vertus sacerdotales[1].

— M. l'abbé Louis Rendu, né à Meyrin le 1er janvier 1789, exerça le saint ministère auprès des Orphelines du 1er janvier 1828 au 1er septembre 1835.

Le jeune Louis Rendu, après avoir fait ses premières études avec M. Bétemps, curé de sa paroisse natale, se

---

[1] Voir *Personnel ecclésiastique*, par L. Morand.

présenta à M. Guillet, supérieur du Grand-Séminaire de Chambéry, qui le reçut non sans difficulté. Mais le brillant élève gagna bien vite l'estime et la confiance des maîtres. En 1812, le pieux séminariste devint le précepteur des deux frères Raoul et Léon Costa de Beauregard. L'abbé Rendu, ordonné prêtre le 10 juin 1814, fut nommé par Mgr de Solles professeur de littérature au Collège royal de Chambéry où, sept ans plus tard, il enseigna la physique et les mathématiques.

En 1829, la direction du Collège ayant été confiée aux Pères Jésuites, l'abbé Rendu fut nommé chanoine de la Métropole. Alors il composa un ouvrage qui révéla un vrai talent : *Influence des lois sur les mœurs et des mœurs sur les lois.*

Parmi les nombreuses stations de Carême que prêcha l'abbé Rendu, celle de Montpellier, en 1837, fit sensation dans toute la France. Sa diction était brillante, sa logique irrésistible, ses gestes saisissants, sa voix superbe et sympathique.

Charles-Albert le nomma en 1839 réformateur des études et visiteur des écoles primaires et secondaires de la Savoie.

Le 15 août 1842, l'abbé Rendu accepta avec une humble appréhension l'évêché d'Annecy, devenu vacant par la mort de Mgr Rey, d'illustre et sainte mémoire.

Préconisé par le Pape Grégoire XVI, le nouvel élu fut sacré dans l'église de Saint-Pierre d'Annecy par Mgr Billiet, archevêque de Chambéry, assisté de NN. SS. les évêques de Maurienne et de Tarentaise, et de l'abbé de Saint-Maurice, le 9 avril 1853, dimanche des Rameaux. Pendant dix-sept ans, le successeur de Saint François de Sales

se donna, à l'exemple du grand évêque de Genève,
tout entier à son église. En lisant ses écrits adressés à
ses ouailles, on sent les vibrations d'une noble intelligence et d'une âme vaillante. Doué au suprême degré
d'une bonté attirante, qui se reflétait dans sa physio-
nomie, il était d'un abord charmeur. Il parlait à tous leur
langage ; il descendait avec ses diocésains des montagnes
aux conversations les plus familières et les plus séduisantes.
L'entretien le plus vulgaire était captivant, tant il savait
l'entremêler des éclairs de son génie et des douces effusions
de la sensibilité de son âme. Sa causerie était un apostolat. Si son intelligence ne convainquait pas les incré-
dules, sa bonté les gagnait toujours. Au milieu de ses
prêtres, c'était un frère qui ne dominait que par la supériorité de son esprit et par les amabilités de son affection
pour tous. Dans le monde, il était, selon la parole des
Saints Livres, le « *vir amabilis ad societatem* », l'homme
aimable en société.

Mgr Rendu, a dit Louis Veuillot, « avait *un grand
esprit, un grand cœur et une grande bonté*. Il était savant
géologue, habile écrivain. » Mêlé aux luttes de son époque,
il ne restait étranger à aucune des œuvres qui intéressent
le bien, menant de front les combats de la vérité, l'administration de son diocèse, les plus hautes questions méta-
physiques et les études sociales.

Ce grand évêque mourut à Annecy, le 28 août 1859, en
disant : « Je suis content de mourir... O mon Dieu, ayez
pitié de moi ! *O Clemens ! O pia ! O dulcis Virgo Maria !* »

— M. l'abbé Mercier Damase, curé-archiprêtre de Notre-
Dame, fut chargé des fonctions d'aumônier auprès des
Orphelines, du 1er septembre 1832 au 31 décembre 1867.

Il était né au village de La Tour, près de Saint-Geoire-en-Faucigny, le 11 décembre 1794, au pied de ces montagnes qui, au commencement de ce même siècle, avaient vu les premières années du Cardinal Gerdil. Circonstance frappante ! c'est dans un presbytère abandonné par suite de la tourmente révolutionnaire que dame Françoise Rioutard, épouse de Jean-François Mercier, mit au monde l'enfant qui devait porter pendant de si longues années l'honneur du sacerdoce.

L'abbé Mercier fut un des derniers survivants de cette génération forte et vaillante dont l'enfance avait grandi au milieu des perturbations sociales. Ces âmes, ainsi trempées dès les premiers jours dans l'épreuve de la persécution, semblaient avoir acquis une fermeté, une droiture et une indépendance que rien ne pouvait altérer.

Prêtre pendant cinquante-huit ans, l'abbé Mercier a parcouru les divers degrés de la hiérarchie sacrée avec une grande dignité et un zèle vraiment sacerdotal. Ordonné prêtre le 4 janvier 1818, il fut successivement vicaire à Maché le 10 janvier 1818, à la Cathédrale de Chambéry le 20 mai 1820, archiprêtre-curé de Montmélian le 27 juillet 1825, archiprêtre-curé de Notre-Dame de Chambéry le 26 juin 1828, chanoine honoraire le 11 juin 1861, vicaire général le 7 novembre 1862, chevalier de la Légion d'honneur le 9 août 1870. Partout, il a laissé le vivant souvenir de son activité, de sa ponctualité et de ses vertus ecclésiastiques. Malgré sa vivacité bien connue, il fut estimé et aimé, parce qu'il était toujours l'homme du devoir et de la charité.

A Notre-Dame, il se montra pendant trente-quatre ans catéchiste habile, expérimenté, simple et clair, administrateur consommé, directeur pieux, prêtre, en un mot, selon le cœur de Dieu.

En 1862, S. Em. le Cardinal Billiet le choisit pour un de ses vicaires généraux. C'était bien la place de cet homme impartial, aussi ferme que modeste, qui, sous une apparence froide, cachait un cœur toujours prêt à s'ouvrir aux inspirations de la charité. Travailleur infatigable et méthodique, M. Mercier cumulait les charges d'aumônier des Orphelines, de membre de la Commission des Hospices, de supérieur des Carmélites, du Bon-Pasteur et de la Congrégation des Dames de la Charité. Soldat du devoir, il est décédé le 5 mai 1875, à la brèche, gardant, en face de l'éternité, sa vive sollicitude pour les grands intérêts de la patrie, de l'archidiocèse de Chambéry et de l'Eglise de Dieu.

Bénédiction, action de grâces à jamais aux prêtres qui se sont dévoués avec un zèle désintéressé comme à ceux qui se dévouèrent à la sanctification des pupilles chéries du Seigneur Jésus !

CHAPITRE XIV

La Sainte Contagion.

L'EXERCICE de la charité a le privilège de provoquer une noble émulation. L'illustre docteur Saint Augustin n'a-t-il pas dit : *Avec l'aide de Dieu, qui ne manque à personne, je peux faire ce que tant d'autres ont fait.*

La vue des belles actions, en effet, suscite le *Sursum Corda*, éveille les sentiments généreux, entraine la volonté à la suite des âmes d'élite. Combien auraient perdu le royaume éternel si le bon exemple ne les avait excités à observer le devoir de la charité fraternelle qui s'impose à tous comme une *condition absolue* de la possession de la céleste Jérusalem !

Ainsi, sous la double influence du dévouement de Madame Rey et de Madame la baronne de Châtillon pour l'enfance malheureuse, la vertueuse Félicité-Françoise Coranty, veuve Delavenay, par son testament du 27 juillet 1865, légua son appartement à la Providence.

Sa domestique, Claudine Coddet, lui laissa toutes les économies de ses labeurs : huit cents francs.

Madame Victoire Burdet, originaire d'Yenne, épouse de M. Joseph Marthe, dans son testament olographe du 9 septembre 1869, a fait un legs pour la fondation d'un lit : quatre mille francs, payables, sans intérêts, après le décès de son mari.

Madame Julie Béné, veuve de M. Jean-Marie Madignier, décédée le 18 décembre 1871, avait fait, dans son testament du 10 août 1870, un don de trois mille francs pour une place gratuite.

Mademoiselle Marie Berthoud, de Chambéry, par son testament olographe de janvier 1870, a donné à la Providence la moitié de ses avoirs ; la Révérende Mère Hyacinthe, supérieure générale de la Congrégation de Saint-Joseph, a bien voulu ajouter cinq mille francs à la donation de sa pieuse sœur Marie.

Mademoiselle Jeanne Dumont, en 1870, a donné à l'Œuvre la somme de quatorze cents francs.

Voilà, à la portée de tous, le moyen d'exercer *perpétuellement* la charité. Heureux les cœurs qui savent faire les œuvres qui ne passent pas avec le besoin présent !

Mademoiselle Mariette Tardy, la même année, fit un legs de deux cents francs.

M. Guillaume Forest, décédé le 20 du mois de juin 1875, avait légué, dans son testament olographe daté du 7 septembre 1873, *dix mille francs*, « pour les intérêts à être « employés à recevoir et à instruire quelques jeunes filles « à la Providence. »

M. Joseph Marthe, décédé le 7 septembre 1875, par son testament du 23 décembre 1869, a donné la somme nécessaire pour parfaire le don de dernière volonté fait par sa femme, Victoire Burdet, pour la création d'une place à perpétuité. M. Marthe Joseph, par ce même testament, a fondé en 1875 une place gratuite.

Mademoiselle Prospère Dussaussoi, dans son testament olographe du 8 mai 1875, a fait un legs de trois mille six cents francs en vue d'établir un lit, et à la charge de faire dire vingt messes annuelles pour le repos de son âme et de celles de ses parents.

Mademoiselle Lazarine Lambert a créé une place en 1876.

Mademoiselle Jacqueline Trésal, domestique, originaire de la Tarentaise, décédée à Chambéry le 15 décembre 1879, a laissé pour la Providence son carnet de caisse d'épargne, sur lequel figurait la somme de 311 francs 74 centimes.

M. Flandin Hubert, architecte, décédé le 7 mars 1882, avait fait, le 21 mai 1881, en faveur de cet Etablissement, une donation de dix mille francs pour l'éducation à perpé-, tuité d'une jeune fille.

Mademoiselle Jeanne Verdet, morte à Chambéry le 20 juillet 1882, avait fait, le 2 mai 1881, le don testamentaire de dix mille francs.

M. le Chanoine Boissat a remis à M. l'Aumônier, pour la Providence, un don de trois cents francs au nom de Son Eminence le Cardinal Billiet.

M. Alphonse Rey, Conseiller à la Cour d'Appel, en son testament du 26 juillet 1884, a légué à la Providence cinq cents francs, sans condition d'emploi.

Mademoiselle Joséphine Plantard, en son testament olographe du 23 juin 1885, a légué à la Providence la somme de trois mille francs.

Madame veuve Duport, par son testament du 24 juillet 1885, a destiné deux mille francs à l'Œuvre.

Mademoiselle Marie-Anne Routin, émerveillée des charités étonnantes de Madame de Châtillon, lui donna, un jour, de la main à la main, dix mille francs pour ses œuvres, en déclarant que « son intention n'était point de « créer une place gratuite par cette somme. » Or, il est à notre connaissance que cette somme a été employée toute entière conformément aux intentions de la généreuse donatrice.

Nous savons aussi que, les dernières années de sa vie, Madame de Châtillon s'est imposé des privations extrêmes pour réaliser sept mille francs, qu'elle déposait peu à peu à la Banque Longue, pour créer une place en faveur d'une fille de Chindrieux.

Aussi, nous lisons dans le livre des Délibérations de l'Etablissement : « Le 10 août 1885, Madame la baronne de Châtillon, née d'Anglejan, a fait donation de la somme de sept mille francs, en dépôt chez M. Longue, banquier, pour une fondation à la Providence, en faveur d'une fille de Chindrieux, dont elle se réserve la nomination de son vivant, etc.[1] »

En 1887, la Commission administrative, pour faciliter, autant que possible, les admissions à l'Institution de la Providence, a bien voulu affecter le revenu de dix-huit mille francs en rente sur la Ville de Chambéry pour créer deux demi-places en faveur de jeunes filles présentées par les Dames Patronesses.

Madame la comtesse Charles de Savoiroux, voulant se conformer aux pieuses intentions de M. le comte Auguste

[1] Cette fondation, faite des dernières économies de la Baronne de Châtillon, a été inscrite, par erreur, le 24 juin, au nom de M. Cyprien Routin, domicilié à Moncalieri, héritier de sa pieuse sœur Anne-Marie, décédée à Chambéry le 8 avril 1872.

de Savoiroux, décédé à Chambéry le 23 juin 1886, dont elle était héritière, a fondé une place gratuite à perpétuité en faveur d'une jeune fille, choisie de préférence dans une des familles qui étaient au service de Monsieur le Comte au jour de son décès, ou parents jusqu'au 3ᵐᵉ degré desdits domestiques ; à défaut de ceux-ci, la jeune fille serait choisie dans la paroisse de Lémenc.

Madame la baronne Frédéric d'Alexandry d'Orengiani, fille de M. Jules Cuillerie-Dupont, officier de la Légion d'honneur, et de Madame Claire-Caroline Schouller, née à Paris le 28 janvier 1837, décédée, munie des Sacrements de l'Eglise, le 10 février 1887, a fondé une place en faveur d'une jeune fille de la campagne, spécialement de la paroisse de Cognin et de celle de Villard-d'Héry.

Madame Antoinette-Thérèse Miramon, veuve de M. François Chavassieux, par son testament du 20 février 1893, a destiné dix mille francs pour créer une place gratuite à la Providence, au profit d'une jeune fille de Lémenc, avec recommandation de prier pour le repos de son âme et pour le repos éternel de son mari.

Puisse la salutaire contagion de ces exemples susciter d'âge en âge de nouvelles aumônes pour élever dans la foi un nombre toujours croissant des jeunes filles du peuple !

ÉPILOGUE

NOTRE tâche est achevée.

Après le récit rapide et plein de tristesse du sort des enfants sous le cruel empire du paganisme et de leur réhabilitation sociale par l'Enfant-Dieu, nous avons, selon la touchante comparaison de Lamartine, recueilli fidèlement l'une après l'autre les feuilles tombées sur les racines de nos deux arbres, que le temps n'avait point encore ensevelies sous le linceul de l'oubli.

Les mères admirables de l'enfance malheureuse, qui avaient planté, arrosé de leurs sueurs l'arbre bientôt deux fois séculaire de l'Orphelinat et son jeune rejeton, la Providence, sont, hélas ! tombées sous les coups de l'inexorable trépas, comme les feuilles desséchées au soir glacial de l'automne ; mais il est juste qu'elles reverdissent à la chaude haleine de la postérité reconnaissante.

Elles étaient soucieuses de n'être vues que des anges tutélaires ; mais il faut que Dieu soit glorifié en elles par l'Eglise militante.

C'est pourquoi nous avons raconté, à grands traits, la vie toute faite de charité de la Marquise Sigismond Millet de Faverges, fondatrice de l'Orphelinat, et celle de la Comtesse Thérèse Métral de Châtillon, morte en odeur de sainteté, qui fut l'âme de cette Œuvre pendant plus d'un demi-siècle.

Puis, nous avons rappelé les noms illustres de ses nobles consœurs de la Congrégation de Sainte-Elisabeth, visiteuses des prisons, des hospices, des mansardes et tour à tour *administratrices* de l'Orphelinat jusqu'à la Révolution qui emprisonna ces héroïnes de la charité comme coupables de leur noble naissance et de leur dévouement à l'infortune.

C'est ensuite le triste récit de l'humble Asile désolé, ravagé par l'inoubliable tourmente, puis restauré, successivement réorganisé sous le gouvernement maternel de la Congrégation des Dames de Charité jusqu'en 1863.

Le Livre d'Or redit aux générations futures les noms bénis de ces mères admirables des pupilles chéries du bon Pasteur et de leurs autres bienfaitrices et bienfaiteurs.

Enfin, la monographie de la Providence, ses humbles origines, son existence précaire et troublée, et sa fondation définitive, complète, par la Baronne Noëmi de Châtillon, dont la trame de la vie, toute de charité évangélique, est inséparable de cette Œuvre.

Ces *femmes fortes,* fleurs immortelles du jardin de l'Eglise de Jésus-Christ, s'étaient appliquées à semer dans l'ombre le grain de sénevé, et voici que leur moisson a grandi pour l'histoire.

Le lecteur conviendra que les épis précieux de cette riche moisson mériteraient d'être recueillis et groupés avec soin, pour être offerts à l'admiration et à l'imitation des âmes éprises de charité.

Cum semine eorum permanent bona.
(ECCLI. XLIV, 11.)

TABLE DES MATIÈRES

LIVRE PREMIER

Etude sur le sort de l'Orphelin.

LIVRE II

La Sœur cadette : la Providence.

ÉPILOGUE

Chambéry. — Imprimerie Savoisienne, 5, rue du Château

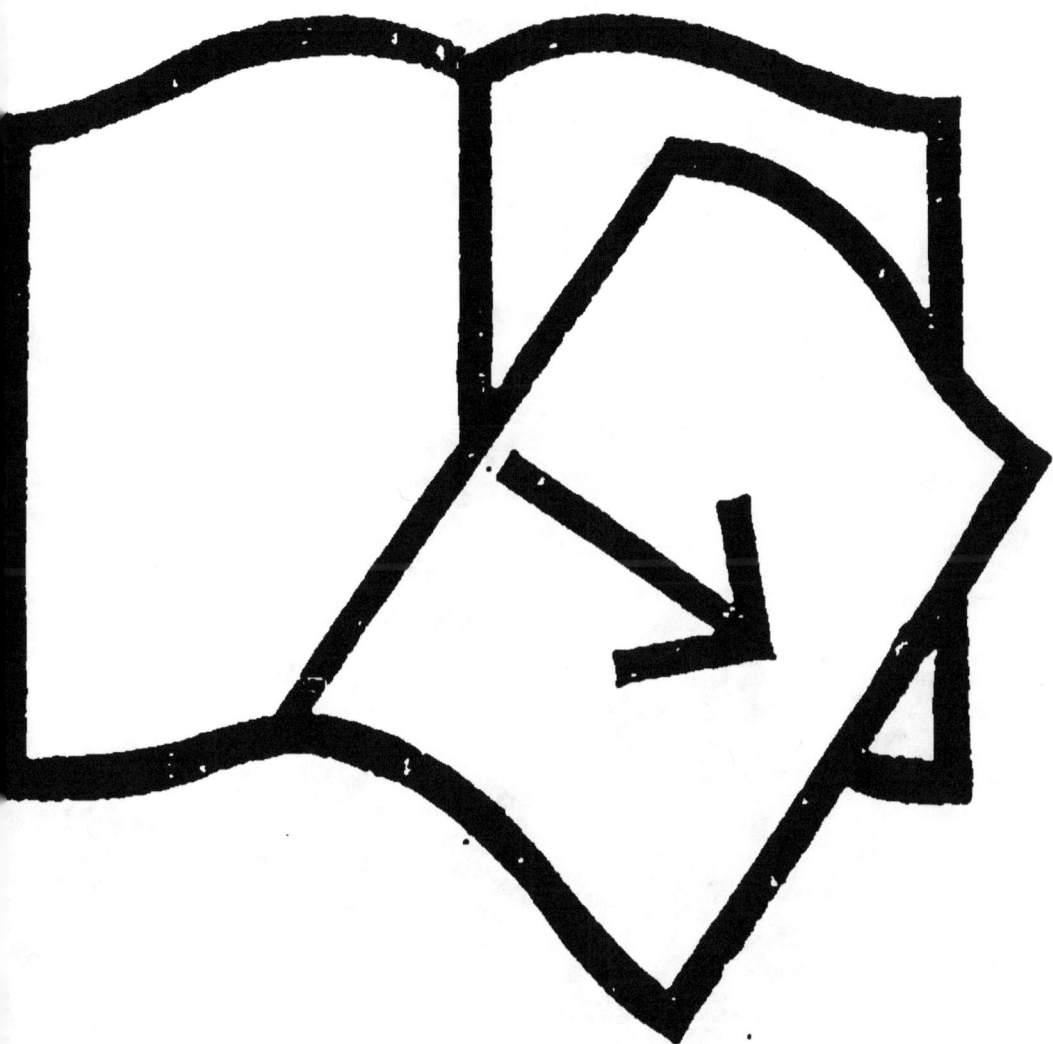

Documents manquants (pages, cahiers...)
NF Z 43-120-13

www.ingramcontent.com/pod-product-compliance
Lightning Source LLC
Chambersburg PA
CBHW071628270326
41928CB00010B/1833